KB080477

1초의 여유가 멀티태스킹 8시간을 이긴다

정보과잉 시대, 업무 효율성과 생산성을 높이는 마음챙김의 기술

라스무스 호가드 · 재클린 카터 · 질리안 쿠츠 지음
안희영 · 김병전 옮김

정보과잉 시대, 업무 효율성과 생산성을 높이는 마음챙김의 기술

목차

2부 정신 전략

기본 훈련

“

뇌의 잠재력을 무한하게 열어주는
일과 삶의 방식

”

나를 아는 모든 사람들은 내가 마음챙김mindfulness에 대한 책의 서문을 쓸 것이라고는 단 한 번도 생각해보지 않았을 것이다. 나는 2년 전 삶에 대한 관점이 '확' 변하는 경험을 했고, 그 경험에서 일련의 통찰과 깨우침을 갖게 되었다. 제일 먼저 깨우친 것은 나의 뇌가 극심한 압박감을 비롯해, 빠른 속도의 삶이 요구하는 것들로 꽉 차 있다는 것이었다. 두 번째로 알아차린 것은 뇌가 그렇게 '꽉 차 있는' 것에 대해 스스로 체념하고 있다는 사실이었다. 나는 세계적인 컨설팅·테크놀러지·아웃소싱 회사의 리더로서, 그 회사들을 성공적으로 이끌기 위해서는 생각으로 가득 찬 뇌가 '필수불가결한 것'이라고 생각했다.

그러나 나는 뇌의 잠재력을 무한하게 열어주는 일과 삶의 방식을 발견하게 되었다. 그 방식은 더 효율적이고 창의적이며, 뿐만 아니라 스트레스를 덜 받는 보다 관대한 사람이 될 수 있도록 해준다.

이상하게 들리겠지만 나는 '마음챙김' 훈련을 별로 좋아하지 않는다. 하루에 10분 동안 고요히 앉아있는 것이 아직도 내게는 고역스런 일이다. 그럼에도 그 훈련을 하면, 나의 리더십은 물론 일과 삶의 수준이 모두 높아진다는 사실을 발견했다.

이 모든 일이 일어났던 때로 돌아가보자. 수년 동안 나는 유능하고 헌신적인 특별기동(SWAT) 팀을 이끌었는데, 그 팀은 유럽·아프리카·라틴아메리카에 퍼져있었다. 그 팀은 소수지만 고도로 전문화된 그룹이다. 몇몇 거대 글로벌 기업들을 대상으로 굉장히 힘들고 복잡한 임무를 수행하기 위해 만들어졌다. 우리는 멀리 출장을 가며 아주 오랜 시간 일을 한다. 최고로 까다로운 고객들과 함께 업무적으로 극도의 복잡한 도전들을 처리해낸다. 그것은 보람 있고 대단한 일이지만 때때로 대가를 요구하기도 한다.

현재 하고 있는 일에 현대의 '상시 연결(always-on)' 기술, 정보의 과부하, 극심한 시간 압박이 추가된다면 어떻게 될까. 제아무리 똑똑하고 정신력이 강한 사람이더라도 그 상황을 배겨내지 못할 것이다. 나 또한 극심한 스트레스에 노출되어 있었으며, 이떤 특별한 사건으로 인해 기존의 나의 관점은 완전히 바뀌었다. 내가 그런 일을 당할 것이라고는 전혀 생각하지 못했으며, 완전히 당황할 수밖에 없었다.

그 사건이 추동력이 되어, 지속적인 성과를 내도록 능력을 향상시켜줄 수 있는 도구를 찾게 됐다. 그 도구는 나를 따르는 사람들과 나 자신이 사랑하는 일을 할 수 있도록, 삶의 웰빙과 균형을 희생시키지 않으면서 최고의 수행력을 유지하는 데 도움을 줄 수 있어야 했다.

마음챙김이라는 단어가 계속 떠올랐지만 너무 '허황되고 나약해' 보였다. 마음챙김을 조직 내로 들여오는 일이 왠지 내 얼굴에 먹칠하는 일처럼 생각됐다. 마음챙김을 별나고 나약한 방법으로 여기는 회의론자들도 있을 것이고, '비즈니스적인 사례'에 대해 물어보는 사람들도 있을 것이다. 또한 변화가 필요치 않은 '똑똑한 이들'도 있을 것이다. 무엇보다도 속도를 늦추는 것을 죽음이라고 생각하는 행동중독자들이 있을 것이다.

나는 우연히 라스무스 호가드를 만나게 되었고, 전문 코치와 컨설턴트로 구성된 그의 국제적인 팀에 대해 듣게 되었다. 그의 팀은 세계 도처의 거대 기업들을 대상으로 프로그램을 진행해 이미 많은 성과들을 내고 있었다. 매우 인상적인 성과들이었다. 라스무스는 프로그램을 만들기 위해 비즈니스 리더들, 마음챙김 대가들, 연구가들과 함께 여러 해를 보냈다고 한다. 그 프로그램은 내 의심과는 달리, 변화속도가 빠른 조직의 비즈니스에 초점을 맞추고 있었다.

라스무스와 나는 작업을 함께 시작했고, 내가 이끌고 있는 특별기동 팀의 업무 환경에 알맞은 프로그램을 구상했다. 그 결과는 엄청나게 놀라운 것이었다. 집중력은 30퍼센트 향상됐고, 우선순위를 효과적으로 결정하는 능력은 23퍼센트나 높아졌다. 수면의 질은 30퍼센트, 기억력은 31퍼센트 향상됐으며, 이에 반해 비생산적인 업무방식인 멀티태스킹multitasking(역주: 여러 일을 동시에 하는 능력)이 25퍼센트, 정신적인 피로와 스트레스는 19퍼센트 감소됐다.

나는 여러분에게 이 책의 일독을 권할 수 있어 참으로 기쁘다. 마음챙김 훈련을 자신의 일에 적용해보면서 그 효과를 시험해보기 바란다. 또 당신 자신을 위해서 마음챙김의 여러 정신적 전략들을 시도해보기 바란다. 나는 이미 그러한 마음챙김을 활용해보았다. 그 결과 나의 리더십과 일, 삶에서뿐만 아니라 내가 이끄는 팀에서도 큰 변화를 경험했다. 여러분에게도 반드시 똑같은 일이 생길 것이라고 확신한다.

_ 액센추어 테크놀로지 전무이사 로버트 스템브리지

"

마음챙김을 개인과 조직 생활의 측면에서
어떻게 적용할 수 있는지 구체적으로 제시한다

"

이 책의 원제는 '1초를 앞서다(One Second Ahead)'이다. 일분일초를 앞서려고 다투는 오늘날의 우리에게 꽤나 매력적으로 들리는 제목이다. 이를 우리말 제목으로 풀며 '1초의 여유'라고 한 까닭은 1초라도 앞서려고 무한질주하는 현대사회에서 순간의 여유가 주는 유익함을 강조하고 싶었기 때문이다. 마음챙김을 통해 내면의 성급함과 들뜸을 알아차리고 1초라도 멈출 수 있다면 어떤 변화가 일어날까? 결국 1초를 앞서기 위해서는 1초의 여유를 허락하는 넉넉함이 필요하다. 마음챙김은 우리가 1초의 여유를 갖게 하는 검증된 실천 방법인 동시에 그러한 존재의 방식이다.

필자는 저자인 라스무스를 2015년 싱가포르에서 열린 〈위즈덤 2.0(Wisdom 2.0) 아시아〉에서 처음 만났다. 라스무스는 마음챙김 명상을 기업 현장에서 활용하여 개인의 웰빙과 기업의 생산성을 함께 높이도록 '포텐셜 프로젝트(Potential Project)' 프로그램을 개발했다. 이 책은 포텐셜 프로젝트의 상세하고 유익한 입문서라고 할 수 있다.

마음챙김 명상을 기업에 적용하는 데 관심을 갖고 있던 필자는 저자와의 인연으로 2016년 호주에서 열린 포텐셜 프로젝트 지도자 훈련에 참여했다. 시드니와 멜버른 두 도시를 오가며 훈련을 이수하면서 이 프로그램 개발자와 지도자들에게 호감을 느꼈고, 이는 국내 독자에게 이 책을 소개하자는 사명감으로 이어졌다.

필자가 판단하기에, 포텐셜 프로젝트는 지금까지 나와 있는 기업용 프로그램 중 가장 체계적이고 과학적인 프로그램의 하나다. 저자는 티벳불교의 여러 스승들에게서 배운 마음챙김 명상을 자신의 기업 경험에 적용해 알기 쉽고 효과적으로 구조화하였다. 마음챙김 명상을 선명한 집중과 열린 자각으로 나누어, 명상에 대해 전혀 모르는 초보자들도 알기 쉽게 상식적인 언어와 과학적인 설명을 곁들여 소개하고 있다. 또 정신 전략이라는 용어를 사용하면서 친절, 인내심, 수용, 기쁨, 내려놓기 등 마음챙김 훈련의 자세이자 훈련으로 얻어지는 마음의 특질들을 상세한 예를 들어가며 설명하는 점도 흥미롭다. 그러나 무엇보다도 이 책의 빼놓을 수 없는 장점은 기업 현장에서 실제로 활용할 수 있는 기법들을 상세하게 소개하고 있는 점이다.

예를 들면 이메일, 회의, 목표 설정, 우선순위 설정, 계획하기, 소통, 정신적 에너지 증가, 수면의 질 높이기, 출퇴근 시간, 정서적 균형, 일과 삶의 균형 등 16가지 유용한 기법들을 독자들에게 제시하고 있다. 마음챙김을 개인과 조직 생활의 다양한 측면에서 어떻게 적용할 수 있는지 구체적으로 제시하고 있는 점은 마음챙김 명상의 현장 적용에 관심 있는 독자들에게 적잖은 도움이 될 것이다.

마음챙김 명상에 대한 이러한 실용적 접근은 자칫 마음챙김이 단순한 기법이라는 오해를 불러일으킬 수 있다. 저자도 강조하고 있듯이 마음챙김은 존재의 길이다. 친절함, 개방성, 현존을 삶에서 구현하는 길이다. 저자가 마음챙김을 알기 쉽게 설명하는 근간에는 다르마의 가르침인 '무상(無常), 무아(無我), 고(苦)'에 대한 알기 쉽고 상식적인 관점이 녹아있다. 저자는 열린 자각의 세 가지 통찰에서 "모든 것은 변한다", "행복은 선택이다", "모든 것은 가능성이 열려있다" 라는 말로, 불교 명상의 보편적 진리인 '무상, 고, 무아'를 현대적인 감각으로 풀어 설명하고 있다.

존 카밧진 박사가 1979년 매사추세츠 주립대학 병원에서 불교 명상의 핵심인 마음챙김을 서양의 심리학 및 의학과 통합하여 MBSR을 개발한 이후, '서양에서 일어난 마음챙김 혁명'(2014년 2월 3일 미국 〈타임〉지 특집기사 제목)이 이제 기업 분야에서도 이 책의 내용인 '포텐셜 프로젝트(Potential Project),' 구글 프로그램으로 알려진 '너의 내면을 검색하라(Search Inside Yourself)' 같은 프로그램으로 확산되는 것은 자연스럽고 시의적절한 현상이다. 이렇게 추세에 힘입어, 국내에서도 점차 종교를 벗어나 상식적인 맥락에서 명상을 배우고자 하는 사람들이 점점 늘어나고 있다. 본래 수도원 전통의 마음챙김 명상을 잘 보존하는 것도 중요하지만, 학교, 기업, 병원을 포함한 일상생활에서 더 많은 사람들이 유익함을 누리도록 명상의 저변을 넓히고 발전시키는 일도 매우 중요하다고 생각한다.

끝으로 포텐셜 프로젝트 프로그램을 필자에게 가르쳐주고, 이 책의 번역을 당부한 저자 라스무스에게 깊은 감사의 마음을 전한다. 또 긴 번역 작업을 함께 한 공역자 김병전 박사와 출간의 기쁨을 함께 한다. 그리고 이 책이 세상에 나오기까지 인내와 정성으로 작업해 준 불광출판사 편집진에게도 감사의 말을 전한다.

__2018년 봄, 역자 대표 안희영

들어가는 글

모든 일은 실패에서 시작됐다.

2005년 초반, 내게 마음챙김을 기업에 소개할 기회가 처음으로 생겼다. 10년 넘도록 마음챙김을 수련해오며, 마음챙김이 마음의 명료성과 집중력을 높여 업무의 효율성까지 향상시킨다는 사실을 경험으로 알고 있었다. 그리고 처음으로 마음챙김이라는 선물을 유럽 서비스 전문 회사의 리더들과 직원들에게 소개하는 자리에 서게 된 것이다.

몇 주 동안 그 날에 대한 설계를 했다. 준비도 완벽히 마쳤다. 나는 열정으로 가득 차 오전시간 내내 마음챙김에 관해 이야기했고, 훈련 방법들에 대해 설명하면서 실습도 같이 해보았다. 나는 매우 흥분한 상태였고, 그들도 그러리라 생각했다.

하지만 나는 틀렸다. 내가 완전히 잘못 생각했던 것이다. 점심식사를 마친 나는 잔뜩 고취된 채 강의를 계속할 준비가 돼 있었지만, 아무도 강의실로 들어오지 않았다. 참가자들이 모두 점심을 먹은 후 돌아가버렸던 것이다.

너무도 힘겨운 시간이었지만, 한편으로 그 사건은 내가 180도 변하게 된 중요한 사건이기도 했다. 나는 내가 너무 순진했다는 것을 깨달았다. 매우 개인적인 것을 업무 환경에 도입하려고 했던 것이다. 마음챙김과 일을 연결해주는 고리들, 순간순간의 자각awareness과 직장에서의 성공을 연결해주는 고리들이 없었던 것이다. 나는 마음챙김과 업무를 연결시켜서 생기는 이익들에 대한 확신이 있었기에, 그것들을 연결해줄 방법을 집중적으로 찾았다.

그 탐구의 결과가 당신이 읽고 있는 바로 이 책이다.

지난 수십 년 동안 업무의 환경은 급속도로 변했다. 예전에는 사람들이 해야 할 일들에 하나씩 주의를 집중할 수 있었다. 그러나 지금은 끊임없이 이어지는 전화와 문자, 이메일, 회의, 마감기한을 처리하면서 동시에 일에 집중하려고 한다. 끊임없는 정보와 방해물들의 홍수 속에서 우리의 뇌는 모든 것을 한꺼번에 처리하려고 하는 것이다. 다시 말해 우리는 여러 가지 일들을 동시에 처리하려고 한다.

그러나 연구가들은 많은 정보에 대응하는 최악의 방법으로 멀티태스킹을 꼽는다. '맥킨지 & 컴퍼니'의 보고서에 따르면, 멀티태스킹은 "인간의 생산성과 창의성을 떨어뜨리고 또 적절하게 결정할 수 있는 가능성을 감소시킨다"고 한다. 실제로 수많은 연구에서 밝혀졌듯이, 현대의 직장 생활은 유능한 전문 인력들을 실력이 형편없는 광분한 사람들로 변모시킨다고 한다.

그것은 그리 놀라운 일이 아니다. 우리는 대부분 압박을 지속적으로 받고 있으며 항상 연결 가능한 상태에 놓여있다. 또 정보의 과부하를 경험하고 극도로 산만한 환경에서 일하고 있다. 나는 그런 환경을 'PAID 현실'이라고 부른다.

표 1. PAID 현실

마음의 방황하는 경향성과 PAID 현실 때문에 당신의 주의는 이 서문을 다 읽기도 전에 산만해질지도 모른다. 당신이 서문의 마지막 페이지에 도달하기도 전에 마음은 벌써 다음에 해야 할 일에 가 있을지도 모른다. 오늘날 우리는 PAID 현실 때문에 주의를 조절하는 능력을 점점 상실하고 있는 것이다.

그러면 우리는 끊임없이 방황하고 부주의하며 집중을 못하는 마음을 가지고 계속 살아가야 할까?

고맙게도 그렇지는 않다. 실제로 우리는 마음챙김 훈련을 통해 오늘날 끊임없이 밀어닥치는 방해물들을 향해 다른 방식으로 반응하도록 뇌를 훈련시킬 수 있다. 마음챙김을 간략히 소개하듯 설명하자면, 훈련된 주의집중이다. 마음챙김 기법들은 수천 년 된 수련법에 기반을 두고 있다. 그 기법들을 통해 사람들은 주의를 집중하고 알아차림을 향상시켜 집중력과 명료성을 날카롭게 닦는다.

『1초의 여유가 멀티태스킹 8시간을 이긴다』는 마음챙김 기법들을 일상의 업무에 응용하는 방법에 관한 책이다. 이 책은 우리가 진행하는 '포텐셜 프로젝트Potential Project'에서 기획한 '기업을 위한 마음챙김 프로그램'에 기반해, 마음챙김 프로그램을 큰 규모로 진행했던 조직들의 실제 사례들과 교훈들을 담고 있다.

이 프로그램은 북미와 유럽, 아시아, 오스트레일리아 등 다양한 지역에 위치한 기업들을 대상으로 실시되었으며, 생산성과 효율성, 직업 만족도 등 많은 부분에서 주목할 만한 성과를 냈다.

나는 마음챙김과 일을 연결시킬 수 있는 방법을 개발하기 위해 비즈니스 리더들과 마음챙김 대가들, 전문 연구자들을 모았다. 그리고 그들과 함께 이 프로그램을 개발하였고, 수많은 세계적 기업에서 실제로 프로그램을 진행했다. 그 기업들은 마이크로소프트, 액센추어, 로슈, 나이키, 아메리칸 익스프레스, 제너럴 일렉트릭, 사이트릭스, 구글, 소니, 소시에테 제네랄, 케이아이엠, 이케아, 캐나다 왕립 은

행, 오길비, 칼스버그 등이다. 우리는 마음챙김 훈련의 양적인 결과물들이 궁금해, 제3자의 객관적인 위치에 있는 연구자들에게 검증을 의뢰했다. 거기에는 집중력과 효율성의 향상뿐만 아니라 삶의 질 향상과 스트레스 감소, 더 나은 웰빙이 포함되어 있다.

참가자의 개별적 차원에서 살펴보면, 그 프로그램을 통해 효율성과 자율성을 키우는 법을 쉽고 빠르게 배웠다. 프로그램에 참여한 사람들 중 대부분이 중요한 결정을 앞두고 1초 우위에 서는 경험을 했다. 왜 1초일까? 오늘날 비즈니스 환경에서 1초라는 시간은 수량화될 수 있는 이익이기 때문이다.

우리는 흔히 "스피가speed가 승리한다"고 말한다. 인간인 우리는 당장의 정보와 즉각적인 행동을 원한다. 실제로 우리는 항상 경쟁사보다 더 빠른 서비스 출시를 최선의 선택으로 생각하고 있다. 구글이 검색에 걸리는 시간을 알리는 데는 이유가 있다. 우리가 비즈니스적인 정보를 바로바로 이해하려고 빅데이터와 같은 분석 도구들에 점점 의존하게 되는 것도 이유가 있다.

1초가 중요하다.

우리가 오늘날 '비즈니스의 속도'에 대해 이야기하는 만큼 중요하다. 그것은 얼마나 빠른가? 월스트리트에서는 밀리세컨드(1/1,000초)의 가치가 200억 달러나 된다고 추산한다.

인지적 관점에서 1초 앞서는 것은 효율성과 생산성 부분에서의 우위를 확실히 보장한다. 그것은 방해물들을 골라낸 뒤 정신적인 에너지를 다른 곳으로 전환할 수 있는 시간과 공간을 제공해준다. 우리가 삶 속에서 일어나는 일들을 통제하기는 힘들지만 그 사건들에 대한 의도적이고 사려 깊은 반응을 선택할 수는 있다.

나치 수용소에서 살아남은 빅터 프랭클은 "자극과 반응 사이에는 공간이 있다. 우리가 자신의 반응을 선택할 수 있는 힘은 바로 그 공간에 있다. 우리의 성장과 자유는 우리가 어떻게 반응하느냐에 달려있다."라고 썼다. 극한의 상황에서도 프랭클은 반작용의 희생자가 되지 않고 반응을 선택했던 것이다.

이 책 덕분에, 당신은 사무실이나 회의실에서 혹은 영업 상담을 하는 시간이나 프리젠테이션을 하는 시간에 그런 자유를 얻게 될 것이다. 더 명확하게 말하자면, 마음챙김 수련법을 비롯해 이 책에서 제시하는 기법들은 단순히 돈을 더 많이 벌거나 직업적인 경력을 더 빨리 쌓는 것에 관한 것만은 아니다. 마음챙김을 하는 것에는 더 크고 중요한 목적이 있다.

나는 큰 실패를 겪고 나서 10년이 지난 뒤, 처음으로 스칸디나비아의 큰 보험회사로부터 기업 기반의 마음챙김 프로그램을 해달라는 요청을 받았다. 프로그램 후원자는 그 회사의 영업부장인 토마스였다. 그는 프로그램을 통해서 직원들과 자신의 효율성과 집중력을 향상시키고 싶어 했다. 그리고 토마스가 바라던 대로 일이 진행되었다. 거기에 더하여 중요한 사건이 하나 일어났다. 토마스가 아주 의미 있는 일을 경험했던 것이다.

토마스는 한 달 동안 프로그램에 참여하고 나서, 그 이후의 경험을 부서원들과 나누었다. 그의 경험은 나에게 오랫동안 여운을 남겼다. "저는 우리 모두가 효율성과 생산성 면에서 향상되었음을 압니다. 그렇게 효과를 봐서 무척 기쁩니다. 그런데 한편으로 저는 더 중요한 경험을 하나 했습니다. 우리가 더 나은 인간, 더 친절하고 더 관대하고 더 행복한 사람이 된 것 같습니다."라고 그는 말했다.

바로 이것이 마음챙김에 관한 것이다. 이러한 마음챙김을 통해 우리는 최고의 자신으로 존재하고, 일상에서 자신의 가능성을 더 자주 알아차리게 된다. 더 집중하고 명료한 마음을 지닌 친절한 사람들이 더 나은 조직을 만들어간다. 그리고 이렇게 더 나은 방향으로 발전한 조직들이 더 나은 세상을 만든다. 업무 능력을 향상시키는 일이 사람들을 더 친절하게 만드는 것으로 연결되는 세상을 생각해보라. 친절이 효과와 능률만큼, 또는 주당수익이나 영업현금흐름만큼 소중히 여겨지는 세상을 상상해보라.

너무 낙관적인 이야기라고 생각할 수 있겠지만, 우리가 프로그램을 제공했던 전 세계의 많은 조직들 속에서 그런 일이 매일 일어나는 것을 나는 본다.

이 책은 실용적인 안내서로, 스트레스가 높고 속도가 빠른 업무 환경

속에서 새로운 작업 방식을 찾는 바쁜 전문직 종사자들을 위한 책이다. 세계적으로 높이 평가받는 글로벌 기업들이 성공적으로 활용해 온 검증된 도구들을 포함하고 있다.

이 책은 주로 리더의 위치에 있는 사람들이 가장 큰 관심을 보이겠지만, 조직의 어느 지위에 있든 모든 조직원들과 관련이 있고 그들이 쉽게 활용할 수 있도록 개발됐다. 간단한 기법들을 제공함으로써, 일터에서 고질적으로 비효율성을 야기하는 문제들을 쉽게 해결할 수 있도록 하였다. 가령 이메일과 회의, 우선순위 설정, 기획업무 등 실무적인 문제를 직접 다룬다. 여기서 제시하는 기법들은 모두 독립적으로 쉽게 실천해볼 수 있고, 그 결과물도 바로 확인할 수 있다.

이 책은 마음챙김 훈련으로 널리 알려진 수천 년 전통의 지혜와 도구들에서 발췌한 것이다. 마음챙김의 역사는 오래됐지만 최근에는 다양한 문화권에서 각양각색의 모습으로 개발되고 있다. 마음챙김의 이점들에 대해 여러 매체에서 요란스레 떠들지만, 대다수의 사람들은 일상에서 그것을 활용하지 못하고 있고, 또 어디서부터 시작해야 하는지도 모르고 있다.

이 책의 목적은 당신처럼 바쁜 사람들이 당장 도움을 필요로 하는 곳, 즉 활력과 생산성을 약화시키는 일상의 업무를 변화시키는 것부터 시작한다. 일상적인 업무를 성공적으로 다룰 수 있게 됐을 때, 당신은 존재감·인내·친절·수용과 같은 정신적인 자질을 개발하는 마음챙김의 더 깊은 과정을 밟을 수 있게 된다. 거기서부터 마음챙김, 그리고 그것의 핵심 원리인 선명한 집중과 열린 자각의 정기적인 훈련을 통해 간단한 방법으로 삶을 변형시킨다.

1부는 일이 중심인 상황에서 마음챙김을 검토한다. 1부의 1장에서는 마음챙김의 기본 개념에 대해 설명하고 마음챙김의 이점에 대해 알아본다. 또한 그 효능을 뒷받침해주는 데이터를 검토하고, 업무 중심의 열여섯 가지 기법들을 성공적으로 활용하는 데 필요한 기본적인 이해를 제공한다. 여기서 소개하고 있는 열여섯 가지 기법들은 일상적인 업무의 주요 요소들과 마음챙김을 결합시켜 만들었다. 그 기법들은 일상적인 업무를 보면서 쉽게 활용할 있는 것들로서, 모두 생산성과 성과의 측면에서 즉각적으로 효과를 볼 수 있게 해준다.

2부에서는 우리의 가능성을 완전히 실현하지 못하게 막는 부정적인 사고 패턴들을 대체할 전략들에 대해 간략히 설명한다. 그 정신적 전략들은 앞서 언급했듯이 마음의 건강한 특성들을 강화함으로써 뇌신경의 재배치를 조장한다. 이러한 뇌의 재배치 혹은 재훈련은 직장에서 직면하는 돌발적인 문제들에 대해, 도움이 안 되는 습관적 반작용이 아닌 마음챙김으로 반응하게 한다.

3부에서는 선명한 집중과 열린 자각이라는 마음챙김의 기본 실습법에 대해 설명한다. 이 두 가지 훈련법은 고도로 균형 잡힌 마음을 개발하도록 돕는다. 이 정도의 이해와 헌신에 이르기만 하면, 당신은 집중·알아차림·마음챙김을 유지하는 자신의 능력이 기하급수적으로 향상되는 것을 발견할 것이다. 뿐만 아니라 삶의 다른 모든 부분에서도 평화와 웰빙을 더 크게 느끼면서, 일터 외에서도 마음챙김을 적용하는 방법을 더 잘 이해하게 될 것이다.

마음챙김을 더 깊이 훈련해 삶의 전반적인 영역에서 그 이점들을 경험하고 싶다면, 3부의 마지막 장인 4장을 보면 된다. 4장에서는 마음챙김 훈련을 하루 단위로 계획하는 것을 체계적으로 정리해두었다. 또한 하루 단위의 훈련과 관련된 일반적인 질문에 대한 답변을 정리해두기도 했다. 언제, 어디서, 어떻게 훈련해야 하는지 등에 대해 상세히 알려주고, 결론 부분에서는 마음챙김을 기업장면에 들여오는 방법에 대해 이야기하고 있다. 거기에는 수백 개 회사에서의 성공을 기반으로 만든, 기업 기반의 마음챙김 훈련 프로그램을 실시할 때 도움이 되는 조언들도 포함되어 있다.

이 책의 전체적인 구성은 업무 속에서 손쉽게 사용할 수 있는 마음챙김의 적용법을 포함해 명료성과 통찰력을 제공하는 것에 집중하고 있다. 본질적으로, 이것들은 실용적인 방편들이다. 즉 성과를 즉각적으로 낼 수 있는 방편들이다. 그런데 다른 한편에서는 더 잘 일하고, 더 잘 생각하고, 더 잘 살기 위한 고무적인 안내서다.

나는 마음챙김을 통해 얻을 수 있는 이익들을 누구나 즉각적으로 경험해볼 수 있도록 이 책을 고안했다. 이론보다 실습에 대해 먼저 탐구하는 것이 모순적으로 보일지도 모른다. 하지만 내 경험을 바탕으로 단순하게 생각해보면, 바쁜 사람들은 나날의 일상 업무에서 즉각적인 도움을 받을 수 있는 도구를 간절히 원한다. 그동안 출시된 마음챙김에 관한 도서들에 대한 일반적인 평가는 너무 신비주의적이고 이론적이었다는 것이다. 쓸모 있고 대책을 제시하는 기본적인 정보들이 빠져 있었다. 나는 마음챙김에 대한 가장 직접적이고 실용적인 정보를 이 책의 앞부분에 제시했다. 당신이 하루 일과를 규정하는 일상적인 업무에서 성공을 경험하게 되면 더 넓은 의미의 마음챙김도 수용하게 될 것이다. 또한 마음챙김의 적용에 대해 더 깊이 이해하게 될 것이다. 당신이 그렇게 발전할 수 있도록, 나는 이 책의 처음부터 끝까지 마음챙김에 관한 수많은 특성들과 실용적인 도구들을 포괄하면서 다음과 같은 내용들을 담았다.

- 집중력·명료성·결과들을 더 향상시키기 위해, 일터에서 마음챙김 훈련을 실행할 수 있는 도구와 기법.
- 직장에서 일과 관련된 사람들과 상황들에 대해, 더 고요하고 명료한 마음으로 창조적이고 친절한 방향으로 생각할 수 있도록 변화를 도모해주는 지침과 조언.
- 체계적인 마음챙김 훈련에 대해 쉽고 자세히 안내해주는 단계별 가르침.
- 교훈과 생각할 거리를 안겨주는 짧은 글과 현실적인 이야기.
- 직장 및 가정에서의 생활을 확실하게 개선해주는 하루 10분 동안의 마음챙김 훈련에 관한 지침.

이 책은 여러 기법과 전략을 활용해온 수많은 사람들과 일일 마음챙김 훈련을 했던 사람들에게서 영감을 받아 쓰게 됐다. 그들로부터 개인적인 변화를 경험하거나 성공을 거둔 사례를 많이 듣게 되었고, 그 이야기들을 더 많은 사람들과 나누고 싶었다. 나는 그들의 이야기들 중 일부를 이 책에서 공유하고자 한다. 사적인 부분을 존중하기 위해 가명을 사용했지만 여기에 실린 이야기들은 모두 사실이다.

이 책은 전체적으로 논리적인 전개를 하고 있지만, 다른 한편으로는 가장 관심이 가는 부분부터 읽어도 무방하게 구조화됐다. 이 말은 1부에서 3부로, 기법에서 전략으로 건너뛰면서 필요한 것을 뽑아서 읽을 수 있다는 것을 의미한다.

이 책은 한 가지 관점에서 쓰였지만, 동료 저자들을 포함한 포텐셜 프로젝트Potential Project의 동료들과 나 자신의 통찰·지혜·경험을 복합적으로 담고 있다. 그러므로 '나'는 당신이 읽고 있는 이 책이 마음챙김의 이로움을 전 세계의 일터로 가져오려는 공동의 노력이 반영된 것임을 알고 있다.

마음챙김을 일터에서 일상적으로 적용하는 법을 알고 싶은 마음에 이 책을 집어 들었다면, 1부부터 읽어야 한다. 그렇지 않고 더 높은 수준의 마음챙김 훈련으로 곧바로 뛰어들고 싶다면, 3부부터 읽는 게 좋다. 리더의 위치에서 마음챙김 프로그램을 직원들에게 소개하거나 보고서로 소개할 계획이라면, 마지막 장의 후반부로 직행해도 좋다.

나는 당신이 어떤 식으로 이 책을 사용하든 상관없이 이 책에서 장기적인 혜택을 받을 것이라고 생각한다. 하루에 단 몇 분만이라도 이 책에서 제안하는 수련법들을 실행한다면, 매우 경쟁적이고 스트레스가 높은 상황에서도 자신을 활짝 꽃피게 해줄 정신적인 습관들을 개발할 수 있을 것이다. 그러나 이 책의 주요 의도는 마음의 집중·알아차림·명료성을 통해 실행력을 향상시킬 수 있는 로드맵을 제공함으로써, 당신처럼 바쁜 사람들에게 힘을 불어넣어주는 것이다.

1부

일터에서
활용할 수 있는
기법들

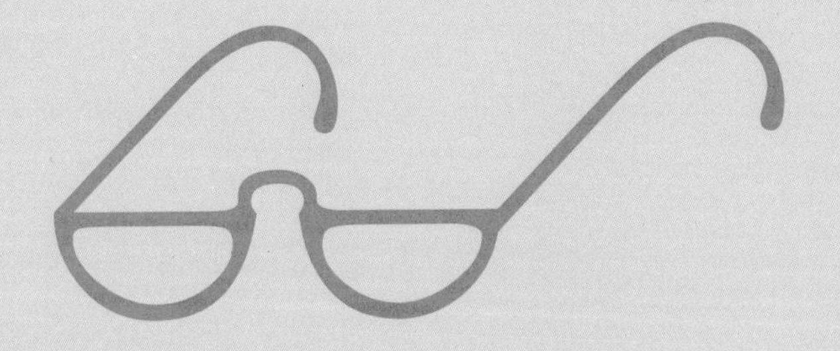

인터넷의 출현과 휴대전화기의 발달로 우리의 일하는 방식과 환경도 변화를 거듭하고 있다. 더 이상 우리는 일하러 갈 필요가 없어졌다. 일이 우리에게 오기 때문이다. 설사 매일 일터에 가더라도, 일과 관련된 문제들은 밤이든 낮이든 그리고 레스토랑에 있든 야구장에 있든 우리를 찾아온다.

그러나 우리의 뇌는 수천 년에 걸쳐 다양한 종류의 일들을 처리하도록 진화해왔다. 역사적으로 인간은 사냥꾼으로서, 농부로서, 또 일정 기간은 산업 노동자로서 육체적인 일을 하면서 생존해왔다. 그 기간 동안 사람들은 자급자족을 했고 해야 할 일은 명확했다. 동물을 죽이고 장작을 패고 밭을 가는 일을 했다. 헨리 포드와 프레데릭 테일러의 생산라인에서도 한정된 시간에 망치로 일정한 수의 볼트를 박는 일을 했던 것처럼 임무에 대한 정의는 명확했다.

그 시기의 사람들은 일에 집중을 잘했고 또 들판과 숲과 공장과 집의 경계도 확실했다. 이것은 우리의 뇌가 새로운 현실에 알맞게 그리고 자연스럽게 배선되어 있지 않다는 뜻이다. 그 변화를 시각화해서 〈표 2〉에 담아놓았다.

오늘날 정보 중심의 업무환경은 정신없이 바쁘고 경계가 불분명하다. 생산성을 높이는 여러 기기들 때문에 일터와 집 사이의 경계선이 점점 더 흐려지고 있다. 거기다 세계보건기구는 사망의 주요 원인인 뇌졸중과 당뇨병 외에도 업무와 관련된 스트레스·극도의 피로·우울증이 2020년에 세계적으로 가장 흔한 질병에 속할 것이라

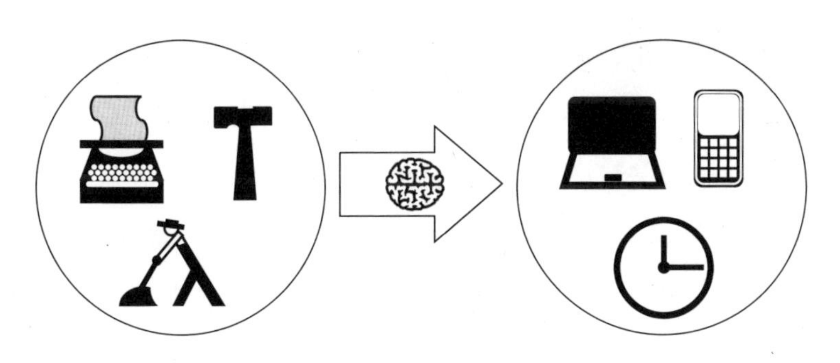

표 2. 일과 삶의 변화

고 예측했는데, 이것은 그리 놀랄 일이 아니다.

어쨌든 우리는 어려운 상황에 직면해 있다. 우리가 하고 있는 복잡하고 자극적인 근로 생활은 빠르고 역동적이며 가능성들로 가득 차 있다. 그런데 우리의 뇌는 더 단순한 시대에 알맞게 만들어져 있는 상태다. 감사하게도, 현대 근로 생활의 도전들을 잘 이겨내기 위해, 정보 과부하로 생긴 책임과 부담을 잠시 비껴놓고 1초의 시간을 갖기 위해 우리가 할 수 있는 것들이 있다.

이 책의 1부에서는 오늘날 빠르게 돌아가는 현실을 활기차고 열정적이고 균형 있게 받아들일 수 있도록 도와주는 여러 기법들을 소개한다. 그 기법들은 단독으로 활용할 수 있는 열여섯 가지의 완성된 기법들이고, 통근시간이나 점심시간에 읽을 수 있을 만큼 짧고 쉽게 정리되어 있다. 그것들은 일터에서 어려운 일들에 직면했을 때,

당신의 정신적 원천들과 웰빙을 최적화하는 방법들에 대해 알려준다. 당신이 그 기법들을 진지하게 자주 실천하면 할수록, 그것들은 당신과 동료들에게 더 많은 이익을 줄 것이다.

1부는 그 기법들을 적용하는 데 필요한 토대를 마련하기 위해 구성했다. 마음챙김의 정의를 요약하는 것에서부터 시작해 마음챙김의 이점과 효능을 증명해주는 데이터를 검토하고, 업무 환경에서 마음챙김을 실행하는 데 필요한 기본 기술들을 설명한다.

그러나 그 기법들은 마음챙김의 실용적인 면에 불과하다는 것을 유념해주기 바란다. 마음챙김 전통은 이보다 훨씬 더 크고 넓다. 3부에서 설명하고 있듯이, 마음챙김의 삶으로 향하는 진정한 열쇠는 일상적인 훈련에 있다. 내가 진심으로 바라는 것은, 당신이 일터에서 그 기법들을 직접적으로 실천해 성공하는 것이다. 그 성공을 통해 마음챙김의 더 깊은 의미를 수용하고 자신만의 훈련을 날마다 할 수 있는 마음을 갖길 바란다.

그러면 먼저, 1초 앞선다는 것의 진정한 의미부터 알아보자.

1장

자기 마음 다스리기 : 첫 단계들

제이콥은 유럽의 금융서비스 회사에서 고위 관리자로 일하고 있었다. 경쟁자들처럼 제이콥도 '상시 연결' 상태로 지냈다. 다시 말해, 그는 매일 하루 종일 어떤 형태로든 사무실과 연락이 가능한 상태였던 것이다. 날이면 날마다, 그는 메일함에 끊임없이 쌓이는 메일을 처리해야 했고 일정표에 빼곡히 적힌 회의들에 참석해야 했다. 잠시 쉴 시간이 나더라도, 누군가 도움을 요청하거나 전화가 와서 쉴 수가 없었다.

내가 제이콥을 처음 만났을 때, 그는 삶을 통제하기가 참 힘들다고 호소했다. 항상 무언가를 만회하려고 노력하는 것 같고, 자신의 일상을 좌지우지하는 외부적인 힘 즉 사람들과 임무들 때문에 과부하가 걸린 것 같다고 말했다. 그는 정확한 목적과 방향성 없이 자동조종모드autopilot로 살아가는 것 같았다.

당신도 공감하는 이야기인가?

우리 대부분이 그렇듯이, 제이콥도 더 큰 통제감을 갖고 싶어했다. 내가 진행하는 워크숍에 제이콥의 친구가 참여한 적이 있었는데, 제이콥은 그 친구에게서 내게 전화해보라는 권유를 받았다. 제이콥은 나와 처음으로 만나는 자리에서 이 책에 나오는 기법·도구·전략들로 구성된 4개월짜리 프로그램을 해보고 싶다고 진지하게 말했다. 제이콥과 나는 한 시간짜리 세션session을 4개월 동안 열 번 같이 했다. 게다가 제이콥은 하루에 10분씩 마음챙김 훈련을 충실히 실행했다. 10분 훈련은 실행하기 쉽고 간편하게 구성된 프로그램이었지만, 바쁜 일정을 소화해야 하는 제이콥에게는 그것도 꽤 많은 시간 투자였다.

4개월 후, 나는 프로그램에서 무엇을 얻었는지 제이콥에게 물었다. 그는 자신이 얻은 것은 '1초의 시간'이라고 말했다. 처음 그 말을 들었을 때, 나는 어리둥절했다. 4개월 동안 노력해서 그리고 매일 훈련을 해서 겨우 1초를 얻었다는 말인가? 뭔가 너무 부족하다고 생각했다. 제이콥은 계속해서 다음과 같이 이야기했다.

"이전에 저는 어떤 일이 생기면 거기에 자동적으로 반작용reaction을 했어요. 이메일이 오면 바로 답장을 보냈고, 문자가 와도 바로 답을 했죠. 어떤 생각이나 감정이 생기면, 거기에 휘말려 하던 일에 집중할 수 없었습니다. 자동적인 반작용의 희생자였죠. 그런데 4개월간 훈련한 뒤, 일어난 일과 제 반응 사이에 1초라는 정신적인 간격이 생겼습니다. 제가 1초를 앞서게 되었다고나 할까요. 그렇게 되니까 자동적인 반작용의 희생자가 아니라 반응을 선택할 수 있는 사람이 되더군요. 일상에서 벌어지는 모든 일들을 통제할 수는 없지만 적어도 어떻게 반응할지 선택할 수는 있게 되었습니다."

제이콥의 이야기는 바쁜 삶을 이어가는 수백만 명의 경험을 정확히 반영하고 있다.

그런데 1초란 무엇일까? 1초 만에 무엇이 변했다는 것일까?

그 1초는 전부를 의미했다.

1초는 기차를 잡아타 직장에 늦지 않느냐와 지각하느냐를 가르는 시간이다. 1초는 황색 신호등에 지나가느냐와 빨간 신호등에 달리느냐를 가른다. 그것은 아슬아슬한 상황과 대재앙과의 차이를 가른다.

올림픽에서의 1초는 금메달을 따서 이름을 영원히 남기느냐와 꼴등으로 들어와 영원히 잊히느냐를 가른다.

지체 시간이 짧은 요즘, 스포츠와 정치 세계에서도 그렇지만 특히 비즈니스 세계에서 속도는 경쟁의 주요 요소다. 과거 어느 때보다도 속도는 중요하게 여겨지고 있다. 거래가 너무 잦아서 수백만 달러의 주인이 밀리세컨드(1/1,000초) 단위로 바뀌기도 한다. 밀리세컨드란 눈을 깜박하는 시간보다 열 배나 더 빠른 시간을 말한다. 비즈니스 속도가 빛의 속도에 가까워지면서, 1초는 평범한 실적과 높은 실적을 가른다.

제이콥에게 1초는 생각과 행동을, 더 중요하게는 삶을 다룰 수 있는 진정한 자유를 주었다.

1장의 목적은 당신이 삶 속에서 그 1초의 이익을 얻는 방향으로 전환하도록 시동을 걸어주는 것이다. 더불어 우리의 선천적인 인지적 경향성들과 그것들이 생산성에 미치는 영향을 검토할 예정이다. 또 정신적 효과성을 향상시키기 위한 단순하지만 강력한 규칙들을 살펴볼 예정이다.

누가 통제하는가?

삶은 결과에 관한 것이다. 결과는 행동에서 나오고, 행동은 선택에서 비롯된다. 선택은 우리가 하는 생각에 달려있다(〈표 3〉 참조).

생각은 우리가 삶 속에서 달성하고 싶은 모든 것의 토대다. 그러므로 마음을 다루는 능력은 매우 중요하다. 마음이 명료하고 고요하고 집중되어 있을 때, 우리는 생각을 더 잘 조절할 수 있다. 이것은 삶의 모든 측면에 해당하지만, 특히 일터에서 그렇다.

그런데 과학자들은 우리의 마음이 잠을 자지 않는 시간 중에서 절반 가까이 방황한다고 말한다. 우리는 현재의 사건에 주의를 기울이기보다 과거나 미래의 사건들을 끊임없이 떠올린다. 그래서 유익한 결과를 도출해내는 우리의 능력은 제한된다. 당신에게도 해당되는 이야기인가? 아래의 테스트를 해보면 알 수 있다.

1. 타이머를 45초로 설정한다.
2. 이메일이나 회의 등 하나의 생각에 주의를 집중한다.
3. 모든 주의를 그 한 가지 일에만 모은다.
4. 타이머가 울릴 때까지 다른 생각이나 소리에 주의를 주면 안 된다.

당신은 한 가지 일에 주의를 집중할 수 있었는가? 평범한 사람이라면, 당신의 마음은 45초 동안 많은 생각들 속에서 방황했을 것

표 3. 결과는 마음에서 비롯된다

이다. 걱정하지 않아도 된다. 당신은 완벽하게 정상이기 때문이다.

그 경험을 이해했다면, 당신은 마음이 때때로, 어쩌면 더 자주, 나름의 마음을 가지고 있음을 발견했을 것이다. 즉 마음을 통제하는 일과 주의집중의 대상을 통제하는 일은 어려운 일들이다. 그러나 우리의 미래가 생각에서 비롯되고 우리가 그 생각을 통제할 수 없다는 것이 사실이라면, 중요한 질문이 하나 생길 것이다. 그럼 누가 삶의 결정들을 하고 있는가?

우리 중 대다수는 그 질문에 대한 답을 쉽게 찾지 못할 것이다. 방황하는 경향성은 마음의 타고난 특성인데, 그것이 과거 수십 년 동안 더 악화됐기 때문이다. 컴퓨터·스마트폰·인터넷이 출현하기 전, 눈앞의 업무에 주의를 모으는 일은 훨씬 더 쉬웠다. 그러나 비교적 짧은 기간 동안에 타자기와 전화기를 쓰는 업무환경이 이메일과 문자, 트윗, 스프레드시트, 보고서, 마감기한 등을 동시에 다루는 환경으로 바뀌었다. 최근의 디지털 잠식이 집중과 생산성에 미치는 유해한 영향에 대해, 보고서를 비롯해 기사와 책 등 그 증거물들이 산더미처럼 쌓이고 있다.

주의력 경제를 환영한다

지난 수십 년에 걸쳐 업무환경은 급속히 변했다. 한때 우리는 현재의 일에 주의를 쉽게 모을 수 있는 환경에서 일했다. 하지만 지금은 너무 많은 정보로 인해 집중을 방해하는 것들로 둘러싸여 있다. 휴대폰·태블릿·이메일·문자 등 너무 많은 것들이 주의를 잡아끈다. 액센추어 전략적 변화 연구소의 전직 임원인 톰 데븐포트는 "주의력에 대한 이해와 관리는 요즘 비즈니스의 성공을 가르는 중요한 요소다"라고 했다.

우리는 '주의력 경제attention economy'의 시대를 살고 있다. 주의 및 주의의 질을 조절할 수 있는 능력이 성공의 관건인 것이다. 그러나 또한 디지털 시대이기도 하며, 자유 의지를 가지고 원하는 대상에 주의를 기울이는 능력이 온전히 발현되지 못하고 있다. 분명 문제가 있다.

얼마나 큰 문제일까? 타고난 마음의 방황하는 경향성을 연구하는 연구가들의 계산에 따르면, 마음은 평균 46.9퍼센트의 시간 동안 방황을 한다. 다시 말해 업무 중 53.1퍼센트의 시간 동안 마음은 업무에 집중하고, 나머지 시간 동안에는 업무에서 벗어나 있다. 인적자원의 차원에서 보면, 바로 그 벗어나 있는 시간이 개발돼야 할 가능성의 시간인 것이다. 적은 수치라도 '업무에 집중하는' 시간이 늘어나면, 생산성·고객서비스·안전성·팀워크 등에 주의를 더 집중함으로써 이익이 되는 것들을 포함한 여러 측면에서 중요한 개선이 일어날 수 있다.

당연히, 주의는 비즈니스 실적에 영향을 미치는 새로운 변수다. 전통적으로 비즈니스 생산성은 시간 경영, 목표 설정, 우선순위를 매기는 능력, 일반적인 자질들을 통해서 향상돼왔다. 그런데 디지털 시대에는 주의가 비즈니스 실적을 높이는 새로운 요인이 되고 있다. 당신이 주의력 경제에 들어온 것을 환영한다.

연구가들은 디지털 시대의 집중을 방해하는 거침없는 흐름에 대해, 뇌가 이를 기본값으로 인식해서 반작용한다는 것을 발견했다. 뇌가 모든 것에 동시에 주의를 기울이려고 시도한다는 것이다. 뇌는 멀티태스킹을 기본값으로 설정한 것이다. 거기다 많은 일을 한꺼번에 해서 더 많은 것을 얻는다는데, 그것을 누가 싫어하겠는가? 심지어 어떤 회사는 '멀티태스킹에 능숙한 것'을 필수적인 업무능력에 포함시키기도 한다. 그러나 연구결과에 따르면, 많은 일을 동시에 할 경우 시간은 더 걸리고, 실수도 더 많이 하고, 정신적 에너지도 더 많이 사용된다고 한다.

멀티태스킹은 근거 없는 미신이다

우리 중 대다수는 한 가지 이상의 일에 동시에 주의를 기울일 수 있다는 강한 환상을 가지고 있을 것이 있다. 운전 중 전화통화를 할 수 있고, 회의 중에는 이메일을 확인할 수 있고, 다른 이와 대화를 나누면서 문자를 보낼 수 있다고 생각한다. 확실히 우리는 별 다른 주의

없이, 즉 의식적인 생각 없이 많은 활동들을 할 수 있다. 예컨대 걸으면서 말을 할 수 있다. 숙련된 운전자들은 기어를 변속하면서 동시에 운전대를 돌릴 수 있는 것처럼 운전에 필요한 많은 요소들을 자동조종모드로 다룰 수 있다.

그러나 신경학적 관점에서 보면, 동시에 두 가지 일에 주의를 집중할 수 없다. 우리는 멀티태스킹을 한다고 생각하지만 실제 하고 있는 것은 시프트태스킹shift-tasking, 즉 업무 전환이다. 여러 개의 일들 속에서 주의를 빠르게 전환하고 있는 것이다. 예컨대 운전 중 통화할 때를 생각해보자. 그 상황에 처하면 먼저 1초 동안 교통상황을 살피고, 그 다음 1초 동안에는 전화를 의식한다. 가끔씩 너무 빨리 전환돼서 동시에 두 가지 일에 주의를 기울인다고 착각하지만 실상은 그렇지 않다.

뇌는 컴퓨터가 아니다

'멀티태스킹'은 컴퓨터 산업에서 비롯되었다. 서로 다른 데이터들의 묶음을 수평적으로 처리하는 컴퓨터의 능력을 설명하는 용어다. 컴퓨터는 엑셀 스프레드시트, 비디오 플레이어, 이메일, 바이러스 검색 등 이 모든 것을 한꺼번에 처리할 수 있다. 이것을 보면 컴퓨터와 인간이 얼마나 다른지 알 수 있을 것이다. 뇌가 하나인 인간은 한 곳에 집중할 수밖에 없는 반면에, 처리기가 여러 개인 컴퓨터는 모든 것을 동시에 처리할 수 있다.

우리는 해야 할 일이 많을 때, 두 가지 이상의 일을 한꺼번에 처리해서 효과적이고 능률적인 사람이 되고 싶어 한다. 그런데 현실은, 뇌가 놀랍고 강력한 것이기는 하지만 동시에 두 가지 일에 집중할 수 없다는 것이다.

멀티태스킹을 하는 업무현장에 대해 조사한 연구가들은 새로운 사실 하나를 발견했다. 멀티태스킹을 하는 사람들이 무의미한 것들을 다루는 데 선수들이고, 또 어느 것에나 무방비로 자극을 받아 산만해진다는 것이다. 어쩌면 당신도 의도가 뚜렷하고 단순한 일인데도, 그 일을 수행하는 길에서 벗어난 경험을 해본 적이 있을 것이다. 예를 들어, 어머니의 생일 선물을 고르기 위해 어머니가 좋아할 만한 것을 인터넷에서 검색한다. 아마존에서 책을 검색하는 동안, 당신은 위시리스트에 넣고 싶은 책을 두 권 발견한다. 그중 한 권에 관한 서평을 읽다가 매우 흥미로운 기사가 링크돼 있는 것을 본다. 그 링크를 클릭해서 쭉 읽어나가다가 유튜브의 멋진 동영상이 또 링크돼 있는 것이 보인다. 한 시간 뒤에도 당신은 동영상을 보고 있는 자신을 발견하고서는 자신이 검색을 시작한 애초의 목적을 완전히 잊고 있음을 알게 된다.

연구결과들에 따르면, 멀티태스킹은 업무 만족도를 감소시킨다. 게다가 사적인 관계에 문제를 일으키고, 기억력을 약화시키며, 건강에 부정적인 영향을 미친다고 한다. 그 연구들은 대부분 멀티태스킹을 하면 시간이 더 걸리고 실수도 더 하기 때문에 효율성이 떨어진다는 것을 보여준다. 그것은 하나의 임무에서 다른 임무로 주의 집중이 전환될 때, 그 전환에 시간이 소요되기 때문이다. 새로운 임무가 얼마나 복잡한가에 따라, 몇 초에서 몇 분의 시간이 더 걸기도 한다. 이 현상은 전환 시간shift-time이라 일컬어진다. 전환시간은 정신적 에너지를 약화시키고 생산성을 떨어뜨린다.

또한 하버드 경영대학원의 연구가들은 멀티태스킹이 창의성을 훼손시킨다는 것을 발견했다. 9천 명의 직원들을 대상으로 평가 작업을 실시한 적이 있었는데, 그 직원들은 모두 창의적이고 혁신적인 사고가 필요한 프로젝트들을 실행하고 있었다. 연구가들의 평가 작업에 따르면, 멀티태스킹을 하는 직원들은 창의적 사고력이 현저히 떨어졌고, 하나의 임무에 집중하는 직원들은 창의성이 증가됐다.

요약하자면, 멀티태스킹을 하면 효율성이 떨어지고 실수가 더 많아지며 집중과 창의성이 약화된다. 그런데 멀티태스킹이 그렇게 안 좋은 것이라면, 우리는 왜 계속 하는 걸까?

멀티태스킹은 중독성이 있기 때문이다. 일을 하면서 전후로 빠르게 전환함으로써, 설사 그것이 육체를 소진시키고 스트레스를 주더라도 흥분을 유발하곤 한다. 하버드 대학의 연구가들은 다른 연구를 통해서 멀티태스킹이 뇌의 '도파민'을 생성시킨다는 사실을 발견했다. 도파민은 뇌에서 생성되는 신경전달물질로, 중독과 직결된다. 도파민이 순간적인 만족감을 주기 때문에, 뇌는 또 다른 도파민의 강한 쾌감을 지속적으로 찾아다닌다. 이메일처럼 손쉽게 성과를 낼 수 있는 것들이 거기에 해당된다. 이미 밝혀진 것처럼, 멀티태스킹은 실제로 그에 따른 산만함과 비효율성을 즐겁게 받아들이도록 뇌를 훈련시킨다. 하지만 그 습관을 끊을 수 있는 방법이 존재한다.

잘 훈련된 마음

마음챙김은 우리 자신에 관한 것이다. 마음챙김은 멀티태스킹이라는 덫에서 벗어남으로써, 방황하는 마음과 외부의 방해들보다 1초 앞서는 주의력 경제로 들어가는 것에 관한 것이다. 그것은 매일 최고의 상태로 자신을 유지하는 것에 관한 것이다. 직업적으로뿐만 아니라 개인적인 삶에서도 자신의 잠재성을 온전히 실현시킬 수 있도록 마음의 효과성을 더 크게 발휘하는 것에 관한 것이다. 이와 같은 맥락에서의 효율성이란 삶의 목표와 목적, 소원을 성취하는 힘을 말한다.

마음챙김 훈련은 수천 년 전부터 개발되어왔다. 최근 수십 년 동안 그것은 서구사회에서 광범위하게 퍼졌는데, 그 이해와 적용 방식은 고대의 것과 다르다. 훈련을 하면서 우리는 마음챙김의 고전적인 정의, 즉 조화로운 마음으로 현실을 명료하게 보고 윤리를 소중히 여기는 것이라는 정의를 따를 수 있을 것이다. 조화로운 마음은 이완되고 집중되며 명료한 마음이다. 명료하게 보는 마음은 실재하는 것들이 항상 변하고 있다는 것을 알고, 진정한 행복과 순간의 쾌락을 구분할 줄 안다. 윤리를 소중히 여긴다는 것의 의미는 건전하고 건설적인 것과 그렇지 않은 것을 늘 구분한다는 것이다.

고전적인 지혜와 현대의 업무

주의력 경제에서의 마음챙김은 주의를 통제하는 법을 배우는 것과 관련이 있다. 주의를 통제하는 법을 배움으로써, 우리는 생각을 다스리는 법을 배운다. 자신이 선택한 것에 집중하는 법을 배운다. 그 대상은 지금 당신이 읽고 있는 페이지일 수 있고, 이메일과 회의와 배우자와 자녀들일 수도 있다. 다른 말로 하자면, 당신은 지금 여기에 더 현존하기 위해 자신을 훈련하는 것이다.

나는 지난 여러 해 동안 전 세계에서 수천 명의 사람들과 작업하면서, 정기적인 마음챙김 훈련을 통해 사람들의 마음이 더 고요해지고 명료해지는 것을 봤다. 더 고요하고 명료한 마음을 가진 사람들은 실적·효율성·협력의 차원에서 더 큰 폭으로 향상됐고, 삶과 선택들에 관해 더 명료한 관점을 얻었다.

하지만 내가 하는 말을 그대로 받아들여서는 안 된다. 과학 분야에서는 마음챙김과 관련된 많은 통제실험들controlled experiments이 진행됐다. 그 결과 마음챙김의 수많은 이점들이 발견됐다. 마음챙김은 우리의 생리과정 및 정신과정, 업무 수행에 긍정적인 영향을 미친다. 연구가들에 따르면, 생리적 차원에서 마음챙김 훈련은 면역체계를 강화하고, 혈압을 떨어뜨리며, 심박수를 떨어뜨린다. 그리고 숙면에 도움을 주고, 스트레스를 덜어준다.

마음챙김 훈련은 문제를 이성적인 사고로 해결하는 뇌의 영역인 대뇌 피질에서 회색 세포의 밀도를 높인다. 거기다 인지적 기능을 향상시키고, 그 외의 기억력을 강화시키며, 집중력을 높여준다. 또한 인지적 경직도를 감소시키고, 반응하는 데 걸리는 시간을 단축시킨다. 마음챙김을 훈련하는 이들이 삶의 질이 전반적으로 향상되었음을 보고하는 것은 그리 놀랄 일이 아니다.

위의 성과들은 기업을 대상으로 한 연구에서도 확실히, 그것도 짧은 시간 내에 나타났다. 예를 들어, 싱가포르 경영대학의 어떤 연구가는 글로벌 소비재 기업인 칼스버그와 유럽의 큰 보험회사에서 비즈니스 중심의 마음챙김 프로그램을 실시해서 그 효율성을 측정했다. 그는 단지 9주 동안의 마음챙김 훈련을 통해 집중력과 알아차림, 기억력, 업무수행력, 그리고 전반적인 직무만족도가 월등히 개선되었음을 발견했다. 또 다른 연구가들도 기업을 대상으로 마음챙김을 실시해 그와 비슷하게 이로운 점들을 발견했는데, 그것들은 다음과 같다.

- 창의성과 혁신성의 향상
- 고용주와 고용인의 관계 개선
- 병가로 생기는 결근의 감소
- 윤리적 결정의 개선

결과적으로 마음챙김 훈련은 고도의 기능적이고 효능적인 마음을 개발하기 위한 도구다. 다행히도 과거 30년에 걸친 획기적인 연구는 뇌의 다른 많은 기능들처럼 주의도 훈련될 수 있음을 보여준다.

적응적인 뇌

신경가소성neuroplasticity이라는 과학 용어가 있는데, 뇌는 이 신경가소성이 있어서 훈련될 수 있다. 신경가소성은 뇌의 구조적인 유연성을 뜻하고, 여기에는 훈련과 반복을 통해 새로운 신경 연결통로가 생길 수 있다는 것이 포함된다. 신경학자들은 '같이 점화한 신경세포들은 망으로 연결된다'라고 설명한다.

어떤 연구에 따르면, 우리는 성인으로 살아가는 동안 내내 신경가소성을 발휘한다고 한다. 이런 종류의 신경의 변화는 새로운 기술을 배울 때 생긴다. 저글링이나 골프, 기타를 배울 때 생긴다. 또는 마음챙김 훈련을 통해 주의를 집중하는 훈련을 할 때 생기기도 한다. 어떤 일을 할 때, 그 일을 반복적으로 하면 더 쉬워진다. 왜냐하면 반복할 때마다 뇌가 더 강하고 새로운 신경망을 만들어내기 때문이다. 우리 모두에게 이것은 좋은 뉴스임에 틀림없다. 즉, 우리의 능력이 이미 개발된 능력이나 소질로만 제한되거나 정의되지 않는다. 대신에 살아가는 동안 내내 배우고 성장하고 또 뇌의 신경망을 효과적으로 재구성할 수 있다. 우리는 오늘날의 업무 환경 하에서 주의력을 떨어트리는 해로운 영향들을 어느 정도 극복할 수 있다.

그래서 우리는 마음챙김 훈련의 토대에 대해서 알아봐야 한다.

마음챙김의 토대

마음챙김의 주요 특징은 선명한 집중sharp focus과 열린 자각open awareness이다. 선명한 집중은 최소한의 노력으로, 원하는 만큼 오랫동안 일정한 대상을 향해 날카롭게 집중하는 능력이다. 선명한 집중 훈련은 다른 사람들과 함께 있거나 일을 할 때 그 자리에 전적으로 존재할 수 있도록 해준다. 열린 자각은 마음속에서 일어나는 일을 명확히 볼 수 있게 하고, 주의 집중을 필요로 하는 곳이 어디인지 현명하게 선택할 수 있게 한다. 열린 자각 훈련을 통해 명료함을 획득하게 되는 것이다. 내부와 외부 세계에서 비롯되는 어수선함도 감소된다. 더 많은 통찰을 얻는 순간, 어려운 문제들은 평범하고 다루기 쉬운 문제로 보인다. 선명한 집중과 열린 자각이 동시에 작용될 때, 우리는 최적의 효율성을 얻을 수 있다. 바로 이것이 마음챙김의 정수이고, 우리가 이 책의 도움을 받으면서 작업해야 할 목표다.

물론 그 정도 수준의 통찰을 얻고 훈련된 마음을 가지려면, 시간과 노력을 들여야 하고 자발적으로 훈련해야 한다. 이 책의 도움으로 훈련에 진전이 있을 때, 직장에서든 가정에서든 상관없이 마음챙김을 삶의 모든 요소에 적용해보라. 하지만 지금은 일터에서의 업무 성과와 실적을 높이는 면에 집중해서 한 걸음 더 나아가보자. 우선 '정신적 효과성mental effectiveness'의 두 가지 원리인 행동에서의 집중과 알아차림에 대해 알아보자.

정신적 효과성의 두 가지 원리

스트레스를 덜고 효율성 및 직업 만족도를 높일 뿐만 아니라 삶에 대한 전반적인 행복감을 높이는 두 가지 원리가 있다. 그 원리들은 행동을 할 때마다 집중과 알아차림을 개발하도록 돕는다. 또한 뇌의 멀티태스킹 경향성을 줄여준다. 그 원리들은 2장과 3장에서 설명되는 마음챙김의 기초적인 훈련들을 기반으로 한다.

첫 번째 원리: 선택한 대상에 집중하기

정신적 효과성의 첫 번째 원리는 선택한 대상에 지속적으로 집중하는 것이다. 마음이 집중돼 있으면 당신은 일에 더 효율적이고 생산적이며 이완된 상태로 임할 수 있다. 집중된 상태에서는 마음이 멀티태스킹을 하지 않는다. 눈앞의 임무에 혹은 같이 있는 사람에게 전적으로 집중한다.

이 원리를 생활에 쉽게 적용하기 위해 다음과 같은 시나리오를 짜보았다. 월요일 아침 직장에 출근한 당신에게 30분 안에 끝내야 할 업무가 하나 건네진다. 시간을 맞추기 위해 당신은 일에 집중한다. 그런데 바로 그때부터 옆자리의 동료가 전화 통화를 한다. 보통 때라면 당신의 마음은 동료의 통화소리에 이끌려 떠돌았을 것이다. 하지만 첫 번째 원리를 충실히 따른 당신은 동료의 전화통화가 방해요소임을 알아차림으로써 일에 집중하게 된다. 이제 당신은 스스로 선택을 할 수 있다. 방해요소를 향해 주의를 돌릴지 아니면 당장의 업무에 계속 집중할지.

그때 이메일이 도착했다는 알림음이 딩동 울린다. 그것이 당신의 주의를 잡아끈다. 이메일을 보낸 이가 누군지 확인하고 싶은 충동이 강하게 인다. 하지만 당신은 이메일을 확인하는 대신에 눈앞의 업무에 집중하는 것을 의식적으로 선택한다. 이메일이라는 방해물을 그대로 흘려보내버리고 일에 집중한다. 일이 끝날 때까지 30분 동안 당신은 그런 식의 결정을 계속 한다.

선택한 것에 계속 집중하려면, 당신을 방해하는 것들이 대부분 지금 하는 일과 무관한 것이어서 잠시 비켜두어도 괜찮다는 것을 깨달아야 한다. 방해물들 가운데 대다수를 흘려보내야 한다. 마음챙김 훈련의 알아차림이라는 요소는 생각의 대부분이 정신적인 소음임을 여실히 보여준다. 당신이 처한 현실은 주의를 기울일 필요가 없는 것들로 가득 차 있다. 주의를 집중할 곳을 의식적으로 선택함으로써 자신을 방해하는 것들의 희생자가 되지 않는 것이다. 첫 번째 원리는 매우 단순한 원리로 들리겠지만 생산성과 효율성을 높이는 매우 강력한 도구다.

당연히, 당신이 즉각적으로 주의를 기울여야 하는 방해도 있을 것이다. 예컨대 어떤 일에 흔들림 없이 집중하고 있는데 상사가 당신에게 다가온다. 매우 혼란스러워 보이는 상사는 가장 중요한 고객을 잃어버릴 수도 있는 일이 생겼다고 말한다. 상사는 당신에게 자기 사무실로 '당장' 오라고 말한다. 그런데 당신은 첫 번째 원리를 지키면서 상사의 말을 묵살하고 하던 일을 계속 한다.

이것은 적절한 반응인가? 당연히 적절한 반응이 아니다. 그렇게 하면 당신은 당장 해고될 것이다.

어떤 사람이 도움이 되고 유용하고 열린 소통을 할 때, 그 덕목들은 조직의 성공을 위한 중요한 요소들이다. 모두가 현재 하고 있는 업무에만 집중한다면, 협력과 창의성은 약화될 것이다. 그래서 첫 번째 원리는 거의 대부분의 시간에 유용하지만 그것만으로는 부족하다. 다른 원리가 하나 더 필요하다.

두 번째 원리: 방해물을 마음챙김으로 골라내기

두 번째 원리는 일에 집중하면서 동시에 주변 상황에 열린 상태에서 주의를 전환해야 하는 때를 알아차리는 능력을 말한다.

이 두 번째 원리를 염두에 두면서, 이전의 시나리오를 다시 한 번 살펴보자. 동료가 전화통화를 시작하고 이메일의 수신음이 울렸을 때, 당신은 흔들리지 않고 하던 일을 지속했다. 그러나 상사가 다가왔을 때, 당신은 다른 선택을 해야 했다.

두 번째 원리는 모든 방해물을 세밀히 평가하도록 우리를 이끌어준다. 지금 상사가 명령한 것을 따라야 하나? 아니면 무시할까? 해고당하고 싶지 않다면, 상사에게 집중하는 것이 옳은 대응일 것이다.

그렇다고 하던 일을 계속하면서, 그 일과 상사 사이를 왔다 갔다 하라는 말은 아니다. 그것이 바로 멀티태스킹이다. 당신은 이미 멀티태스킹이 효율적이지 않음을 알고 있다. 두 번째 원리는 하던 일을 의식적으로 멈추고 상사에게 전적으로 주의를 집중하는 것을 선택하는 것을 뜻한다. 이때 첫 번째 원리도 같이 적용돼야 한다.

두 개의 원리를 동시에 적용할 때, 당신은 자신을 방해하는 것들에 대해 세 가지 선택으로 대응할 수 있다.

1. 방해물을 선택하지 않음으로써 그것을 그대로 보낸다. 그런 뒤 다시 하던 일에 완벽히 집중한다.
2. 미래의 특정 시점에 다루겠다고 그 (내적 혹은 외적) 방해물을 구분해놓는다. 그런 뒤 하던 일에 완벽히 다시 집중한다.
3. 방해물에 전적으로 주의를 집중하면서 그것을 새로운 집중대상으로 삼는 것을 선택한다. 하던 일은 나중에 해야 할 일로 잠시 미뤄둔다.

우리의 현실은 제한된 시간 안에 다양한 업무들이나 프로젝트들 혹은 사람들을 다뤄야 한다. 그것들을 마음의 중심에 놓으려는 노력이 제대로 효과를 발휘하지 못하는 동안, 임무들과 프로젝트들과 사람들 사이에서는 마음챙김의 전환이 일어난다. 이것을 더 탐구하기 위해, 업무와 관련된 정신적 효과성의 다양한 수준들을 지도로 그려놓은 매트릭스matrix 안에 두 가지 원리들을 위치시켜보자.

마음챙김의 적용

정신적 효과성의 두 원리를 모두 적용할 때, 당신은 지금 하고 있는 일에 집중하게 되고 또 주의를 기울여야 할 방해물과 그냥 보내야 할 방해물을 지속적으로 식별하게 된다. 그러나 당연한 이야기겠지만, 우리는 여러 상황에서 두 원리 중 하나만 사용하는 자신을 자주 발견한다. 두 가지 원리를 한꺼번에 쓰는 법에 대해 더 많이 알고 싶으면, 〈표 4〉를 참조하라.

첫 번째 사분면이 보여주듯이, 당신이 집중돼 있지만 자동조종 모드에 있으면 마음은 '몰입flow' 상태에 있다고 할 수 있다. 어떤 사람들은 몰입 상태에 있는 것을 선호하는데, 특히 판에 박힌 일을 하거나 육체적인 노동을 할 때 선호한다. 몰입의 특징은 어딘가에 일정 수준으로 몰두하는 것이므로 외부의 방해물들에 대한 알아차림이 부족하다. 몰입은 일상적인 일을 하는 동안에도 문제를 일으킬 수 있다. 왜냐하면 몰입하는 동안 우리는 주변에서 일어나는 중요한 사건들에 대한 감각적 신호나 휴식, 움직임, 음식에 대한 생리적 욕구를 묵살할 수 있기 때문이다. 우리는 앞의 예에서 나왔던 사무실에 들어온 상사와 같은 적절한 방해물들이나 혹은 몸이 보내는 신호에 주의를 기울이게 해주는 알아차림을 필요로 한다. 비록 많은 일들이 자동조종모드 하에서 이루어질 수 있지만, 지속적으로 주변을 알아차리는 것은 항상 유익하다.

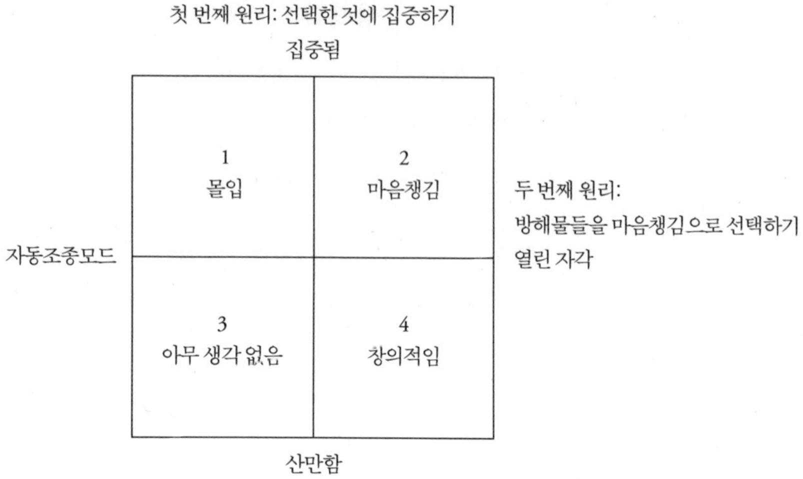

첫 번째 원리: 선택한 것에 집중하기

집중됨

자동조종모드	1 몰입	2 마음챙김	두 번째 원리: 방해물들을 마음챙김으로 선택하기 열린 자각
	3 아무 생각 없음	4 창의적임	

산만함

표 4. 정신적 효과성의 매트릭스

네 번째 사분면에 위치한 우리는 알아차림을 하지만 너무 쉽게 산만해진다. 집중이 느슨한 상태에서 생각들이 우후죽순처럼 생기는 것을 그대로 두는 것은 유익할 수 있다. 어떤 사람들은 이 네 번째 사분면에 있을 때 더 창의적인 생각들이 떠오르는 것을 발견한다. 하지만 방해를 많이 받아 산만한 마음은 좋은 생각들을 좀처럼 지켜내지 못한다. 좋은 생각은 유지와 실행을 위한 집중이 있을 때 곧 혁신적인 해결책이 되는 것이다.

세 번째 사분면은 집중도 알아차림도 없는 상태다. 어떤 이들은 세 번째 사분면에서 이완이 가장 잘 된다고 생각한다. 그러나 더 자세히 들여다보면, 그것이 사실이 아님을 알게 될 것이다. 나중에 산만한 자동조종모드에서 백일몽을 꾸고 있는 자신을 발견할 때, 정말로 이완된 상태인지 확인해보라. 훈련을 조금만 해봐도, 당신은 산만할 때보다 집중돼 있을 때 훨씬 더 이완돼 있음을 알게 될 것이다. 물론 어떤 상황에서는 집중돼 있는 것이 유익한 것만은 아니다. 매트릭스에 관한 설명을 들은 어떤 사람들은 치과에 가는 것처럼 불쾌한 상황을 앞둔 경우에는 세 번째 사분면에 있는 게 좋겠다고 말하기도 한다. 차라리 얼얼하게 마비되거나 산만하고 부주의한 상태로 있는 게 낫지 않겠냐는 것이다. 그러나 내 경험에 의하면, 아무리 고통스런 상황에서도 집중되고 깨어있는 마음을 유지하는 것이 더 유익하다.

마음챙김으로 정의된 두 번째 사분에 위치한 사람들은 최고의 정신적 기량을 발휘해 임무들을 완료한다. 그리고 환경을 비롯해 다른 사람들과도 가장 훌륭하게 상호작용을 한다. 이 두 번째 사분면은 정신적 효과성의 두 원리들이 만나는 지점으로, 현존하는 것이 곧 우리 자신 및 우리가 하는 일임을 표현하고 있다. 이 사분면에 위치하면 어려운 상황에 처했을 때도 잘 넘어가고 일에서 최적의 성과를 내기도 한다. 두 번째 사분면은 외적인 방해물이나 정신적인 방해물보다 1초 앞서는 마음 상태를 말한다. 그것은 디지털 시대에 우리가 할 수 있는 최고의 대응이고, 주의력 경제에서 하나의 실적을 높일 수 있는 방법이다.

잦은 장애물들

마음챙김은 당신이 위치한 사분면을 식별하는 것처럼 간단한 일이 아니다. 우리는 집중과 알아차림을 유지하기 위해 수많은 장애물들을 지속적으로 마주해야 한다. 대부분의 사람들의 경우, 가장 큰 도전은 자기 마음이다. 멀티태스킹에 능숙하다면, 한 번에 여러 가지 일을 하고 싶은 유혹이 자주 찾아올 것이다. 그럴 때마다 잠깐 멈춘 뒤 하나에 집중하는 것을 선택해야 한다. 그러면 얼마 후 신경들이 새롭게 연결될 것이고, 새로운 습관이 생길 것이다.

많은 사람들이 직장동료와 직장문화, 사무실의 구조 때문에 큰 도전들을 만나기도 한다. 특히 일터의 환경이 개방형일 때는 그런 도전들이 더 자주 발생한다. 많은 조직들은 유용성과 긴급성에 입각해 잠정적인 가정 상태에서 운영된다. 긴급한 업무에 잘 대처하는 능력이 성공적인 비즈니스에 필수 요소이기는 하지만, 그것은 정신적 효과성의 두 가지 원리를 적용해야 가장 좋은 실적을 낼 수 있다는 인식과 조화를 이뤄야 한다. 적절한 알아차림을 지속함으로써 당신은 그 조화를 발견할 수 있고, 또한 집중의 전환이 필요한 상황을 예민하게 감지할 수 있는 상태가 된다.

새로운 작업 방식

간단히 말해, 우리는 대부분 효과적이지 않은 방식으로 일하고 있다.

우리는 다른 접근법이 필요하다.

정신적 효과성의 두 원리들 즉, 선택한 대상에 집중하기와 마음챙김으로 방해물 골라내기를 동시에 적용하는 것은 최고의 성과를 낼 수 있는 새로운 작업 방식을 야기한다. 그 두 원리는 복잡하지 않다. 어떤 일을 하든 의식의 초점을 자신이 하고 있는 일에 전적으로 두면 된다. 이메일을 쓰고 있다면 그것에 온전히 집중하고, 다른 사람과 같이 있는 자리라면 그들과 함께 전적으로 머물면 된다. 인지적으로 해야 할 일이 두 가지가 있다면, 그것을 동시에 하려고 하지 말라. 주의가 흐트러지고 중요한 일들에 지장을 초래할 것이다.

새로운 접근법의 이점들은 생산성 향상, 높은 실적, 스트레스 감소 등 놀라울 정도로 많다. 집중하면서 동시에 방해물을 현명하게 선택함으로써, 당신은 무의식적인 반작용보다 1초 앞서게 된다. 자동조종모드로 반작용하는 대신에 내부와 외부 세계에서 일어나는 모든 사건들에 알맞은 반응을 능동적으로 선택하게 된다. 단순하지만 깊은 통찰력이 있는 이 두 원리는 마음을 산란하게 하고 목적에서 벗어나게 하는 소음과 방해물을 줄여준다.

1부의 나머지 부분은 1장에서 배웠던 것을 직장에서 실제로 적용하는 것에 대해 살펴볼 것이다. 여기서는 단독으로 사용할 수 있는 짧고 쉬운 기법들에 대해 소개한다. 이 기법들은 분명 더 좋은 성과를 내고 창의성을 높이고 에너지를 보충하고 회복탄력성을 높여줄 것이다.

이 책에서 소개하는 기법들에 마음챙김으로 몰입할 것을 권한다. 가끔씩 호흡에 집중하면서 잠시 멈춘다. 그러면서 마음의 상태도 같이 점검한다. 나는 지금 어느 사분면에 있나? 두 번째 사분면이 아닌 다른 사분면에 있는 것이 확인되면, 잠시 몇 분 간 호흡과 함께 머문다. 산만해진 주의가 한 곳으로 모아지면서 고요해질 것이다. 그러면 읽기를 계속한다.

기법 1 : 이메일

1971년, 매사추세츠에서 컴퓨터 엔지니어로 일하던 레이 톰린슨은 키보드의 맨 윗줄에 위치한 활자들인 'QWERTYUIOP'를 쳐서 한 컴퓨터에서 같은 방에 있는 다른 컴퓨터로 전송했다.

그리고 그런 식으로 이메일이 발명됐다.

이메일은 급속도로 퍼졌다. 최근의 연구결과에 따르면, 한 사람이 날마다 송수신하는 이메일은 백여 통에 이른다고 한다.

산업 분야와 직업 및 직위에 상관없이, 이메일을 보내고 받는 일은 하루 시간 중 가장 많은 부분을 차지할지도 모른다. 그렇다고 항상 최고의 성과를 약속하는 것도 아니면서 말이다. 〈기법 1〉에서 나는 이메일과 관련된 마음챙김의 간단한 지침을 일곱 가지로 제시할 예정이다. 이 방법들을 통해 당신은 이메일을 더 능률적이고 효율적으로 사용할 수 있을 뿐만 아니라, 문자 보내기와 사내 메시지 시스템 등과 같은 다른 전자기적인 소통도 효율적으로 할 수 있을 것이다.

첫 번째 지침: 이메일 중독에서 탈피한다

이메일을 얼마나 자주 확인하는가? 하루에 한두 번? 아니면 한 시간에 한 번? 어쩌면 주머니 속에서의 기기가 삐익 삐익 울릴 때마다 확인할지도 모른다. 솔직히 말해, 꽤 긴 시간 동안 이메일을 확인하지 않고서도 생활이 가능한가?

그럴 수 없다면, 당신 혼자만 그럴 수 없는 건 아니다. 어떤 보고서는 미국인들 중 60퍼센트가 휴가를 보내는 동안에도 이메일을 확인하고, 25퍼센트는 이메일에 접속하지 않은 채 3일만 보내도 안절부절못하면서 불편해 한다고 한다. 실제로 의사들의 추정에 의하면 '이메일 중독'으로 고생하는 미국인들이 천백만 명에 달한다고 한다.

이것이 이상한 소리로 들린다면, 다시 생각해보라.

이메일에 의존하는 증상은 다른 형태의 의존증과 별반 다를 게 없다. 고객에게서 감사의 메시지를 받거나 상사에게서 칭찬을 받을 때 그리고 흥미진진한 기사거리나 웃기는 농담을 들었을 때, 뇌는 기분을 좋게 해주는 신경전달물질인 도파민을 배출한다. 근사하거나 웃기는 이메일을 받아서 기분이 좋아지는 것을 갈구하는 것은 이메일을 자주 확인하는 경향을 갖게 한다.

마음챙김 훈련은 당신으로 하여금 자신의 생각·느낌·욕망과 더 잘 지내게 해준다. 이메일을 확인하고 싶은 충동이 생기면, 그 충동을 관찰한다. 그 욕구에 자동반사적으로 굴복하기 전에 잠시 멈춘다. 1초만 기다린다. 그 1초의 기다림 속에서 당신은 자극에 자동적으로 반응할 필요가 전혀 없음을 알게 될 것이다.

당신에게는 선택의 여지가 있다.

때때로 마음챙김의 1초 묵상이 자동반사적인 충동을 참아내는

데 필요한 시간일 때가 있다. 이메일 중독을 줄이거나 거기에서 탈피할 가능성을 늘리기 위해 우리가 할 수 있는 일은 많다. 우선 모든 알림음을 끈다.

두 번째 지침: 모든 알림음을 끈다

이메일에 상시 접속된 상태는, 설사 단지 배경모드로 접속된 상태일지라도 삶과 직장생활에서 '소음'을 양산할 수 있다. 쓸모 있는 시간을 더 만들어내고 정신적 집중을 높이기 위한 가장 간단한 방법은 불필요한 소음을 없애는 것이다. 이메일의 알림음, 팝업창, 경고음, 벨소리를 모두 꺼버리는 호의를 자신에게 베푸는 것도 좋다. 그렇게 하면서 이메일 확인 시간을 고정하면, 그 외의 시간에는 더 중요한 일을 안정적으로 할 수 있게 될 것이다.

우선 처음 이틀 동안에는 이메일의 알림음 때문에 산만해질 때마다 자신의 집중·생산성·웰빙과 관련해 벌어지는 일에 주의를 집중한다. 그 다음 이틀 동안에는 이메일 알림음을 끈 상태로 일을 해본다. 그러면 자신에게 어떤 것이 최선인지 자료에 근거해 결정할 수 있을 것이다. 수많은 시간 동안 우리는 새로운 이메일이 오면 하던 일에 집중을 하지 못하게 된다. 어쩔 수 없이 한 업무에서 다른 업무로 전환한다. 마음챙김으로 이메일하는 것과 관련된 다음 지침은 전환이 시작되기 전에 그것을 멈추는 것이다.

세 번째 지침: 전환시간을 조심한다

중독의 여부와 상관없이, 대부분의 사람들은 이메일에 접속된 채로 하루를 보낸다. 그렇게 함으로써 자신이 변함없이 생산적이고 지속적으로 업데이트되는 느낌을 갖는다. 항상 온라인과 연결된 사람들은 이메일을 받은 즉시 답장을 보낼 가능성이 높다. 그것은 당장 답장을 받아야 하는 사람에게는 도움이 되겠지만 문제를 일으키기도 한다.

이메일을 받을 때마다 주의가 이메일로 전환되는 것을 가만히 두면, 당신은 시간을 낭비하게 된다. 뇌는 수초의 시간을 들여 새로운 일에 집중하고, 또 원래의 일로 돌아와 집중을 하는 데도 수초의 시간을 들인다. 꼬리에 꼬리를 무는 생각들 속에서 길을 잃을 경우, 더 오래 걸릴지도 모른다. 게다가 임무들 사이를 오락가락하느라 시간을 허비하는 일은 에너지를 많이 낭비해 대체로 업무효율성을 떨어뜨린다.

전환에 들어가는 시간을 효과적으로 최소화하려면 1장에서 설명했던 정신적 효과성의 두 원리, 즉 선택한 것에 집중하기와 마음챙김으로 방해물 골라내기를 기억해야 한다. 수신함에 메일이 도착할 때마다 모조리 확인하면서 산만해진다면, 당신은 마음챙김으로 방해물 골라내기를 하지 못하고 있는 것이다.

이메일을 확인하는 것이 정신적 효과성에 어떤 영향을 주는지 잠시 생각해보자. 대부분 사람들의 경우, 그것은 정신적 효과성 매트릭스의 산만하면서 동시에 자동조종모드 상태로 위치시킨다(〈표 5〉 참조).

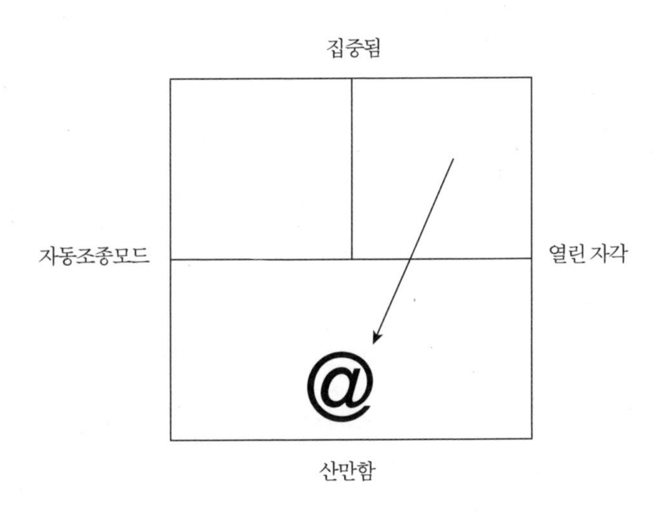

표 5. 이메일 매트릭스

이메일의 알림음을 끄는 것과 전환시간에 유의하는 것 외에, 근무 중에 이메일과 관련해 시간을 가장 효과적으로 쓸 수 있는 방법이 하나 있다.

네 번째 지침: 아침에 이메일을 제일 먼저 확인하지 않는다

이른 오전에 뇌는 매우 기민하고 집중되고 창의적이다. 그래서 이메일을 사용하기에는 매우 아까운 시간인데도, 대부분의 사람들은 아침에 제일 먼저 이메일을 확인한다.

오전에 이메일을 확인하자마자 당신은 단기적인 문제들의 습격을 받는다. 뇌가 이메일의 속도에 적응할 즈음, 이른 아침의 창의적인 에너지는 거의 소멸될 상태일 것이다. 하루 일과 중 이메일을 제일 먼저 확인함으로써 당신은 고도로 높은 가능성 상태에 있는 마음을 활용할 기회를 잃어버린다. 그러니 직장에 도착하고 나서 적어도 30분 내지는 1시간 뒤에, 이메일의 수신함을 확인하는 것이 좋다.

이메일을 확인하고 처리하는 시간들을 하루 일과 중 고정적인 시간으로 정하는 것이 좋다. 그러면 나머지 활동들도 자연스럽게 그 시간들 주변으로 배치할 수 있을 것이다.

다섯 번째 지침: 이메일에 집중할 시간을 정한다

하루 종일 이메일을 확인하고 답장을 하면, 당신은 고유의 업무뿐만 아니라 이메일과 다른 것에도 전혀 집중하지 못하게 된다. 이메일이 도착할 때마다 주의를 그곳으로 돌리는 것보다 이메일을 집중적으로 처리할 시간을 따로 정하는 것이 좋다.

때때로 일상적인 업무의 사소한 변화로 보이는 것이 거대한 영향을 끼칠 수 있다. 이번이 바로 그 좋은 기회다. 이메일을 집중적으로 처리할 시간을 만들 때, 이메일을 얼마나 자주, 몇 분 동안, 언제 처리할 것인지 스스로에게 물어본다.

얼마나 자주 확인할 것인가

하루 동안 이메일을 얼마나 자주 확인하면 좋을까? 대답은 당신의 성격과 일의 성격과 조직 문화에 따라 달라질 것이다. 어떤 상황에서도 이메일을 자동조종모드로 확인해서는 안 된다. 메일 수신함 사이에 거리를 두어야 한다. 즉 다른 일들에 집중할 시간을 먼저 확보해야 한다. 그런 다음 이메일에 집중할 시간을 확보한다. 그러면 당신의 전반적인 업무 수행뿐만 아니라 이메일의 처리 능력도 훨씬 좋아질 것이다.

얼마나 오래 집중할 것인가

집중적으로 이메일을 확인하는 시간을 얼마 동안으로 잡으면 좋을까? 그것은 이메일을 주고받는 양에 따라 결정해야 할 것이다. 이메일을 쓰고 보내는 총 시간을 계산한 다음, 그 총 시간을 이메일 확인하는 횟수(두세 번처럼)로 나눈다. 그러면 이메일을 확인하는 지정된 시간들이 몇 분 필요한지 알 수 있을 것이다. 그런데 다른 업무 사정에 따라 그 시간들은 조정될 수 있다.

시간은 언제가 좋은가?

하루 중 언제 이메일을 확인하는 것이 좋을까? 하루의 스케줄과 조직 문화에 달려있다. 이메일을 확인하는 시간은 오전에 한 번(단, 가장 먼저 해서는 안 된다), 오후에 한 번 하는 것이 가장 좋다. 필요하다면, 점심시간 전이나 후에 이메일을 확인하는 시간을 짧게 추가하는 것도 좋다.

당연히 마음챙김으로 이메일을 관리하는 방법에는 시간을 효율적으로 구조하는 것 외에 다른 것도 있다. 메지시의 내용과 어조에 대해 깊이 생각하는 것도 중요하다. 우선 보내는 이메일에서 기분 나쁜 어조를 쓰지 않는 것부터 시작하자.

여섯 번째 지침: 기분 나쁜 느낌을 제거한다

메일을 보내는 사람의 의도를 알려주는 정보가 너무 없을 때, 마음은 자체적인 스토리를 만들어낸다. 그리고 사람들은 스스로 지어낸 스토리를 사실이라고 확신하곤 한다. 설상가상으로, 마음은 긍정적인 이야기에 비해 부정적인 이야기를 강조하는 경향이 있다. 즉, 우리는 최악의 상황을 상정하는 경향이 있다. 왜 그럴까?

멜레 코니아와 올튼 바버는 저서 『말보다 더 큰 소리: 비언어적인 소통Louder Than Words: Nonverbal Communication』에서, 온라인으로 소통하는 것이 원활하지 않는 근본적인 이유로 메시지를 내면화하는 주된 경로가 언어가 아니기 때문이라고 설명한다. 실제로 어떤 연구

결과에 따르면, 소통의 60퍼센트는 몸의 언어로 이해되고, 그 외 33 퍼센트는 목소리로 이해된다고 한다. 언어를 통해 이해되는 것은 7 퍼센트에 불과하다(〈표 6〉 참조).

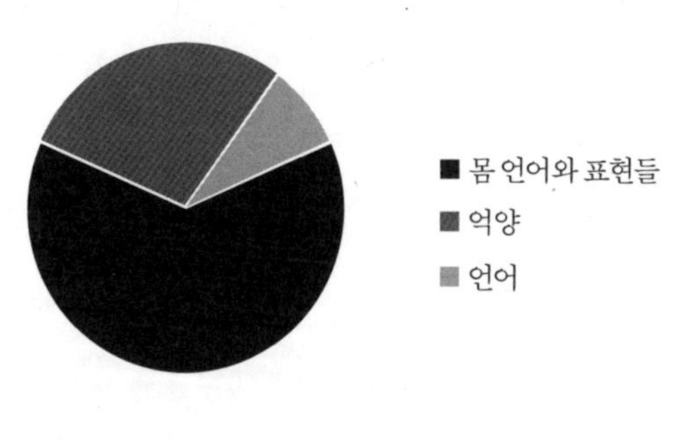

표 6. 소통 경로

이메일은 소통 가능한 경로들 중 7퍼센트만을 사용하기 때문에 오해의 소지가 많다. 그런 의미로 자동조종모드는 최악의 적일 수 있다. 반면에 더 큰 알아차림은 오해와 걱정과 갈등의 소지를 한층 줄여줄 수 있다.

다음 세 가지 질문을 해봄으로써 우리는 기분 나쁜 느낌을 제거하고 더 사려 깊은 메일을 보낼 수 있게 된다.

1 이 이메일을 꼭 보내야 하는가? 그리고 이 이메일을 복사해 이 모든 사람들에게 꼭 보내야 하는가?

우리는 이메일을 남용하고 있다. 쓸모없는 이야기를 하나 더 추가하는 건 아닌지 확인해보자. 정말로 보내야 할 이메일인지 확인하자. 중요하지 않은 이메일이라면 굳이 보내지 않는 것이 좋다.

2 이 이메일에는 읽은 이가 잘 이해할 수 있도록 필요한 정보가 다 들어있는가?

우리 모두는 첨부파일 없이 혹은 다른 주요한 세부사항을 쓰지 않은 채 메일을 주고받은 경험이 있을 것이다. 그런 부주의한 실수 때문에 우리는 비슷한 질문을 반복적으로 주고받았을 것이다. 당신과 상대방의 귀중한 시간을 낭비하고 있는 건 아닌지 확인해보자.

3 받는 이는 이 이메일을 어떻게 받아들일까?

우선 받는 이의 자리에 서봐야 한다. 받는 이가 부정적으로 짐작하지 않게 하려면 이것을 어떻게 표현해야 할까? 이메일이 어떻게 받아들여질지 잠시 생각하는 것은 명확한 의사전달이 되느냐 아니면 유감스런 오해를 낳느냐를 가른다. 한 가지는 분명하다. '감사합니다'와 '미안합니다'는 언제나 좋은 표현이다.

당연히, 우리 모두는 보내지 않았으면 좋았을 이메일을 한두 번 보내본 적이 있을 것이다. 성급하게 답장을 보내거나 나쁜 생각을 품고 이메일을 써본 적이 있을 것이다. 이제 마음챙김을 통해 그런 반응을 하기 전에 1초의 시간을 갖도록 한다. 그런 다음, 일곱 번째 지침인 감정적인 이메일은 피해야 한다.

일곱 번째 지침: 감정적인 이메일은 피한다

이메일은 얼굴을 마주하고 대화하는 것보다 오해의 소지가 훨씬 더 크다. 감정적인 이메일을 피한다는 것은 자신의 사고패턴이 어떤지 아는 것을 뜻한다. 즉 마음이 지어낸 스토리를 믿거나 그것을 더 심화시키는 일을 하기 전에 그 스토리를 알아차리는 것을 의미한다.

대부분의 이메일은 긍정적이거나 중립적이지만, 그렇지 않은 이메일도 간혹 있다. 이메일을 읽기 전에 잠시 시간을 가지면서 이완한다. 부정적인 반응을 일으키는 이메일이 있으면, 잠시 모든 것을 멈춘다. 당장 답장을 쓰고 싶은 충동에 휘말려들지 않는 것이 좋다. 반복해서 말하지만, 당장 답장하고 싶은 충동에 지지 마라. 대신에 이메일을 읽은 후 자신의 상태가 어떤지 살핀다. 방어적인가 혹은 화가 나 있는가? 슬픈가? 그런 뒤 자신의 반응을 알아차리는 자신에게 칭찬을 해준다. 이메일의 한계점을 기억한다. 이메일은 겨우 7퍼센트의 의사소통 가능성만을 가지고 있다.

상대방에게 불만을 터트리고 싶은 유혹이 있을 수 있다. 그렇지만 충동적으로 답장을 보내는 일은 좋은 일보다 나쁜 일을 더 쉽게 불러온다. 불편함을 감내하는 용기를 가져라. 충동과 정면으로 맞서

보자. 그리고 그 충동에 져서는 안 된다.

어떤 반응이 이메일을 보낸 사람과 자신 모두에게 이로운 결과를 가져오는지 잠시 생각해본다. 어쩌면 이메일이 아니라 짧게 통화해서 문제를 환기시키거나 오해를 정리하는 것이 좋을지도 모른다. 그렇게 하면 그 상황에 대해 곱씹으며 생각하는 대신에 그것을 완전히 내려놓을 수 있게 될지도 모른다.

마음챙김으로 이메일을 관리하면 즉 이 일곱 개의 간단한 지침들을 따르면, 시간을 많이 절약할 수 있을 뿐만 아니라 스트레스가 줄어들고 정신적 효과성도 높아질 것이다. 다음 기법은 마음챙김을 회의에 적용하는 기법이다.

마음챙김 이메일을 위한 조언

- 자신이 이메일을 어떻게 사용하는지, 이메일 수신함과 자신과의 관계에 대해 잠시 생각해본다. 이메일이 당신을 산만하게 하는 주된 원인인가?
- 이메일을 언제, 어떻게 이용하는지 생각해본다. 이메일을 이용하는 시간에 관해 명확한 지침은 있는가? 마음챙김을 적용하는 것이 이메일을 받고 보내는 데 도움이 될 것 같은가?
- 효율성을 향상시키고 정신적인 공간을 만들기 위해, 자신의 이메일 사용에 대해 동료들과 이야기해본다.

기법 2 : 회의

대부분의 조직들은 회의 진행 방식에서 미흡한 점들을 많이 보인다. 사실 사람들은 회의를 시간 낭비라고 생각하곤 한다. 연구 결과들에 따르면, 관리자들과 경영자들은 회의 시간의 25~50퍼센트가 낭비되고 있다고 생각한다.

그리고 그 상황은 더욱 악화되고 있다.

아메리칸 온라인 앤 샐러리 닷컴이 실시한 연구에 따르면, 미국 노동자들의 평균 주간 노동시간이 실제로는 3일밖에 되지 않는다고 한다. 3일이라고? 우리 중 아무도 그렇게 생각하지 않았을 것이다. 하지만 그 연구에 따르면, 나머지 이틀은 불필요하고 비효율적인 회의와 같은 비생산적인 활동들로 채워진다. 본래 회의의 목적은 집단적인 지혜와 경험을 모아 새로운 이점을 찾기 위한 것이다. 그런데 사람들이 회의에 전적으로 임하지 않으면, 우리는 최고의 것을 나누지 못할 것이다. 창의적인 잠재성의 혜택을 받지 못할 것이다. 거기다 시간을 낭비하는 경우도 자주 발생할 것이다.

〈기법 2〉에서는 회의를 짧게 하면서 최고의 성과를 거두기 위해, 효과적인 도구인 마음챙김을 어떻게 사용해야 하는지 살펴보려고 한다.

마음챙김 회의의 세 단계

먼저 마음챙김 회의를 실천하기 위해 한 가지 간단한 질문을 해보자. 회의가 당신 자신의 이익과 다른 이들의 이익을 위한 것들인가? 만약 그렇다면 회의 석상에서 다른 참석자들과 자신의 이익은 어떻게 담보할 것인지 깊이 고민해봐야 한다. 회의를 세 단계로, 즉 회의 준비하기, 회의 참여하기, 회의 마무리하기로 나눠서 생각해보자. 그 과정을 충실히 밟으면, 당신은 회의에 들이는 시간을 최대한으로 활용하게 되고 다른 참석자들도 나름대로 큰 도움을 받을 것이다.

정신적인 준비

가고 싶은 곳이 어디든 시작을 잘 하면 절반은 그곳에 도달한 것과 같다는 말이 있다. 이 말은 특히 회의와 관련해 사실이다.

회의를 잘 시작한다는 것은 회의 전에 하던 대화나 일을 멈추고 마음을 정돈한다는 뜻이다. 또 다른 참여자들과 자신에게로 주의를 전환한다는 뜻이다.

정신적으로 준비하는 것은 매우 중요하고, 그렇게 하는 데는 보통 1분도 걸리지 않는다. 그것은 개인적으로 행해질 수도 있고 집단적으로 행해질 수도 있다. 만약 당신이 그것을 홀로 한다면, 쉽고 융통성 있게 행할 수 있다.

자, 다음과 같이 정신적으로 준비하면 된다. 해변의 파도가 들고나는 것처럼 당신을 방해하는 것들을 그대로 흘려보낸다. 그러면서 호흡에 주의를 집중한다. 1분 동안, 자신을 '지금 여기'로 데려오면서 다음을 준비할 수 있다. 장소는 상관없다. 책상 앞의 의자에 앉아서 해도 되고 회의를 하러 가는 도중에 해도 된다. 혹은 아직 사람들이 도착하지 않은 빈 회의실에서 해도 된다. 내외적인 방해물들을 그대로 흘려보내면서 자신의 호흡에 집중하면 된다.

마음의 준비를 홀로 하는 것도 좋지만, 참여자들과 함께 하는 준비가 정신적 효과성을 집단적으로 높여줄 것이다. 마음챙김이라는 말을 굳이 붙일 필요도 없다. 회의의 안건들을 발표하기 전에 참여자들에게 모든 생각을 내려놓고 휴식을 취하라고 권해본다. 마음을 이완하고 고요히 가라앉히면서 지금 여기에 머물도록 권한다. 잠깐 동안 고요하게 앉아있는 것만으로도 우리는 연대의식과 일체감을 느끼게 된다.

세계적인 음료회사의 그룹 관리자로 일하는 메테의 사례를 살펴보자. 메테의 하루는 아침부터 저녁까지 항상 회의로 꽉 차 있었다. 메테와 직원들은 회의 전에 하는 정신적 준비에 대해 소개받고 나서 전반적인 효율성에서 어마어마한 향상을 보였다. 메테는 "우리가 일하는 건물들은 상당히 떨어져있습니다. 그래서 회의를 하러 다른 건물로 가는 동안, 마음을 가다듬을 시간이 충분한 편이죠. 게다가 회의를 시작하기 전에, 1분 정도 침묵 속에서 조용히 앉아있곤 합니다. 이 간단한 전략적 방법을 회의에 적용한 이후부터, 회의 시간은 줄어들었고 참여자들은 회의를 더 즐기게 된 것 같습니다. 심지어 힘든 주제로 몸부림칠 때도 회의의 질은 더 좋아진 것 같습니다. 우리가 한 명씩 현존할 때 모든 상황이 더 나아지고 쉬워지는 것 같습니다."라고 말했다.

메테와 직원들은 일상적인 업무의 큰 변화를 겪지 않고서도 회의에 더 현존하게 되고, 그것을 효율적으로 즐기게 됐다. 단지 이동시간을 활용해 정신적인 준비를 하거나 회의 시작 전에 잠깐 침묵하는 것을 통해, 그들은 회의의 분위기는 물론 그룹으로서의 전반적인 효율성까지 변화되는 것을 경험했다.

한번 시도해보라. 마음의 준비를 의도적으로 하는 것은 회의의 실제 내용에 몰입하기 전에 머릿속의 잡동사니들을 치우고 집중력을 높이는 매우 훌륭한 방법이다.

실제 회의

회의를 효과적으로 진행하려면, 목적이 명확해야 하고 안건도 잘 정의돼 있어야 한다. 또 모두가 정시에 참여하기로 동의한 상태여야 하고, 궤도에서 벗어나는 발언은 잘 관리돼야 하며 회의가 일정에 따라 진행돼야 한다. 하지만 이 모든 지침들이 잘 지켜졌음에도 불구하고, 참석자들 중 한 명이 다른 곳으로 주의를 돌리면 회의의 효율성은 낮아진다. 참여자들이 노트북이나 휴대폰을 하면, 회의의 성공을 보증하는 그 집단의 정신적 효능은 사라질 것이다.

문자에 답을 하는 사람은 이미 회의 석상에서 벗어난 사람이다.

회의에 전적으로 참여하지 못할 뿐만 아니라 다른 참가자들까지 산만하게 만든다. 누군가 이메일을 확인하거나 문자를 보낼 때마다 다른 사람들도 휴대폰을 확인하고 싶어지거나 짜증을 내게 된다. 주의가 산만한 그 사람은 이전에 토론했던 문제를 다시 제기함으로써 회의의 맥락을 끊어 사람들을 좌절케 하기도 한다.

우리는 모두 이와 비슷한 상황을 경험한 적이 있을 것이다. 모두 경험했듯이, 사람들이 산만해지고 불만이나 짜증을 느끼기 시작하면 회의장의 에너지와 생산성은 감소된다. 산만한 회의는 효율성이 떨어질 뿐만 아니라 시간도 오래 걸린다. 솔직히 말해, 그런 회의들은 썩 유쾌하지 않은 경험을 안겨준다.

회의가 효율적으로 진행되려면, 기본적으로 참석자 모두가 회의 자리에서 현존해야 한다. 다른 참석자들과 함께 그 자리에 머물 때, 우리는 최고의 시간을 보내게 된다. 그래서 마음챙김으로 회의하기의 가장 기본적인 원칙은 가능한 오랫동안 다른 참석자들과 함께 그 자리에 머무는 것이다.

회의에 참석할 때마다, 참석자들을 주의를 묶어둘 닻으로 활용하라. 즉 발언하는 사람을 주의를 묶어둘 닻으로 이용하면서 그에게 모든 주의를 집중한다. 그 자리에 온전히 머무는 일은 매우 어려운 일일 수 있다. 특히 너무 오래 지속되거나 자신과 무관한 내용이 나올 때 온전히 머무는 일은 어렵다. 그것은 훈련을 통해 쉬워질 것이다. 얼마간 훈련을 하면, 그것은 기본적인 상태가 될 것이다.

물론 회의 중간에 컴퓨터나 휴대폰을 사용해야 할 때가 가끔 있다. 그런데 그 기기들을 켜기 전에, 그것들의 사용이 회의의 질을 높이는 것에 유익한지 아니면 그냥 산만한 행동인지 확실하게 관찰해야 한다. 그와 비슷한 경우로 휴대폰의 진동소리가 들리면, 바로 받지 말고 잠시 멈춘다. 그런 후 우선순위와 목적들을 따져본다. 자신이 회의에 전적으로 참여하지 않음으로써 회의에 어떤 영향을 미칠지 생각해본다. 메시지나 문자는 나중에 처리해도 될지 모른다.

이 시침들은 온라인 회의와 전화 회의 등 원거리 회의에 모두 해당된다. 얼굴을 직접 보지 않고서 회의를 하는 상황에서는 집중을 유지하기가 쉽지 않을 것이다. 마음챙김을 훈련함으로써 당신이 참여하는 모든 회의를 완벽하게 효율적으로 만들 수 있다고 말할 수 있으면 얼마나 좋겠는가! 그러나 그건 그리 쉬운 일이 아니다. 이때 선택권이 자신에게 있음을 아는 것이 중요하다. 전화 회의를 하는 동안 상대방 모르게 이메일을 처리해야겠다고 선택한 순간, 당신은 중요한 것을 놓칠 위험에 처하게 된다. 또 회의의 집단적 효율성도 떨어질 가능성이 생긴다.

이와 같이 마음챙김의 유익함은 어마어마하다. 그것은 회의에 더 잘 집중하도록 도울 것이고, 방해물들도 더 잘 알아차리게 해줄 것이다. 또 훌륭한 결정을 순간적으로 결정하는 데 필요한 명료성을 계발시켜줄 것이다.

회의 마무리

회의를 적절한 시간에 적절한 방식으로 마무리하는 것은 하나의 예술이다. 회의가 예정대로 끝나야 참석자들이 이후의 일정을 위해 안전하게 이동할 수 있을 것이고 또 그렇게 배려하는 것은 당연한 일일 것이다. 회의를 마친 후, '후속 조치'나 '실행 목록'을 작성해 배포하는 일도 중요하다.

회의를 급하게 마무리 짓는 것보다 마치기 몇 분 전에 마음챙김 실습을 하는 것은 좋은 결과를 가져올 것이다. 몇 분간의 마음챙김을 통해, 우리의 마음은 맑아질 것이다. 또 이후의 활동을 위해 우리는 이완과 집중과 명료성을 높일 수 있다.

실제로, 몇몇 회사들은 참석자들이 회의를 끝내고 이후의 활동으로 전환하기 전에 마음을 정돈하고 명료하게 할 수 있도록 회의를 일찍 끝내기 시작했다. 또한 회의가 적당한 시간에 끝나면, 서둘러 움직일 필요가 없다. 즉 회의가 끝난 후에도 다른 참석자들을 둘러보면서 그들이 내준 시간과 관심에 감사함을 느낄 여유를 갖게 된다. 감사함으로 회의를 마무리 지을 수 있을 때, 참석자들은 기꺼이 다시 만나고 싶어 할 것이고, 회의도 긍정적으로 발전하게 될 것이다.

삶의 중요한 만남들

삶에서의 중요한 만남들은 중역회의실이나 다른 회의실에서 성사되지 않는다. 사실 그것들은 일과는 전혀 상관이 없다. 삶의 중요한 '만남들'은 파트너와 가족, 친구와의 만남들이다. 그 만남들에서는 전적으로 현존하고 관심을 기울이는 것이 더욱 중요하고 귀중한 요소로 작용한다.

언젠가 우연히 살아온 날들을 회상할 때, 당신이 업무적으로 참석했던 회의 장면을 떠올릴까? 아니다. 그렇지 않을 것이다. 십중팔구, 사랑하는 사람들과 함께 보냈던 시간들을 떠올릴 것이다. 현존하는 것이 어느 곳에서나 중요하다면, 가족·친구와 함께 온전히 있는 것도 중요하다. 코카콜라의 전임 최고경영자인 브라이언 다이슨은 미국의 어느 대학 졸업식에서 연설을 했는데, 다음은 그 연설의 일부분이다.

삶을 공 다섯 개로 하는 저글링 게임이라고 상상해보십시오. 공 다섯 개는 일, 가족, 건강, 친구, 행복을 대표합니다. 머지않아 여러분은 일이라는 공이 고무공임을 알게 될 것입니다. 그것은 땅에 떨어졌을 때 다시 튕겨서 여러분 손 안으로 들어옵니다. 그런데 나머지 네 개는 유리로 만들어졌습니다. 만약 그것들을 떨어뜨리면, 그것들은 흠집이 생기거나 깨지거나 완전히 박살날 것입니다. 원래의 공으로 다시는 돌아갈 수 없을 것입니다. 그러므로 일터에서는 열심히 일하고, 퇴근 시간에는 바로 퇴근해야 합니다. 가족과 친구에게 적절한 시간을 투자해야 하고, 또 자기 자신도 돌봐야 합니다. 가치는, 가치가 있을 경우에만 가치가 있습니다.

마음챙김을 일터에서뿐만 아니라 삶에서 만나는 모든 만남에까지 더 자주 적용하면, 도대체 어떤 결과가 나올까? 한번 생각해보자. 집중은 더 효율적으로 일하고 있음을 뜻한다. 더 효율적으로 일한다는 것은 하루 중 더 많은 시간 동안 좋아하는 것을 하면서 보낸다는 것을 의미한다. 이것들은 지금 더 현존하겠다는 결정에서 나온 결과들이다.

사실 여기서 제안하는 것들을 모두 확실하게 따를 필요는 없다. 시간을 내서 자신이 어떻게 만남들을 대하고 있는지 생각해보고, 또 다른 사람들과 함께 있을 때 그들과 자신을 위해 무엇을 변화시킬 수 있는지 살펴보는 것이 중요하다. 현존의 힘을 더 알고 싶다면, 이 책의 2부 〈전략 1〉을 참조하라.

다음 〈기법 3〉은 명료하고 집중력 있게 목표를 설정하기 위해 마음챙김의 원리들을 적용하는 법을 살펴볼 예정이다.

마음챙김 회의를 위한 조언

- 직장에서의 회의를 잠시 떠올려본다. 회의가 얼마나 실질적인가? 시간을 더 잘 활용하기 위해 어떤 것을 할 수 있을까?
- 회의의 효율성을 높이기 위한 마음챙김의 주요 지침들은 이렇다. 먼저, 회의 시작 전에 정신적으로 준비하는 시간을 갖는다. 그런 다음 회의 시간에 자신은 물론 다른 참여자들도 전적으로 임할 수 있게 한다. 그리고 이후의 활동을 위해 이동할 수 있도록 회의를 정해진 시간에 끝낸다.
- 회의 시작 전과 회의 도중에 그리고 회의를 끝내면서 마음챙김을 훈련하면, 집중과 알아차림을 유지하는 능력은 물론 방해물들을 흘려보내는 능력도 커진다. 그러니 마음챙김을 훈련하는 시간을 늘려보는 것은 어떤가!

기법 3 : 목표

우리에게는 모두 목표가 있다

세상에는 개인적인 목표들과 직업적인 목표들이 있다. 어떤 목표들은 머리로 알 수 있는 것들이어서 일을 통해 명확히 드러나기도 하지만, 어떤 목표들은 잠재의식적으로 드러나 부지불식간에 행동하도록 몰아간다. 삶이 큰 폭으로 너울거리고 태풍이 몰아칠 때, 목표는 해안가의 등대처럼 우리에게 길을 제시해준다.

마음챙김과 목표는 서로 잘 어울린다. 실제로, 하나가 없는 상황에서 다른 하나를 성취하기란 매우 어려운 일이다. 목표가 명확하면, 집중과 알아차림을 유지하는 일은 훨씬 더 쉽다. 마찬가지로 집중과 알아차림이 있으면, 목표에 맞게 행동하기가 더 쉽다. 매트릭스의 두 번째 사분면(〈표 7〉 참조)에 위치한 당신은 목표에 집중하면서 그것을 향해 쭉 전진할 것이다. 다른 사분면에서 목표를 명확하게 유지하기란 그리 쉬운 일이 아니다.

물론 목표를 성취하기란 항상 쉬운 일은 아니다. 도중에 많은 장애물들을 만날 것이다. 〈기법 3〉은 목표를 성취하는 것에 대한 마음챙김의 접근법을 보여준다. 그런데 목표를 마음챙김으로 설정하는 기준들을 알아보기 전에, 먼저 잠재의식적인 판단들이 어떻게 목표 성취를 막는지 알아보자.

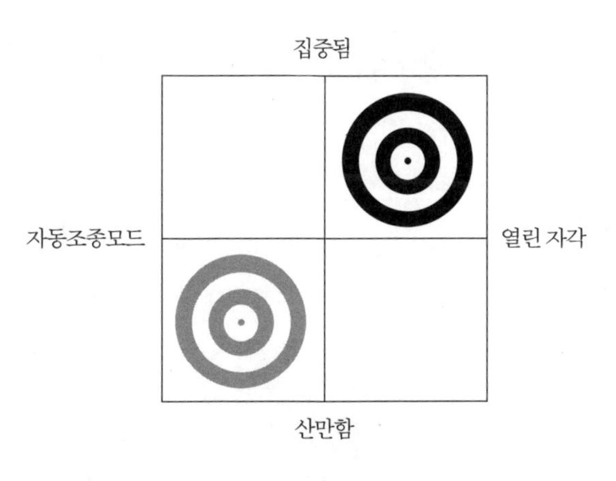

표7. 명확한 목표 매트릭스

목표를 달성하지 못하는 이유

당신은 새해의 다짐을 얼마나 많이 해봤는가? 운동을 다시 시작하기, 수면 시간을 늘리기, 덜 먹기, 마음챙김을 훈련하기 등 많았을 것이다. 새해 첫날이 될 때마다 당신은 더 나은 삶을 위해 변화를 결심한다. 그러나 목전에 그 변화의 이익들이 있는데도, 매번 결심을 어기게 된다. 왜 그렇게 되는 걸까? 무엇이 잘못됐을까? 이 질문들에 대한 답을 구하려면, 먼저 마음의 작용 원리를 알아야 한다.

마음의 작용은 의식적 차원과 잠재의식적 차원에서 한꺼번에 일어난다. 많은 잠재의식적 처리들은 파충류의 뇌, 그리고 생존본능·감정센터의 토대인 변연계에 뿌리를 두고 있다. 의식적 처리들, 즉 언어·창의성·문제해결 등의 처리는 주로 대뇌피질에서 일어난다.

뇌의 의식 층은 초당 7비트로 정보를 처리하는데, 정보를 초당 1,100만 비트로 처리하는 잠재의식 층에 비하면 그 수치는 대단한 게 아니다. 이것은 곧 우리가 아는 것보다 훨씬 더 많은 일이 마음의 의식 층 밑에서 일어난다는 것을 의미한다(〈표 8〉 참조).

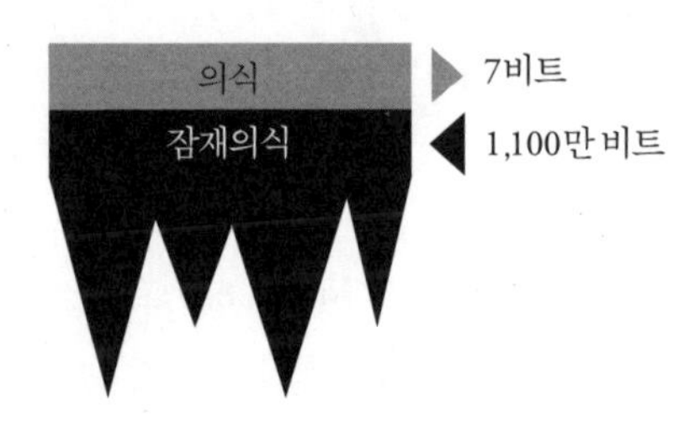

표 8. 의식적 처리와 잠재의식적 처리

새해맞이 다짐을 할 때, 당신은 그것을 의식적으로 한다. 의식적인 마음이 다룰 수 있는 정보량인 초당 7비트로 목표를 충분히 달성할 수 있으리라 생각하겠지만, 현실은 만만하지 않다. 당신의 의식은 주의를 필요로 하는 많은 방해물들의 폭격을 일상에서 계속 받는다. 그래서 당신의 위대한 결의들은 그 방해물들의 바다에 빠져 쉽게 잊힐 수 있다. 목표 성취를 방해하는 것들 중에는 의식적 주의를 경쟁적으로 끌어당기는 것들 외에 다른 것도 있는데 그것은 바로 당신의 잠재의식이다. 당신의 잠재의식적 마음은 의식적 마음이 이해하는 새해 다짐을 다른 식으로 이해하기도 한다.

매일 마음챙김을 훈련하라. 의식적 마음은 그 훈련이 집중력·

명료성·웰빙·건강에 도움이 된다는 것을 안다. 그런데 잠재의식적 마음은 다른 식으로 생각한다. 당신은 훈련이 자신에게는 도움이 되지 않을 거라는 신념을 마음 깊숙이 가지고 있을지도 모른다. 또는 다른 사람들이 어떻게 생각할지 두려워하고 있을지도 모른다. 마음챙김의 유익함을 입증하는 많은 자료와 증언에도 불구하고 당신은 그저 그것에 신뢰가 가지 않을지도 모른다. 이런 의구심은 1초당 1,100만 비트의 정보 처리력을 가진 잠재의식의 지원이 바탕에 깔려 있다. 그러니 당신은 그 의구심들 때문에 고요히 앉아서 훈련하는 방향이 아닌 다른 방향으로 갈 수밖에 없을지도 모른다.

명확한 목표를 유지하는 것에 관한 한, 마음의 의식적 처리뿐만 아니라 잠재의식적 처리까지 잘 관리하는 것이 중요하다. 잠재의식은 두 가지 동기만으로 움직인다. 좋아하는 것들을 움켜잡거나 싫어하는 것들을 회피하면서 주로 작동한다. 잠재의식은 단기적인 만족을 추구하곤 하지만, 의식적 목표를 성취하는 것은 만족을 지연하는 일을 자주 수반한다. 이런 식으로 움켜잡거나 회피하고자 하는 잠재의식적 욕구를 어떻게 잘 다스려야 목표를 더 명확하게 유지할 수 있을까?

목표를 전면과 중앙에 위치시킨다

마음챙김을 하면 할수록, 의식적인 주의를 기울일 수 있는 힘은 더 커진다. 마음챙김은 많은 양의 정보를 의식적으로 처리할 수 있는 힘을 높여준다. 뿐만 아니라 잠재의식적 마음으로 하는 일을 더 잘 알아차리게 해준다. 마음챙김은 의식적 목표와 잠재의식적 처리를 잘 연계시킨다. 그 결과 목표는 주요한 자리에서 주목을 받을 것이고 그것을 달성할 가능성도 높아질 것이다.

그러나 마음챙김의 이점들을 안다고 해서 그것이 자동적으로 되는 것은 아니다. 쉴 새 없이 바쁜 요즘과 같은 상황에서 마음은 산만해지기 더 쉽다. 마음챙김 훈련을 집중적으로 하더라도, 잠재의식의 처리과정이 워낙 강력해 의식적 목표들이 잊힐 수 있다.

의식적인 목표를 점점 잊어가는 자신을 발견했을 때, 바로 다음과 같은 방법을 써보라. 다음은 마음챙김의 목표 지향법으로, 이것을 하는 데는 1분도 걸리지 않을 것이다.

마음챙김 목표 지향

- 목표에 맞지 않는 행동을 하고 있는 것을 알아차릴 때, 잠시 마음챙김으로 모든 것을 정지한다(〈표 9〉 참조). 호흡에 주의를 집중한다. 마음은 가라앉고 집중과 명료함이 생긴다.
- 잠시 후 "무엇이 목표에 도달하는 것을 방해하고 있는가? 어떤 종류의 스토리 혹은 신념, 집착, 회피인가?" 하고 자문해본다.
- 무엇을 발견하든 그것과 함께 머문다. 그것을 마주해 해체시킨다.
- 목표에 맞지 않게 행동했던 것을 개선하고 계속 앞으로 나아간다.

표 9. 마음챙김 목표 지향

목표에 관심의 초점을 두는 것 외에 목표를 설정하는 방식도 그것을 달성하는 데 큰 역할을 한다. 목표를 잠재의식에 효과적으로 전달할 수 있는 방법은 두 가지가 있다. 하나는 목표를 구체적으로 설정하는 것이고, 다른 하나는 그것을 긍정적으로 구조화하는 것이다.

마음챙김 목표 설정

잠재의식은 명확하고 구체적으로 정의한 목표들을 더 잘 이해한다. 그리고 잠재의식은 정보 처리 능력이 엄청나게 뛰어나지만, 체계적인 면에서는 결코 뛰어나지 못하다. 최근에 꾸었던 꿈을 한 번 떠올려보자. 그것은 어떤가? 뒤죽박죽 뒤엉켜있는가 아니면 체계적으로 잘 정리돼 있는가? 논리적인가 아니면 혼란스러운가? 그 꿈은 당신의 잠재의식의 처리를 반영한 것이다.

당신이 '매일 마음챙김을 훈련하기'라고 개괄적으로 목표를 정하면, 잠재의식은 그 메시지를 제대로 이해하지 못할 것이다. 잠재의식은 '이게 무슨 뜻이야? 얼마나 오랫동안? 언제 그리고 어디서, 어떻게 한다는 뜻인가?'라고 물을 것이다. 목표를 구체적으로 정의하는 것은 목표의 달성 가능성을 더 높인다. '나는 매일 아침 10분 동안 거실의 소파에서 마음챙김 훈련을 할 것이다. 그때 2장에 나오는 선명한 집중 훈련법을 따를 것이다.' 이 정도의 목표를 가진 메시지는 명료하고 구체적으로 잠재의식에 전달된다.

한편 목표를 긍정적인 방향으로 세우는 것도 잠재의식으로 하여금 그것을 더 쉽게 처리할 수 있도록 도와준다. 잠재의식은 애초에 원하는 것을 향해서는 다가가고 싫어하는 것에서는 멀어지도록 설정돼 있다. '나는 멀티태스킹을 하고 싶지 않아'라는 부정형 목표인 반면에, 그것을 긍정형으로 바꾼 목표는 '나는 한 번에 한 가지씩 일에 집중하고 싶어'다. 긍정형의 목표를 가진 당신은 긍정적인 것을 향해 움직이고 있는 것이다. 그리고 잠재의식적 마음의 처리 능력은 당신이 그곳에 도달하는 것을 도울 것이다.

세상의 모든 집중과 프레임은 당신이 어떤 종류의 목표를 설정하거나 어느 시점에 그것들을 내려놔야 하는지를 결정하는 데는 도움이 되지 않는다.

목표를 가볍게 품어라

미국의 제약 및 소비재 관련 글로벌 회사 고위 간부인 조세는 목표 달성의 달인이었다. 그는 수년간 열심히 일해서 회사의 고위직에 올랐다. 그는 자기가 이룬 업적을 자랑스러워했고 그것이 주는 혜택을 즐겼다. 언젠가 조세는 내게 자신이 얼마나 열심히 오랫동안 일했는지 말한 적이 있다. 휴가도 포기하면서 수년 동안 바쁘게 일했고, 그러는 과정에서 개인적인 어려움과 직업적인 어려움이 많았다고 했다. 그렇지만 그는 앞만 보고 성실히 일했다. 그에게는 목표가 있었고, 그 목표를 꽉 붙잡고 있었다.

그러다 조세는 그렇게 목표를 꽉 붙잡고 있는 동안 회복할 수 없는 대가를 치르고 있었음을 알게 되었다. 수년 동안 받은 스트레스 때문에 건강은 나빠졌고, 자녀들은 모두 멀어져갔다. 2년 전에는 이혼을 했는데 그는 여전히 그 이혼에 대해 후회하고 있었다.

그는 회사의 고위 간부직이 그것들을 희생할 만한 가치가 있는 것인가라는 질문에 직면하게 됐다. 스티븐 코비는 저서 『성공하는 사람들의 7가지 습관』에서 "잘못된 벽에 사다리를 세운다면 그 꼭대기에 도달하는 것이 무슨 소용일까?"라고 물었다.

조세는 사다리의 꼭대기에 도달했었다. 그는 훌륭한 경력과 부와 명성을 쌓았다. 직업적인 인정과 성공에 초점을 맞춘 그에게 인생의 다른 가치들은 보이지 않았다. 우리는 대부분 목표에 너무 집중한다. 즉, 목표에 너무 고정돼 있어서 넓게 보지 못한다. 그러는 순간 통제권은 목표에게로 넘어가버린다. 목표를 가볍게 쥐고 있다가, 행복해질 기미가 보이지 않으면 그것을 놓아버리는 기술을 습득하는 것은 매우 중요하다. 목표는 매우 중요한 것이지만 그것을 달성하기는 쉽지 않다. 집중되고 명료한 마음을 가지게 되면, 목표를 설정하고 달성하는 것도 훨씬 더 수월할 것이다. 마찬가지로 행복에 이르지 못할 목표를 내려놓는 것도 훨씬 수월할 것이다.

다음 〈기법 4〉는 마음챙김으로 우선순위를 정함으로써 목표 달성에 도움을 줄 수 있는 기법들에 대해 알아볼 예정이다.

명확한 목표에 대한 조언	• 목표가 명확하면 집중을 잘하게 되고, 무엇이 중요한지 더 잘 알게 된다. 마음챙김은 우리가 목표를 실현하는 과정에서 더 집중하고 알아차리게 한다. • 잠재의식적 처리는 목표 실현을 방해할 수 있다. 그러나 더 큰 알아차림을 통해 잠재의식적 처리의 방향을 우리에게 이익이 되도록 전환할 수 있다. • 집중하는 것은 중요한 일이지만 그것 때문에 우리의 눈이 멀 수 있다. 정신적 효과성 매트릭스의 두 번째 사분면에서처럼 집중과 알아차림이 결합하면, 우리는 목표에 맹목적으로 집착하지 않게 된다. • 삶의 중요한 목표들, 즉 직업적인 목표들과 개인적인 목표들을 종이에 적어본다. 목표를 구체적이면서도 긍정적인 틀로 작성해야 그것을 달성할 확률이 높아진다.

기법 4 : 우선순위 설정

목표는 개인적인 것이든 직업적인 것이든 모두 중요하다. 그렇다고 해서 그 중요도까지 똑같은 것은 아니다. 성공한 사람이 되고 싶다면, 목표를 중요도에 따라 다룰 수 있어야 한다.

목표들이 불가피하게 충돌할 때 우선순위를 매길 능력이 있다면, 우리는 중요한 일에 초점을 맞추면서 균형을 잡을 수 있을 것이다. 우선순위를 조절하는 능력에 마음챙김을 더하면, 복잡한 마음의 문제들이 줄어들면서 소수의 것들에 집중할 수 있게 된다. 더 큰 알아차림을 통해 우리는 '올바른' 임무나 목적, 즉 성과를 낳는 것들에 자신이 집중하고 있는지 아닌지 확인할 수 있다. 흔한 관리 프레임워크로 '80:20 법칙'이 있는데 이것은 파레토 법칙으로도 불린다. 이 법칙은 어떤 활동에 80퍼센트의 시간과 노력을 들여, 겨우 20퍼센트의 성과를 내는 것을 말한다. 즉 우리가 비율적으로 성과가 적은 활동에 시간의 대부분을 쓰고 있다는 것을 뜻한다.

이상적으로 보면, 우리는 원하는 결과물의 80퍼센트를 생산해 내는 활동에 집중해야 한다. 직장에서 하는 활동 중에 시간은 어마어마하게 들어가는데 성과가 적은 것은 무엇인지 생각해보자. 또 그 반대로 시간은 적게 들어가는데도 성과가 큰 활동은 무엇인지도 생각해보자.

집중과 알아차림의 정도가 높으면, 최소한의 노력으로 최고의 성과를 내는 활동에 시간을 쓰게 된다(〈표 10〉 참조).

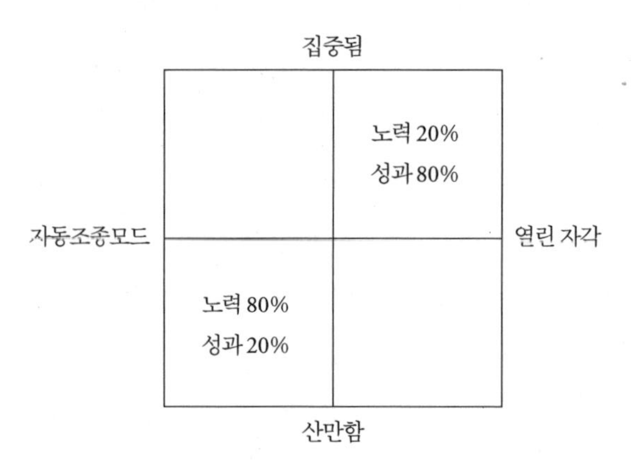

표 10. 80:20 법칙과 매트릭스

산만하고 자동조종모드 상태일 때, 시간은 많이 들어가지만 결과는 시원치 않은 '바쁜 일'을 하고 있을 가능성이 높다.

〈기법 4〉에서는 마음챙김을 통해 우선순위를 관리하는 여러 방법들을 살펴볼 예정이다. 우선순위를 제대로 정하지 못하게 하는 근본적인 원인들 중 하나로 실행중독action addiction이라는 것이 있다. 먼저 그것이 무엇이고 거기서 벗어날 수 있는 방법이 있는지 알아볼 것이다. 그러고 나서 속도를 늦추는 것이 곧 그것을 효과적으로 높이는 방법이라는 것에 대해서도 살펴볼 것이다.

우선순위와 시간 낭비

프랭클린 코비 연구소는 35만 명 이상의 직장 생활을 관찰함으로써 일의 우선순위 매기는 것에 관한 연구를 시행했다. 이 연구에서 많은 직장인들이 활동 시간의 41퍼센트를 우선순위가 높고 긴급한 활동이 아니라 우선순위가 낮은 활동에 쓴다는 것을 발견했다.

그 결과가 이례적인 것은 아니었다.

2012년에 런던 경영대학원의 교수들은 업무의 우선순위를 매기는 관리자들의 능력을 알아보려고, 소니·루프트한자·LG전자의 관리자들을 관찰했다. 그들은 「하버드 비즈니스 리뷰」의 '바쁜 관리자를 주의하라'라는 기사에서, "시간을 최대한으로 활용하는 관리자들은 아주 소수였다. 그들은 자신들이 긴급한 문제에 주의를 기울이고 있다고 생각하지만, 실제로는 습관적으로 살고 있었다."라고 결론지었다.

바쁜 것이 반드시 효율적임을 뜻하지 않는다.

우리 팀이 그 연구 결과를 일본의 기술과 소비재 관련 대기업에 전달하자, 그 기업의 사람들은 곧바로 그것을 이해했다. 어떤 리더는 자신이 경험했던 것에 대해 다음과 같이 이야기했다. "저는 소음을 없애면 마음이 맑아지고 고요해져 일을 더 잘하게 되더군요. 그런데 현실에서는 그렇게 되기가 쉽지 않더군요. 방해물과 정보가 쏟아져 정신을 차릴 수 없습니다. 그래서 너무도 자주 긴급한 일처럼 생각되는 것들에 풍덩 빠져버려요. 그건 뭐랄까, 통제가 너무 힘든 충동입니다.”

이 리더의 말이 익숙하게 들리는가?

사람들이 최고의 성과를 내는 일에 초점을 맞추지 못하는 이유는 여러 개 있다. 심한 압박감을 느낄 때 즉 정보와 방해물의 끊임없는 폭격에 시달릴 때, 업무의 우선순위를 매기는 일은 고사하고 집중을 유지하는 일도 어려울 수 있다. 극심한 공격에 시달리는 상태라면, 정말로 중요한 일들 몇 가지를 전면과 중앙에 유지하기란 거의 불가능할 것이다. 스트레스 상황에서 행동하고 싶은 충동에 굴복하는 일은 아주 흔하게 일어난다. 우리는 대부분 충동들을 좇느라 귀중한 시간을 낭비하기 쉽다. 어떤 일이 급한 일로 ‘느껴져서’ 반사적으로 그것에 몰두하면, 그 결과로 생각하는 데 필요한 1초의 우위를 갖지 못하게 된다.

실제로 우리는 다양한 방식으로 행동, 즉 무언가를 해내야 한다는 것에 중독되어있다. 그 행동이 목적이나 목표에 가장 잘 어울리는 것인지 상관없이, 우리는 이메일을 보내야 하고, 요구에 답해야 하고, 새로운 문제를 해결해야 한다고 생각한다.

행동 중독

행동 중독은 정신적 효과성과 생산성을 떨어뜨리는 주요한 요인이다. 행동 중독에 빠지는 근본적인 원인은 마음이 훈련되어있지 않기 때문이다. 마음을 훈련시키는 것만이 행동 중독에서 벗어날 수 있는 길이다. 그래서 행동 중독의 증상과 극복 방법을 좀더 자세히 알아보려고 한다. 우선 PAID 환경에서 일하는 사람들이 오전 시간을 어떻게 보내는지 한번 상상해보자. 그 상상 속의 주인공 이름은 짐이다.

오전 8시 30분, 짐은 사무실에 도착한다. 지난밤에 잘 쉬어서 개운한 그는 하루 동안 최우선으로 해야 할 일들을 잘 알고 있다. 즉 20퍼센트의 노력으로 80퍼센트의 성과를 낼 활동들이 무엇인지 잘 알고 있다. 짐이 자기 자리에 가려면 몇몇 동료의 옆을 지나쳐야 한다. 그렇게 가는 도중에 동료 한 명이 짐을 불러세워 한참 논란이 되고 있는 문제에 대해 묻는다. 오늘 짐의 우선순위 목록에 없는 문제이기는 하지만 그래도 짐은 도와주고 싶다. 그래서 잠깐 동안 최선을 다해 동료와 함께 고민을 해준다.

짐의 도움에 고마움을 느낀 동료는 "짐, 역시 자네가 최고야!"라고 말한다. 그 순간 짜릿한 쾌감이 짐을 통과한다. 신경전달물질인 도파민이 방출되었던 것이다. 어떤 일을 완료하면 만족감이 순간적으로 훑고 지나가는 법인데, 그 만족감이 짐의 우선순위 중 가장 위에 있는 것을 제쳐버렸던 것이다.

짐은 자기 자리에 도착하자마자 이메일을 연다. 이메일을 보니, 보낸 사람의 요구와 질문을 당장 처리해야 할 것 같은 기분이 든다. 그것들이 80퍼센트의 수고를 들여 20퍼센트만의 성과를 내는 일들임을 잘 알고 있는데도 말이다.

행동으로 돌진하고 싶은 욕구가 최우선으로 해야 할 일을 또다시 제친다. 바로 행동하고 싶은 충동이 마음챙김으로 시간을 관리하라는 지혜를 이긴 것이다. 짐은 답장을 쓰기 시작한다. 이메일을 작성해 '보내기'를 클릭할 때마다 도파민의 쾌감이 느껴진다. 마음이 잘 훈련되어있지 않았기에, 행동 중독이 짐의 하루를 다 차지해버린다. 그리고 중요한 의도와 우선순위는 구석으로 밀려난다. 짐의 이야기가 낯설게 들리지 않는다면, 당신도 평범한 사람이다.

뇌의 인지기능들 중 일부는 스트레스를 받는 상황에서 제 기능을 상실해버린다. 그 결과, 우리는 생존모드에 있게 된다. 즉각적으로 만족감을 주는 것들, 즉 바로 통제할 수 있거나 성취할 수 있는 것들을 향해 돌진하는 상태가 되기 쉽다. 〈표 11〉에서 볼 수 있듯이, 점차적으로 행동에 중독되는 것이다.

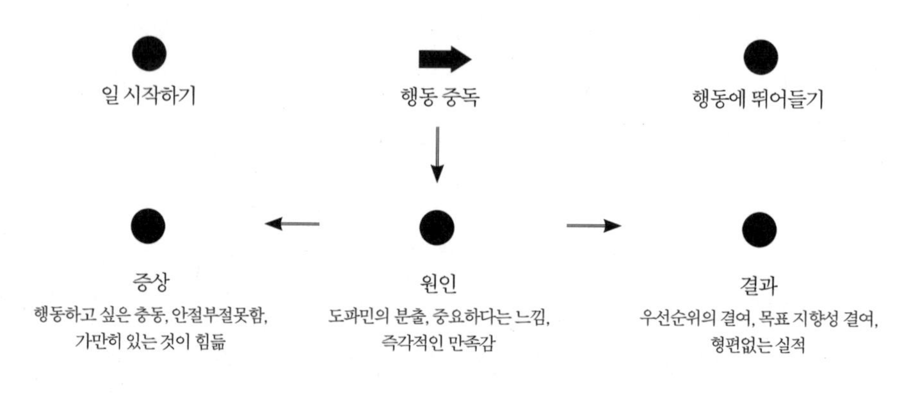

표 11. 행동 중독의 원인과 결과

행동에 중독되면, 우리는 어떤 일이 중요해서가 아니라 자신이 중요한 사람임을 느끼고 싶어서 그 일을 한다. 그 일이 바로 앞에 있고, 자신이 유능하고 생산적인 사람임을 느끼고 싶어 한다. 그때 우리는 목적에 부합하는 일에 시간을 쓰기 위해 잠시 뒤로 물러서야 한다. 그렇지 못하면, 눈앞의 불필요한 일에 시간을 많이 낭비하는 문제가 생긴다.

행동 중독은 정신적 효과성과 생산성을 떨어뜨리는 가장 큰 원인이다. 당신이 행동에 얼마나 많이 중독됐는지 알고 싶다면 아래의 테스트를 해보라.

행동 중독 테스트

- 사무실의 자기 자리에 앉아서 막 일을 시작하려고 할 때, 잠시 창밖을 보거나 아무것도 없는 컴퓨터 화면을 쳐다본다.
- 어떤 행동도 해서는 안 되고 말을 해서도 안 된다. 문제를 풀어서도 안 된다. 3분 동안 아무것도 하지 말고 가만히 앉아있으라.
- 가만히 있는 것이 어려우면, 당신은 행동 중독에 빠져 있을 가능성이 어느 정도 있다.

행동 중독은 우선순위를 확실하게 지키지 못하게 하고, 가장 중요한 목표를 달성하기 위한 업무 집중 능력을 빼앗아간다. 그것은 업무성과와 효과성을 감소시킨다. 그러나 걱정하지 않아도 된다. 행동 중독에서 벗어나는 것을 도와줄 마음챙김 방법들이 있다.

행동 중독 피하기

행동 중독은 요즘 급변하는 업무 환경의 자연스런 결과물이기는 하지만, 그것의 방해를 그대로 둬서는 안 된다. 행동 중독에 대응하는 방법은 우선순위들이 충돌할 때 마음챙김을 하는 것은 물론, 정기적으로 마음챙김 훈련을 하는 것도 좋다.

행동 중독을 일으키는 도파민의 쾌감은 마음챙김을 훈련하면 생기는 뇌신경전달물질인 세로토닌에 의해 상쇄된다. 도파민과 세로토닌의 관계를 더 알고 싶은 사람은 2부의 '정신적 전략들' 중 '균형'을 읽어보기 바란다. 3부에서 설명하고 있듯이, 마음챙김을 정식으로 훈련하면 신체적 행위에 덜 구속되어 행동 중독을 피할 수 있다. 우리는 일을 할 때마다, 특히 직장에서 더 많은 정신적 자유와 힘을 얻을 것이다. 마음챙김 훈련을 통해 일반적인 행동 중독을 피하게 해주는 마음의 자유와 힘을 얻을 수 있지만, 여전히 당신은 시간과 관심을 요구하는 것들에 둘러싸여 있을 수 있다. 이렇듯 우선순위들이 충돌할 때 어떻게 해야 할까?

우선순위들의 충돌: 선택의 순간

행동 중독을 일으키는 가장 큰 원인으로 우선순위들의 충돌을 들 수 있다. 우선순위들이 충돌할 때가 바로 선택을 해야 할 시점이다. 그 때 우선순위들을 어떻게 정렬할지 혹은 다급한 일들을 어떤 순서로 관리할지 최선을 다해 결정해야 한다.

그런 상황일 때 우리는 보통 행동에 돌입하는 것을 선택한다. 즉 행동 중독으로 반작용한다. 그러나 이제는 다 알다시피, 우리의 행동들이 모두 목적에 부합하는 것들은 아니다. 감사하게도, 우선순위들이 충돌할 때 행동 중독에서 벗어나 다른 선택을 하게 해주는 마음 훈련 방법이 하나 있다(〈표 12〉 참조).

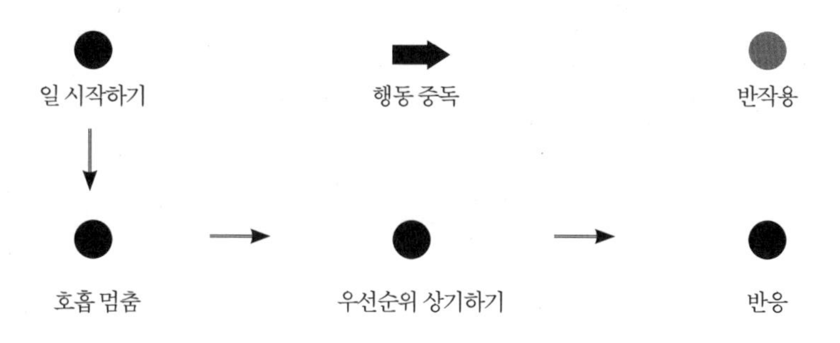

표 12. 우선순위들의 충돌을 마음챙김으로 해결하기

우선순위들이 충돌할 때는 행동으로 바로 뛰어들지 말고 먼저 호흡을 하라. 잠시 호흡을 하면서 우선순위들의 목록을 떠올려본다. 그리고 가장 중요한 목표를 기준 삼아 우선순위들을 다시 결정한다. 새로 생긴 업무를 먼저 해야겠다고 결정했을 때는 정신적 효과성의 두 번째 원리를 따른다. 즉 기존의 일이 아닌 새 업무에 주의를 기울이자고 선택한 다음, 모든 주의를 그곳에 집중한다.

새 업무를 나중에 해도 될 일로 분류했을 때는 정신적 효과성의 첫 번째 원리를 따른다. 즉 마음 속으로 '아니오'라고 하면서 원래 하던 일에 주의를 집중한다. 이때 '아니오'라고 말하라고 한 것은 동료나 관리자에게 정면으로 말하라는 뜻은 아니다. 요즘처럼 정보가 계속 쏟아지고 복잡성도 증가하는 상황에서 우리는 '아니오'라는 말을 더욱더 신중히 해야 한다. 잠시 호흡하면서 우선순위들을 상기하는 일은 쉬울 것 같지만 사실 쉬운 일이 아닐 수 있다. 한꺼번에 많은 일이 닥쳤을 때, 호흡 외에 아무 것도 하지 않으면 초조해지거나 불안해질 수 있다. 그러나 마음챙김 훈련을 통해, 당신은 충돌하는 우선순위들에 자동반사적으로 반작용하고 싶은 충동을 극복할 수 있다. 충동적으로 반작용하기 전 1초 동안의 정신적인 공간을 얻게 되는 것이다. 당신은 보통의 호흡을 수차례 반복함으로써 행동 중독에 다시 빠지지 않고 잘 훈련된 마음을 갖게 된다.

어떤 사람들은 이렇게 말할 수도 있다. "우선순위들이 충돌할 때마다 의식적인 호흡을 해야 한다면, 그 일은 하루 종일 걸릴 것입니다." 이 문제는 속도를 늦춤으로써 속도를 높이기라는 방법을 통해 해결할 수 있다.

속도를 늦춤으로써 속도를 높이기

속도를 늦추는 것이 속도를 높이는 일에 얼마나 도움이 될까? 치타는 지구상에서 가장 빠르게 달리는 동물인데, 이 치타에 대해 한 번 생각해보자. 치타의 최고속력은 시속 120킬로미터다. 그러나 그 속력으로 하루 종일 달리면 치타는 몇 시간 내로 지쳐서 죽을 것이다. 치타는 사냥하면서 최고의 속력을 내야 하기 때문에 사냥 초기에는 천천히 움직인다. 먼저 슬금슬금 몰래 먹이에게 다가간다. 그때 치타의 피는 근육으로 몰리고 뇌는 하나의 목표물에 집중된다. 사실 먹이가 사정거리 내로 들어왔을 때 치타가 폭발적으로 행동할 수 있는 것은 그렇게 고요하고 짧은 시간을 가졌기 때문이다.

우선순위들이 충돌할 때 호흡을 하는 것은 치타가 사냥을 시작할 때 먹이에게 몰래 다가가는 것과 같다. 짧게 정지함으로써 당신은 집중과 알아차림을 유지할 수 있다. 자동적인 반작용이 아니라 상황에 알맞은 가장 적절한 반응, 즉 우선순위와 목적에 초점을 둔 반응을 할 수 있게 된다. 다음 〈기법 5 계획하기〉는 우선순위 매기는 일을 한층 더 발전시켜준다.

마음챙김 우선순위 설정에 관한 조언

- 우선순위가 명확하면, 목표에 맞는 일에 집중하게 되고 더 현존하게 되며 마음이 명료해진다.
- 마음챙김을 통해 당신은 행동 중독이 아니라 우선순위를 기반으로 행동할 수 있게 된다.
- 잠시 무익하게 행동했던 경험을 반추해보는 시간을 갖는다. 그리고 행동 중독에 관한 경험을 떠올려본다.
- 행동 중독을 줄이기 위해 내일 당신은 무엇을 할 수 있는가?

기법 5 : 계획하기

우리는 의식적으로든 무의식적으로든 쉴 새 없이 미래를 계획한다. 정보 과잉 시대의 우리는 자동조종모드 상태에서 계속 계획하고 또 계획한다. 그리고 행동 중독에 빠져 습관적으로 행동한다. 그 대가로 우리는 신정한 계획을 세울 수 없게 됐다.

진정한 계획을 세우는 것은 정신적 효과성을 높이고, 우선순위를 잘 관리하고, 행동중독에서 벗어나는 것과 관련이 있다. 진정한 계획을 세우려면 속도를 늦춰야 한다. 그렇게 해야 다시 속도를 높일 수 있기 때문이다. 그것은 나중에 큰 보상을 받기 위해 시간을 미리 투자하는 것과 같다. 〈기법 5〉에서는 마음챙김이 효율적인 계획 세우기의 토대가 어떻게 될 수 있는지 살펴본다.

지금 마음챙김으로 계획하기

미국 은행의 인재개발부에서 고위 간부로 일하는 일레인은 명확한 계획 세우기의 어려움을 이렇게 설명한다.

"저는 젊은 시절 '지금 여기'에 고요히 머무는 것을 잘하는 편이었습니다. 밤에 잠을 잘 잤고, 오랜 시간 집중해서 책을 읽었습니다. 그런데 요즘에는 바쁘게 왔다갔다하는 제 마음이 보입니다. 잠을 자다가도 자주 잠에서 깨 다음 날을 계획하곤 합니다. 독서할 때는 미처 한 페이지를 넘기기도 전에 다음날의 계획을 세우느라 바쁜 저를 발견합니다. 어떤 일을 계획해야 할 때조차, 마음이 다른 일로 가득 차서 근사한 계획을 내놓기가 어려웠습니다."

누구나 비슷한 경험이 있을 것이다. 여러 책임들에 압도되어 불안감을 느껴본 적이 있을 것이다. 정보의 과잉과 바쁜 일상 때문에 우리의 마음은 열 걸음 앞을 내다보며 자동조종모드로 계획을 끊임없이 세우면서 전진할 준비를 하고 있다.

일레인의 경우처럼, 우리의 마음은 수면상태에서조차 계획을 세우고 싶어 한다. 중요한 대화를 나누는 동안에도 대화에 집중하지 못한 마음은 점심에 먹을 메뉴를 생각한다. 언제 회의에 참석하고, 언제 이메일을 쓰고, 언제 퇴근할지를 계획한다. 집에 돌아가서는 언제 휴식을 취할지 계획한다. 마치 우리가 계획의 달인이 된 것처럼 보이지만, 종합적인 계획은 보이지 않는다. 압박감을 느낄 때, 우리는 살아남기 위해 계획을 세워야 한다고 생각한다. 그러나 사실 계획을 짜지 않고도 우리는 살아남을 수 있다. 자동반사적으로가 아니라 마음챙김으로 더 자주 계획하면, 그리고 진실로 중요한 것에 초점을 맞춰서 계획하면 더 많은 것을 성취할 것이다.

마음챙김으로 계획하기는 과거의 경험을 토대로 미래를 바라보는 일이지만(〈표 13〉 참조), 항상 현재 이 순간에 행해져야 한다. 그래서 마음챙김으로 계획하기는 단순히 자동조종모드로 계획하기가 아닌, 계획 시기 결정에 관한 것이다.

표 13. 마음챙김 계획하기

명확한 계획하기를 통해 당신은 마음챙김의 삶을 더 쉽게 살게 된다. 역으로 마음챙김을 하면 할수록 당신은 더 명확하게 계획을 세울 수 있게 된다. 그런 식으로 명확한 계획하기와 마음챙김은 상호보완적인 관계에 있다. 〈표 14〉에서 보듯이, 그 둘은 매트릭스의 두 번째 사분면에 당신이 위치할 수 있도록 도와준다.

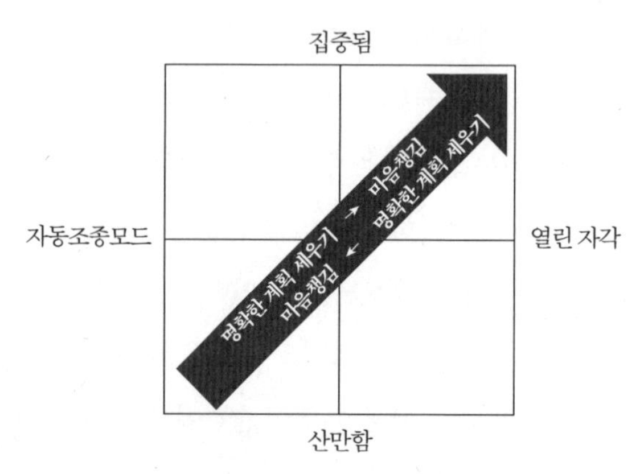

표 14. 마음챙김으로 계획하기와 매트릭스

그 모든 것이 이론적으로 타당하지만, 문제가 하나 있다. 초점이 없고 자동반사적으로 행해지는 계획하기는 훈련되지 못한 마음의 결과물이다. 현재에 머물지 못하고 과거와 미래를 왔다갔다하는 마음의 결과물이다. 명확한 계획하기를 하려면, 지금 여기에 머무는 것이 절대적으로 중요하다.

지금 여기에 머물려고 지금 하는 일이나 삶의 방식을 바꿀 필요는 없다. 단지 당신이 해야 할 일은 주의를 기울이는 방식을 변화시키는 일이다. 지금 여기에 현존하는 것은 의식적인 결정이다.

계획할 시간 확보하기

"나쁜 소식은 시간이 빠르게 흐른다는 것이고, 좋은 소식은 그것을 조종하는 사람이 바로 당신이라는 것이다"라는 격언이 있다.

그렇다. 시간은 빠르게 흐른다. 특히 당신이 바쁘고 과부화 상태일 때, 더욱 빠르게 흐른다. 우리는 날마다 명확한 계획하기를 함으로써 더 나은 조종사가 될 수 있다.

또한 그것은 우리를 더욱 깨어있게 할 것이다.

통제권이 우리에게 없는 것처럼 느껴질 때 시간은 더욱 빠르게 흘러가버린다. 행동 중독에 빠지면 시간을 통제할 힘이 없다. 어떤 중독이든 그것에 빠지면, 명확하게 생각하지 못하고 이성적으로 행동하지 못한다. 의지보다 더 강한 어떤 힘의 조종을 받게 된다. 그러면 선택이 아니라 욕구에 의해 살게 되는 것이다.

그 욕구는 어떤 일을 처음 시작할 때 빈번히 생긴다. 우리는 어떤 욕구든 상관없이 그 욕구에 따라 바로 행동한다. 그 행동의 대가로 도파민이 급증하고, 뭔가 가치 있는 해냈다고 느낀다.

기분이 좋아진다.

물론 그런 행동의 단점도 있는데, 그것은 우리가 더 큰 그림을 보지 못한다는 것이다. 욕구가 느껴지면 바로 행동으로 옮기기 때문에, 목표와 우선순위는 뒷전으로 밀려난다. 〈표 15〉에서 볼 수 있듯이, 우리는 선택의 지점에 있다.

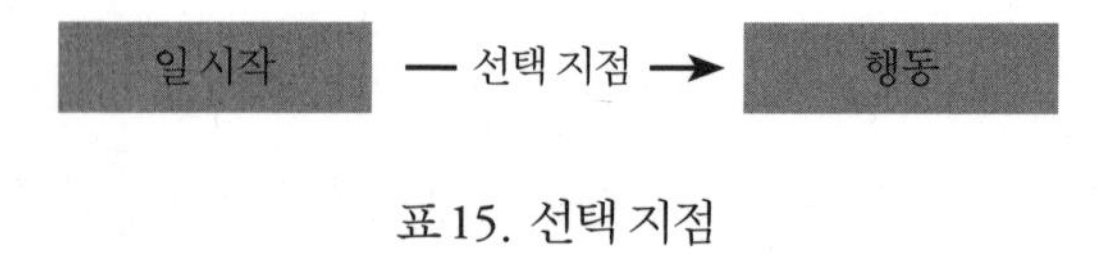

표 15. 선택 지점

우리는 의도적인 행동을 통해 앞으로 나가기보다 너무도 자주 제자리걸음만 하고 있다. 열심히 일하고 행동하고 노력하지만, 한 걸음도 앞으로 나가지 못하고 있다. 선택의 지점으로 하루 중 가장 좋을 때는 오전이다. 오전은 하루의 기분을 좌지우지하기 때문에, 오전을 명확한 계획하기의 시간으로 시작하는 것은 매우 중요하다

하루를 계획하기

하루를 계획하는 시간을 따로 낼 때, 당신은 중요한 일들을 먼저 처리할 시간이 확보됐음을 알기에 평화롭고 고요할 것이다. 당신은 통제권을 더 잘 유지할 수 있을 것이고, 여러 방해물의 소용돌이에 휘말리는 가능성도 줄어들 것이다. 그것이 바로 적게 수고하고 크게 보상받는 방법이다. 마음챙김으로 하루를 명확하게 계획하기는 다음과 같은 방법으로 하면 된다.

하루를 명확하게 계획하기	회사에 도착하자마자, 10분의 시간을 따로 마련해 아래의 일들을 하는 습관을 기른다. • ABCD 마음챙김 훈련을 1~2분간 한다(2장 참조). 이것은 집중력을 향상시켜주고 행동 중독의 충동을 가라앉혀준다. • 오늘 해야 할 일들 중 우선순위를 가려 짧은 목록을 만든다. 또는 어제 퇴근 전에 만들어뒀던 목록을 다시 본다. • 우선순위가 높은 활동을 중심으로 시간표를 작성한다. • 중간에 계획표를 한두 번 검토해 일의 진척상황을 확인한다.

지금 당장은 날마다 계획하는 일이 자신을 뒤처지게 한다는 느낌을 받을 수도 있지만, 앞에서 설명했듯이 속도를 늦추는 것은 곧 속도를 높이는 가장 효율적인 방법일 수 있다. 하루를 집중과 명료함으로 시작함으로써 당신은 방해물이 생길 때마다 그것들을 쫓아가지 않게 되고 더 효율적으로 일하게 된다(〈표 16〉 참조). 더 효율적으로 일하게

됐을 때 그 보상으로 얻게 될 시간이 얼마나 많은지 알면 당신은 깜짝 놀랄 것이다.

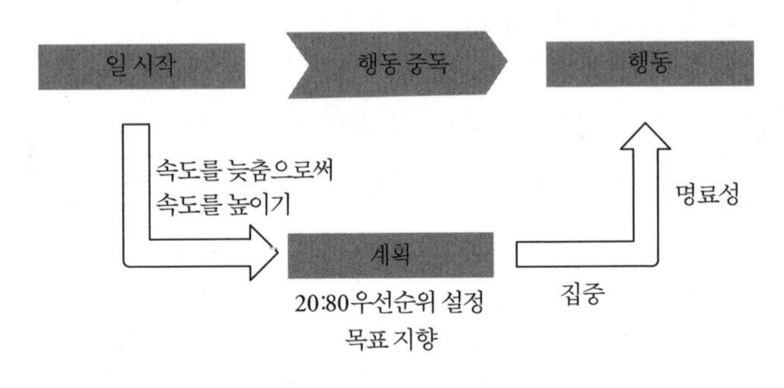

표 16. 일일 마음챙김 계획

명확한 계획하기에 에너지를 씀으로써, 당신은 동료나 다른 방해물들이 당신의 시간을 빼앗아가지 못하게 할 수 있다.

마음챙김으로 계획하기는 하루 단위는 물론 주 단위나 월 단위로 확장해서 적용할 수 있다. 매주·매월 계획하기를 하면, 당신은 더 큰 그림을 그리면서 거기에 맞춰 일정표를 관리할 수 있게 된다.

마음챙김으로 일정표 짜기

마음챙김으로 일정표를 짤 때 일반적으로 적용되는 원칙이 몇 가지 있다. 하지만 그 원칙들은 당신의 일하는 방식과 회사의 문화에 따라 달리 적용된다. 가장 중요한 것은 〈기법 4: 우선순위〉에서 설명했던 20 대 80 원칙이다. 그 원칙을 유념하면서 가장 적은 에너지를 투여해 가장 큰 성과를 내는 활동들에 당신의 시간을 대부분 할당하라. 그 업무들을 위해 시간을 어느 정도 할당하는 게 가장 이상적인지 생각해보면서, 동시에 돌발적으로 발생하는 긴급한 사건에 들어갈 시간도 남겨놓는다. 긴급한 문제에 들어갈 시간의 양은 당신이 하는 일의 성격에 따라 달라질 것이다. 어떻게 결정하든, 여백의 시간을 따로 두면 불필요한 압박감은 받지 않게 될 것이다.

또한 우선순위를 결정하는 시간과 위급한 일을 대비해 따로 잡아둔 시간 외에, 정신적인 충전을 위한 시간이 날마다 얼마나 필요한지 생각해본다. 거기에는 짧은 휴식과 산책, 10분 동안의 마음챙김 훈련이 들어갈 수 있다. 마지막으로 업무의 '전환' 활동에 불가피하게 들어가는 시간도 확보해놓아야 한다. 예컨대 회의의 후속 작업을 하는 시간과 이동 시간이 거기에 속한다.

마음챙김 작업 일정표

- 작업 일정표를 짜는 원칙들에 대한 요약
- 우선순위가 높은 활동을 먼저 일정표에 배치한다.
- 준비 시간도 일정표에 넣는다.
- 긴급한 문제를 대비해 여유 시간을 따로 잡아둔다.
- 정신적인 충전을 위한 시간을 어떻게 보낼지 계획한다.
- 점심시간에 대한 계획을 세운다.
- 업무의 전환 시간에 무엇을 할지 계획한다.
- 회의의 후속 작업 시간과 이동 시간처럼 전환 활동을 위한 시간을 계획한다.

명확한 계획하기가 직업적인 목표들을 성취하는 것을 도울 수 있는 것처럼, 그것은 당신의 삶에서도 똑같은 도움을 줄 수 있다. 어느 날 저녁 자녀나 친구와 단둘이 있으면서 그들에게 얼마나 전적으로 임했는지 한 번 생각해본다. 행복하고 건강한 삶을 유지하기 위해 자신이 어떤 종류의 활동들을 해야 하는지 떠올려본다. 개인적으로 나는 최소한 일 년에 한 번은 마음챙김 안거retreat에 참석한다. 사람들이 고요함과 잠재성을 발견하도록 돕는 일을 하는 내게 그 시간은 참으로 중요하다. 당신이 목표와 우선순위에 대해 숙고할 시간을 갖지 못하면, 시간은 빠른 속도로 날아가버릴 것이다. 손가락 사이로 모래알이 빠져나가듯이 귀중한 시간들이 스르르 빠져나가버릴 것이다. 그리고 당신은 그것을 통제 불가능한 것으로 느낄 것이다. 그러나 마음챙김으로 계획하기를 하면, 당신은 직장에서도 가정에서도 더 큰 성공을 성취할 것이다. 매순간을 잘 활용하게 될 것이다.

참 다행스런 일이다. 그 순간은 다시 오지 않기 때문이다.

다음 〈기법 6〉에서는 매순간을 잘 활용할 수 있는 또 다른 방법을 알아볼 예정이다. 특히 다른 사람들과 상호작용하고 있을 때 활용할 수 있는 방법에 대해 알아본다.

마음챙김으로 계획하기를 위한 조언	• 마음챙김으로 계획하기는 행동 중독에서 벗어나게 해줄 좋은 해독제다. • 계획하기와 관련된 자신의 과거 경험들을 살펴본다. 자동조종모드로 계획을 세우는 경향이 있는가? 지금 여기, 즉 현재의 순간과 별로 관계없는 것들을 생각하는 경향이 있는가? • 마음챙김으로 계획하기는 과거를 토대로 미래를 지향한다. 그렇지만 그것은 바로 지금 행해지고 있다. • 시간표를 짜는 시간과 방식에 대해, 어떻게 하면 자신이 더 많이 집중하고 알아차릴 수 있는지 생각해보자.

기법 6 : 소통

미연방준비제도 이사회의 전 의장인 앨런 그리스펀이 "나는 당신이 그것을 내가 했던 말이라고 알고 있다는 것을 안다. 하지만 당신이 들었던 그 말이 내가 의도했던 것과는 다르다는 것을 당신은 알지 못하고 있는 것 같다."라고 말한 것으로 전해진다.

무슨 말인지 알아듣겠는가?

메시지를 보냈다고 소통이 다 되는 것은 아니다. 의사소통이 효과적으로 일어나려면 메시지를 받는 사람이 보내는 사람의 의도를 이해해야 한다. 단순히 말을 듣거나 읽는 것에 그치지 않고 이해해야 한다. 효과적으로 소통하는 것이 어려운 일일 수 있지만 항상 그런 것은 아니다. 소통하는 당사자들의 마음이 고요하고 명료하며 좋은 의도가 있다면, 이해하기 까다로운 메시지조차 전달될 수 있고 비교적 쉽게 받아들여지고 이해될 수 있다.

삶의 여타 측면에서와 마찬가지로, 마음챙김의 소통의 기본은 타인과의 상호작용에서 전적으로 현존하는 것이다. 상대방과 내가 전적으로 현존할 때만, 시간을 최대한으로 활용할 수 있다. 또 전적으로 현존할 때만, 그 자리에서 주고받는 것을 완전히 이해할 수 있다. 이 〈기법 6〉을 통해 우리는 효과적인 소통을 가로막는 것들에 대해 알아보고, 마음챙김으로 말하고 듣기를 더 잘할 수 있게 해주는 몇 가지 행동들을 하게 될 것이다. 먼저 효과적인 소통에 관해 공감과 외적인 알아차림의 중요성에 대해 알아보자.

공감과 외적인 알아차림

타인의 느낌을 똑같이 느낄 수 있는 능력인 공감은 효과적으로 소통하기 위해 필요한 중요한 요소다. 당신이 소통하고자 하는 사람들의 느낌을 느낄 수 있다면, 그들의 사고방식을 파악하는 것도 쉽다.

공감은 마음챙김 훈련의 큰 혜택들 중 하나인 외적 알아차림이 얼마나 발달되었느냐에 따라 달라진다. 외적 알아차림은 타인의 마음 상태를 감지하고 읽는 능력은 물론 그들을 돕거나 그들에게 영향을 미칠 수 있는 방법들을 아는 것이다. 내적인 알아차림과 외적인 알아차림을 향상시킬 수 있는 방법은 〈3장 열린 자각〉에서 설명하고 있다. 신경학적 관점에서 보면, 효과적인 소통을 가로막는 장애물은 마음의 경향성 두 가지다. 1장에서 설명했듯이, 우선 마음은 선천적으로 방황하는 경향성이 있다.

두 번째로, 마음은 어떤 사물을 볼 때 미리 예단하면서 보는 경향성이 있다. 우리는 이것을 흔히 습관적인 인식이라고 말한다. 마음의 이 경향성은 〈전략 4: 초심〉에서 더 자세히 설명할 예정이다. 여기서 짧게 설명하자면, 습관적 인식 혹은 인지적 경직성은 현실을 기존의 단순한 범주에 넣고자 하는 마음의 자연스런 욕구다. 이 욕구 때문에, 자기 자신은 물론 타인과 경험하는 모든 것들에 대해 마음이 제한적으로 투사하는 모습으로 믿게 된다. 그 결과 우리는 인식의 범위가 제한되어 인지적으로 경직된다. 마음의 방황하는 성질과 경직성에 의해 우리의 소통능력이 크게 감소되는 것이다.

당신은 지금 듣고 있는가?

어느 날 밤, 내가 늦게 퇴근해 집에 들어가니 아들들 중 하나가 나를 기다리고 있었다. 아들은 내 관심을 원했음에 틀림없었다. 학교에서 있었던 일 때문에 화가 나 있었고 그 이야기를 내게 하고 싶었다. 그래서 나는 아들에게 의자에 앉아 무슨 일이 있었는지 말해보라고 말했다. 아들이 이야기하는 동안, 내 머릿속에서는 그전에 했던 회의와 수신함에 쌓여있는 이메일들, 읽어야 할 보고서들, 내가 조리해주기를 기다리고 있는 저녁식사 재료들이 왔다갔다했다.

아들은 영리하고 공감을 잘 하는 아이여서 내 주의가 온전히 자신을 향하지 않고 있다는 것을 바로 알아차렸다. 아들은 “아빠, 아빠는 내 말을 듣고 있지 않군요.” 하고 말했다.

나는 “아냐, 듣고 있어. 난 바로 네 앞에 있잖니?”라고 반사적으로 말했다. 하지만 그 순간 나는 아들이 학교에서 늘 가져오는 문제와 똑같은 것을 말하고 있다고 생각했고, 별로 새로운 게 없다고 짐작하고 있음을 알아챘다. 바로 이것이 전형적으로 비효율적인 소통이다. 사실, 나는 아들의 이야기에 집중하지 않았다. 내 마음은 방황했고, 듣기 능력은 아들에 대한 습관적인 인식 때문에 제대로 기능을 하지 못했다. 거기다 아들이 관심을 요구하고 있었는데도, 거기에 대해 의식적인 반응이 아니라 무의식적인 반작용으로 대응했던 것이다. 더 명료하고 더 열린 마음으로 내가 현존했다면, 나는 즉각적으로 반작용하고 습관적으로 인식하기 전에 1초의 시간을 가질 수 있었을 것이다. 그랬다면 아버지가 오롯이 자신에게만 관심을 쏟아주기를 바랐던 아들의 화난 얼굴을 볼 수 있었을 것이다.

우리는 모두 방황하는 마음을 가지고 있다. 그리고 습관적으로 인식한다. 누군가 어떤 말을 하기도 전에 지레짐작으로 그 말을 단정한 적이 있을 것이다. 그러나 그 짐작 때문에 우리는 소통을 시작할 기회를 갖지 못한 채 그것을 차단할 수 있다. 어쩌면 그 소통에는 새롭고 가치 있는 무언가가 있을지도 모르는데 말이다. 마음챙김으로 의사소통을 하려면, 기본적으로 마음의 방황하는 성질과 습관적으로 인식하는 경향성을 극복해야 한다. 그렇게 하려면, 현재에 더 머물 수 있고 열린 마음을 가질 수 있는 훈련을 해야 한다.

정신적 효과성 매트릭스(〈표 17〉 참조)에서 보면, 효과적인 의사소통은 선명한 집중과 열린 자각이 교차하는 지점에서 일어난다. 매트릭스의 두 번째 사분면에 위치한 우리는 방황하는 마음을 길들일 수 있을 정도로 충분히 집중되어있고, 습관적인 인식과 인지적 경직성을 극복할 정도로 열린 자각을 하고 있다. 우리의 그 상태는 효과적인 의사소통의 주요 요소들인 주의·공감·이해를 모두 포함하고 있다.

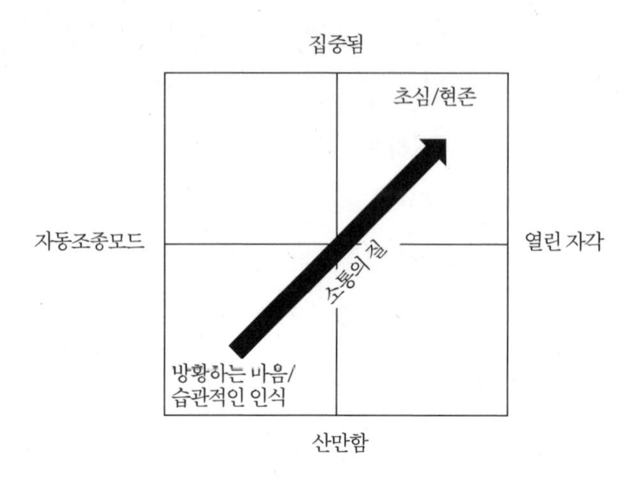

표 17. 마음챙김의 소통이 일어난 경우

한편 효과적으로 소통하려면 반드시 알아야 할 것이 있다. 모든 소통은 듣기와 말하기가 동시에 일어난다는 사실이다.

효과적인 의사소통의 두 가지 측면

어떤 사람이 말을 하고 있는데 아무도 그것을 듣고 있지 않다면, 그것은 의사소통이 아니다. 의사소통은 그만큼 간단한 것이다. 들을 때는 물론 말할 때도, 마음챙김을 통해 의사소통의 수준을 높일 수 있다. 그것을 도울 수 있는 몇 가지 지침들은 다음과 같다.

마음챙김으로 듣기

간단히 말해, 마음챙김으로 듣기는 말하는 사람에게 모든 주의를 집중하는 것이다. 마음챙김으로 듣기를 하려면, 다음의 네 가지 지침을 따라야 한다. 그 지침들은 기억하기 편하게 STOP(Silent침묵, Tuned in조율, Open열림, Present현존)라는 약어로 표현한다(〈표 18〉 참조).

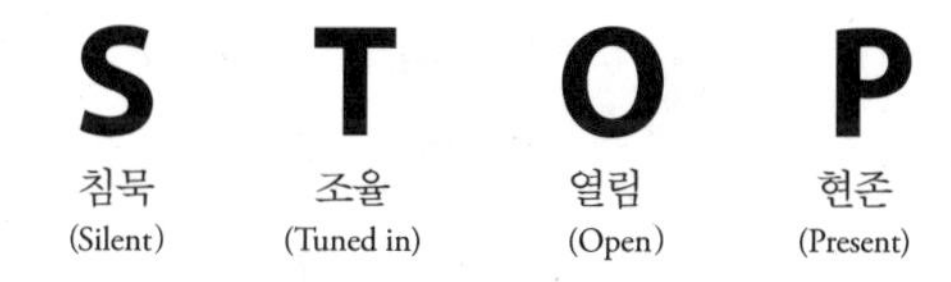

표 18. 마음챙김으로 듣기

다음은 STOP를 연습하는 방법이다.

STOP로 듣기

- 침묵. 침묵은 말을 하지 않는다는 뜻이다. 다른 말로 하자면, 외적인 목소리뿐만 아니라 내적인 목소리까지 끈다는 의미다. 다른 사람에게 전적으로 귀를 기울이려면, 주의를 그에게 완전히 집중해야 한다.
- 조율. 의도에 어울리는 몸의 언어들을 보여준다. 당신이 지금 여기 있다는 것을 보여주는 제스처를 한다. 단순히 미소를 보이는 것만으로도 당신은 보여줄 수 있다.
- 열린 마음. 당신에게 있을지도 모르는 모든 습관적인 인식을 끈다. 상대방의 이야기 속에는 타당한 근거와 가치 있는 무언가가 있을 것이라고 생각한다.
- 현존. 다른 사람과 상호작용을 하는 동안에는 온전히 현존한다. 생각들이 방황할 때마다 주의를 의식적으로 되돌린다. 주의를 묶어두는 닻으로 대화 상대를 활용한다. 그렇게 할 때, 당신은 상대에게 주의라는 선물을 줄 뿐만 아니라 마음이 더 현존할 수 있도록 훈련하게 된다.

마음챙김으로 말하기

당신이 말을 할 때도 마음챙김을 적용할 수 있는 방법들이 있다. 마음챙김으로 말하기의 주요 특징을 나타내는 약자는 ACT로, A는 적절하게Appropriate, C는 연민심으로Compassionate, T는 적당한 시간으로Timed를 나타낸다(〈표 19〉 참조).

표 19. 마음챙김 말하기

다른 사람과 말하는 동안 ACT를 실행하려면, 다음의 지침들을 따라야 한다.

ACT로 말하기

- 적절하게 말하기. 알맞은 타이밍에, 알맞은 대상에게, 알맞은 말을 해야 한다. 즉, 지금 이 순간에 하고 있는 말이 상대방에게 도움이 되는 말인지 점검하라. 그리스의 철학자이자 수학자인 피타고라스는 "침묵하라. 그것이 불가능하다면, 침묵하는 것보다 더 괜찮은 말을 하라."라 말했다.

- 연민심으로 말하기. 상대방의 웰빙을 바라는 마음으로 말을 해야 한다. 우리는 타인에게 이로운 사람이 되고 싶어 한다. 하지만 연민심을 갖는다는 것은 누군가 실수했을 때 그것에 대해 눈을 감아주는 것을 뜻하는 것이 아니다. 그 실수에 대해 건설적인 피드백을 해주는 것이 매우 자비로운 일일 수 있다. 그 피드백을 통해 상대방이 배우고 발전하고 성장할 수 있기 때문이다.

- 너무 길게 말하지 않기. 너무 넘치지 않게, 반드시 말해야 할 것만 이야기한다. 장황하게 횡설수설 말하지 말아야 하지만, 그렇다고 너무 짧게 말해서도 안 된다. 너무 짧게 말하다가 주장하고 싶은 것을 다 못할 수도 있기 때문이다. 필요한 말은 정확하게 말한 다음에 말을 멈춘다.

본질적으로, 마음챙김의 소통은 타인과의 상호작용을 최고의 수준에 이르게 하는 것과 관련이 있다. 효과적인 소통을 함으로써, 당신은 공동의 목적에 기여하게 되고 더 만족스러운 관계를 맺게 되며 타인의 웰빙을 증진하게 된다.

우리 자신부터 시작해보자.

다른 사람들과 소통할 때마다, STOP로 듣고 ACT로 말을 한다. 그리고 "어떻게 하면 이 순간 이 사람에게 가장 이로운 사람이 될 수 있을까?"라는 말을 항상 스스로에게 묻는다.

그렇다고, 그것을 말 그대로 받아들여서는 안 된다. 세계적으로 유명한 브랜드 매니지먼트 및 컨설팅 회사의 사례를 한 번 보자. 오스트레일리아의 어느 고위직 리더십 팀은 전 직원을 대상으로 마음챙김 프로그램을 진행했다. 그 프로그램의 주요 목적은 협동심을 키워 공동 작업을 더 원활하게 하는 것이었는데, 특히 소통을 원활하게 하는 것이었다.

처음에는 직원들 중 일부가 회의적인 태도를 보였지만, 몇 주가 지나자 그들은 다른 직원들과의 상호작용에서 작은 변화들이 생기는 것을 알아챘다. 사람들은 대체로 더 고요해지고 사려가 깊어졌다.

또 더 친절하고 주의 집중을 잘하며 함께 일하기 편한 사람들로 변해갔다.

그 프로그램을 통해서 얻은 것들 중 무엇이 회사에 가장 도움이 됐는지 물었을 때, 상무이사인 도미닉은 이렇게 답했다. "사람들이 'STOP'와 'ACT'라고 써진 카드들을 회의 시간에 가져오기 시작했습니다. 그 카드들 덕분에 서로 상호작용하는 동안 마음챙김을 기억할 수 있었죠. 그 카드들을 사용함으로써, 우리 직원들은 진정으로 변화하기 시작했습니다. 그때부터 우리는 비효율적이며 부정적인 소통 패턴에서 벗어날 수 있었고, 서로 더 협력적으로 일할 수 있게 되었답니다."

소통은 모든 조직의 성공에 반드시 필요한 요소다. 우리가 직장에서 성공하는 것도 동료들을 비롯해 다른 직원들, 관리자들, 고객들, 공급자들과 얼마나 관계를 잘 맺느냐에 달려 있다. 그들의 말을 잘 들어야 할 때도 있지만 그들에게 좋은 영향을 주어야 할 때도 있다. 그들을 이해해야 할 뿐만 아니라 잘 이끌기도 해야 한다. 모든 직업적인 관계는 물론 개인적인 관계에까지 마음챙김을 적용하는 것은 그 모든 것을 더 일관되고 효과적으로 성취하기 위한 강력한 방법이다.

다음은 마음챙김을 활용해 실적과 효과성을 향상시키는 것을 넘어, 창의성을 높이기 위해 마음챙김을 어떻게 적용할 것인지 살펴볼 예정이다.

마음챙김 소통을 위한 조언	
	• 효과적인 소통을 방해하는 장애물이 두 가지 있다. 방황하는 마음과 습관적인 인식이다. 그 둘 모두 또는 하나가 의사소통을 방해하고 있을 때, 그것을 알아채는 법을 훈련해야 한다. • STOP, 즉 침묵·조율·열림·현존을 통해 마음챙김으로 듣는 능력을 기른다. • ACT, 즉 적절함·연민심·적당한 시간을 통해 마음챙김으로 말하는 능력을 기른다. • 다음 한 주 동안 의도적으로 STOP와 ACT를 적용하면서 다른 이와 소통해보는 기회를 가진다. 그 결과로 어떤 차이가 생기는지 알아본다.

기법 7 : 창의성

〈기법 7〉에서는 마음챙김과 창의성의 관계, 그리고 창의적으로 사고할 수 있는 방법을 알아본다. 창의적이고 혁신적인 아이디어가 없는 조직은 장기적으로 성공할 확률이 그리 높지 않다. 그렇지만 창의적이고 혁신적인 조직이 되는 일은 매우 어렵다.

미국의 윌리엄 앤 메리 칼리지의 김경희 연구원은 50년간 어린이와 성인들을 대상으로 실시된 창의성 실험점수 30만 개를 분석했다. 그녀는 1990년에 창의성 점수가 정점을 찍었고 그 이후부터는 차츰 하락했음을 발견했다.

창의성 하락의 원인으로 여러 가지 설들이 있지만, 아직 명확하게 밝혀진 것은 없다. 그 원인과는 별개로 요즘처럼 광범위한 시장에서 부딪치는 도전들을 성공적으로 다루려면, 우리는 모두 창의적인 사고력을 길러야 할 것이다.

이 기법에서는 마음챙김과 창의성의 관계를 알아보고, 거기에 더해 창의적인 사고를 향상시킬 수 있는 방법에 대해 알려줄 것이다. 그에 앞서 창의적인 사고를 하지 못하게 하는 흔한 장애물들에 대해 먼저 살펴보자.

왜 창의적인 사고를 하지 못하는가?

글로벌 광고회사 오길비 앤 마더의 설립자인 데이비드 오길비는 "무조건 팔아라"고 말했다. 그는 길거리에서 주방 용품을 파는 것부터 글로벌 기업을 경영하는 일까지 하면서, 단 한 번도 그 목표를 잊은 적이 없었다. 그러나 성장 가능한 비즈니스를 유지해야 하는 임무와 명령에 따라 창의적으로 실행해야 한다는 필요성의 결합은 영구적인 딜레마를 낳았다. 비즈니스와 창의성은 잘 섞이지 않았기 때문이었다. 매리 앤은 미국 글로벌 광고회사의 유럽 지역 관리자다. 그녀는 직원들의 창의성과 사업적인 효율성을 한꺼번에 향상시키기 위해 기업을 기반으로 한 마음챙김 프로그램을 실시했다. 광고회사가 대부분 그렇듯이, 일종의 '지금-문화now-culture'가 사무실 곳곳에 스며들어 있었다. 고객들이 높은 수준의 창의적 아이디어를 지속적으로 당장 원했던 것이다.

창의적인 사람이 되라는 압력, 특히 예고 없이 들이닥치는 그런 압력은 가혹할 수 있다. 매리 앤은 자신이 이끄는 팀이 가능한 빠른 속도로 프로젝트들을 완성하기 위해 전체적인 효율성을 더 높여야 할 뿐만 아니라 고정관념을 깨는 데 필요한 정신적인 여유 공간도 필요하다는 것을 알았다.

그래서 마음챙김 프로그램에 팀 전원이 참가하도록 결정했다. 그들은 6개월 동안 함께 훈련하면서, 개인적·집단적 업무 방식을 다시 정의하기 시작했다. 그들이 발견한 것들 중 하나는 주의 조절이 창의성에도 매우 중요하다는 사실이었다.

다른 말로 하자면, 마음이 방황할 때 창의적일 가능성은 거의 없다는 뜻이다.

그 발견을 기본 토대로 팀은 방해를 받을 때 활용할 수 있는 내적인 지침을 마련했다. 뿐만 아니라 집중을 위한 공간이 필요할 때의 지침도 마련했다. 몇 개월 후, 팀 내의 분위기는 완전히 달라졌다. 눈코 뜰 새 없이 바쁠 때도 팀은 전체적으로 안정된 분위기였다. 팀원들은 더 고요했고 집중되어 있었다. 또한 더 효율적으로 변했고, 창의적 사고를 위한 내적인 공간도 넓어졌다. 특히, 팀원들은 마음챙김이 새로운 광고를 만드는 과정에 어떻게 적용될 수 있는지를 검토했다. 예전이라면, 자신이 내놓은 아이디어나 접근법에 대해 열변을 토하면서 뜨거운 회의를 진행했을 것이다.

그러나 몇 주간 마음챙김 훈련을 한 그들은 회의를 하는 동안 의도적인 정지 시간을 더 자주 갖자고 합의했다. 그러면 그 정지시간에 이완을 해 이런 저런 아이디어들에 대한 집착을 내려놓을 기회를 가질 수 있으리라 기대했다. 회의 시간에 가졌던 마음챙김의 그 짧은 순간들 덕분에 회의는 더 효율적으로 변했고, 창의적인 아이디어도 이전의 회의 때보다 더 많이 나왔다.

모든 것이 빠른 속도로 변하는 오늘날, 창의적인 사람이 되지 못하게 막는 이유들 중 하나로 충분히 사고하지 않는다는 점이 거론되는데, 그것은 사실이 아니다. 사람들은 대부분 너무 많은 생각을 한다.

실제로는, 그 반대가 문제인 것이다. 많은 사람들이 생각을 멈추지 못한다. 사람들은 창의적인 생각이 떠오를 정도로 충분히 오래토록 생각을 멈추거나 방해물들을 포기하는 일을 하지 못한다. 늘 '연결되어' 있는 세상에서 연결을 '끊는' 일은 그리 쉬운 일이 아니다.

문제와 논란거리에 대해 습관적으로 생각하는 버릇은 창의성을 감소시키는 주요 원인들 중 하나다. 우리는 익숙한 해결책이나 성공한 적이 있었던 해결책을 자주 선택한다. 그 익숙함 때문에 자신의 일반적인 정신적 알고리즘과 사고 패턴에서 벗어나기 어렵다. 이것에 대해서는 〈전략 4: 초심〉에서 더 설명할 것이다. 우리가 대부분의 문제에 대해 전형적으로 하는 반응하는 것에 대해, 당분간 심사숙고로 이해하자. 새롭거나 신선한 아이디어를 전혀 생산하지 못한 채, 똑같은 이슈들을 통해 몇 번 더 심사숙고하면서 질질 끌고 있다고 이해하자.

이 자연스런 습관에서 벗어나려면, 그냥 멈추기만 하면 된다.

잠시 동안 멈추기만 하면 된다.

우리의 시냅스들이 발화해서 변연계 또는 잠재의식의 뇌가 우위를 점할 때까지, 잠시 멈춰 있기만 하면 된다. 모두가 알다시피, 창의성은 제한된 의식이 아닌 그 외부의 잠재적인 아이디어를 활용함으로써 생긴다.

잠재의식의 활성화

파블로 피카소에게는 사람과 사물을 독특하게 바라보는 능력이 있었다. 그런데 그는 그 능력을 타고난 것으로 여기지 않았다.

그는 창의성과 새로운 사고방식에 대해, 단순한 행동을 반복해서 의식적으로 강화한 특징들로 생각했다. 피카소에게는 창의적인 해결책을 얻기 위한 특별한 과정들이 있었다. 가장 먼저, 어떤 선입견에 정보를 꿰맞추는 일을 절대 하지 않은 채 연구하고 싶은 분야를 광범위하게 조사했다. 그렇게 일정 기간 동안 연구한 뒤, 책을 덮고서 목욕을 했다.

그렇다. 그는 목욕을 했다.

피카소는 목욕을 통해 잠재의식의 힘을 활성화시켰다. 즉 의식적 처리과정인 생각을 하지 않음으로써, 잠재적인 아이디어들이 자리해있는 더 큰 원천을 활용할 수 있었다. 그는 잠재의식적 마음과 의식적 마음 사이, 연결의 문을 활짝 열어젖혔던 것이다.

피카소처럼 잠재의식을 활용하려면 다음의 네 단계를 따라야 한다. 1. 문제를 한 줄로 정리하기 2. 문제를 내려놓기 3. 시간을 갖고 기다리기 4. 잠재의식을 활성화하기

1단계: 문제를 한 줄로 정리하기

잠재의식은 논리나 이성으로 작동하지 않는다. 잠재의식의 도움을 바란다면, 문제를 단순하고 명료하게 정리해낼 수 있어야 한다. 잠시

자신이 직면한 어려움의 핵심이 무엇인지 생각해본다. 또 문제를 다 해결됐을 때 생기는 가장 이상적인 결과물을 떠올린다. 그런 다음, 특별히 필요한 것에 대한 예리한 질문을 노트에 적어본다. 예를 들어 다음과 같은 질문이다. '이 보고서에 적합한 구조는 어떤 것인가?' '이 문제를 해결하는 데 누가 도움을 줄 수 있는가?' '이 갈등의 근본적인 원인은 무엇인가?'

그런 식으로 문제를 잘 정리한 후, 그 문제를 내려놓는다.

2단계: 문제를 내려놓기

문제를 비롯해 해결책을 찾고자 하는 욕망을 내려놓는 것은 매우 중요하다. 그것을 하지 못하면, 즉 그 문제를 계속 생각하면, 의식적인 뇌가 잠재의식 활성화를 막을 것이다. 그리고 생각은 계속 되풀이되고, 새로운 해결책을 찾지 못할 것이다.

그러므로 그렇게 하는 대신, 질문을 종이에 적은 뒤 그 종이를 눈에 보이지 않는 곳에 둔다. 그러나 나중에 다시 꺼내야 하기 때문에, 그 종이를 둔 장소는 기억해야 한다. 그렇게 종이를 눈에 보이지 않는 곳에 둠으로써, 평화롭게 고요해질 수 있고 문제를 쉽게 내려놓을 수 있게 될 것이다.

3단계: 시간을 갖고 기다리기

이제, 시간을 갖고 기다리면 된다. 잠재의식의 바다에 낚싯줄을 던져

놓은 셈이니, 평소처럼 하던 일을 즐겁게 하면 된다. 수많은 활동들이 잠재의식의 처리를 부추길 것이다. 피카소는 목욕이 산만한 생각들을 줄여준다는 것을 발견했지만, 당신의 경우에는 무엇이 그런 효과를 낼지는 아무도 모른다. 중요한 것은 어떤 활동이 문제를 쉽게 내려놓게 해주냐는 것이다. 다음의 네 활동, 즉 마음챙김 훈련, 회복을 위한 낮잠, 신체적 활동, 수면 등은 문제를 내려놓는 데 매우 효과적이라고 증명된 것들이다. 그것들에 대해 더 자세히 알아보자.

마음챙김 훈련: 몸에 관한 연구가 증가하면서 마음챙김 훈련과 창의성의 관계가 더 분명해지고 있다. 모든 의식적 사고와 마음을 산만하게 하는 것들을 의도적으로 내려놓음으로써, 우리는 잠재의식적 마음과 더욱 강하게 연결될 수 있다. 이미 체계적인 마음챙김 훈련을 시작했다면, 당신은 훈련하는 동안 창의성이 높아지는 순간들을 경험했을지도 모른다. 아직 시작하지 않았다면, 자기 주도형 마음챙김 훈련법의 실습법과 지침을 설명하고 있는 3부를 자세히 읽으면 도움이 될 것이다.

회복을 위한 낮잠: 회복을 위한 낮잠은 창의성을 증가시킨다고 밝혀졌다. 종이에 문제를 적어 보이지 않는 곳에 둔 후 10분 간 낮잠을 잔다. 잠에서 깨고 나서는 자신이 문제를 내려놓을 수 있는지 없는지 점검한다. 내려놓을 수 없으면, 다시 한 번 짧게 낮잠을 자거나 다른 활동을 시도해본다.

신체적 활동: 몸을 움직이면, 머릿속의 생각에서 벗어나 무언가

를 경험하는 상태로 들어가기가 더 쉽다. 산책이나 달리기를 해보라. 또는 자전거를 타보라. 탁구나 축구 같은 운동을 하는 것도 도움이 될 것이다. 다시 한 번 말하지만, 가장 중요한 것은 몸을 움직이는 것이 문제를 내려놓게 해준다는 것이다.

수면: 수면은 마지막 활동이다. 두말할 필요도 없이, 수면하는 동안은 의식적 마음이 침범할 수 없다. 깊은 수면 상태에서 근사한 아이디어가 떠올랐다는 사례는 셀 수 없이 많다. 잠을 잘 이용하려면, 자신의 문제를 종이에 적은 후 그 종이를 침대 옆에 두는 것이 좋다. 그런 다음 네 번째 단계의 지침인 잠재의식 활성화하기를 즉각 해본다.

4단계: 잠재의식을 활성화하기

이제 문제가 무엇인지 당신은 안다. 그러니 그것을 내려놓는다. 왜냐하면 잠재의식이 일할 시간이기 때문이다. 이 마지막 임무는 잠재의식이 의식과 소통하는 것을 도울 것이다. 가끔씩 이 과정은 저절로 일어나지만, 의도적으로 완료할 수도 있다. 빈 종이를 가져와 가볍게 그리거나 쓴다. 특별한 노력을 들일 필요는 없다. 답이 완성될 때까지 시간을 갖는다.

이 마지막 단계에서는 자신이 정말로 새로운 시각으로 문제를 볼 준비가 됐는지 자문해본다. 이것은 충분히 가치가 있는 일이다. 오래된 정보나 구태의연한 생각들이 마음 위로 홍수처럼 떠오르면, 문제를 내려놓는 단계를 한 번 더 밟아야 할지도 모른다. 그럴 경우,

3단계로 다시 돌아간다.

잠재의식을 활성화하는 일은 시간이 걸린다

잠재의식을 통해 창의성과 혁신성을 기르는 일은 시간이 걸리는 일이다. 무엇보다 당신은 그것이 매우 어려운 일이고 결과가 그리 신통치 않다는 것을 발견할지도 모른다. 그러나 당신이 잠재의식에 대해 작업하면 할수록, 즉 의식적 마음과 잠재의식적 마음 사이의 연결을 강화하면 할수록, 잠재의식을 통해 창의성과 혁신성을 기르는 일은 훨씬 더 쉬워질 것이다.

일반적으로 자신의 생활과 마음을 단순화게 만듦으로써 창조적인 흐름이 더 활발해지도록 할 수 있다. 운전하면서 라디오 듣지 않기, 컴퓨터와 텔레비전 덜 보기, 잠 더 자기, 정보의 과잉에서 벗어나기 등등, 이 작은 변화들을 통해 당신은 더 큰 정신적 힘을 갖게 될 것이다. 또한 창의적이며 혁신적인 아이디어가 떠오를 것이다.

여러 가지 것들로 꽉 찬 마음은 물이 가득 든 컵과 같다. 새로운 것이 들어갈 공간이 없을 때, 신선한 아이디어는 흘러넘쳐 사라져버릴 것이다. 네덜란드의 화가인 한스 호프만은 "간소화하는 능력이란 불필요한 것을 제거해 필요한 것을 드러나게 하는 것이다"라고 말했다. 연구 결과에 따르면, 직업적인 삶에서의 간소화는 창의적인 몰입과 똑같은 것이다.

사실, 적으면 적을수록 더 좋은 것이다.

매트릭스 내 창의성

1장에서 설명했던 정신적 효과성의 매트릭스로 다시 돌아가보자. 사람들에게 창의성을 개발하기에 매트릭스의 어느 사분면이 가장 좋은 곳인지 질문하면, 대부분 네 번째 사분면이라고 대답한다. 그곳은 열린 자각이 가능하지만 주의가 쉽게 분산되는 사분면이다. 그들이 근거로 제시하는 것은 그 사분면에서 마음이 새로운 아이디어에 열려있기 때문이라는 것이다. 언뜻 보기에, 그럴싸한 답 같다.

그러나 우리가 창의성을 어려운 과제로 생각하는 이유는 새로운 아이디어를 생산해내야 하기 때문만은 아니다. 그 좋은 아이디어를 밀려오는 방해꾼들에게 내주지 않고 붙잡고 있어야 하기 때문이기도 하다. 네 번째 사분면은 창의성이 형성되기에 알맞은 환경이기는 하지만, 그곳에서 마음은 분산되어 있기에 갓 생긴 아이디어를 붙잡고 있을 힘이 없다.

창의적인 아이디어의 생성은 네 번째 사분면에서 일어나지만, 그것을 붙잡고 있으면서 활용하려면 우리는 두 번째 사분면에 위치해야 한다(〈표 20〉 참조). 두 번째 사분면에 위치할 때, 아이디어가 생성되는 것을 알아차릴 뿐만 아니라 그것을 적용해 실행할 힘, 집중력을 갖게 된다. 그런데 네 번째 사분면의 가장 큰 특징은 집중력의 감소다. 그곳에서는 집중력이 강하면 창의적인 흐름이 끊기고, 집중력이 약하면 신선하고 혁신적인 아이디어가 위로 부상한다.

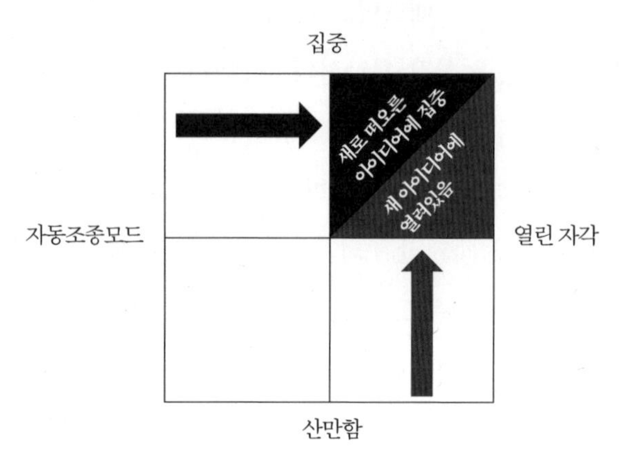

표 20. 창의성 매트릭스

두말할 필요도 없이, 우리 모두는 창의적인 사람이 되고 싶어 하고, 혁신적인 아이디어와 통찰을 더 자주 내놓고 싶어 한다. 창의성을 발현하는 것을 막는 것들 중 하나는 우리가 바쁘다는 사실이다. 우리는 창의성이 발현되는 과정들을 모두 밟기에는 시간과 에너지가 너무 부족하다고 생각한다. 그러나 창의성을 기르는 일은 꼭 많은 시간을 필요로 하지 않는다. 또 당신의 일상을 크게 바꿀 필요도 없다. 단순하지만 의도적인 변화를 몇 차례 시도하면, 더 고요해지고 창의적이고 현존하는 마음을 가질 수 있을 것이다.

새로운 아이디어들은 변화를 몰고 온다. 〈기법: 8〉에서는 마음 챙김을 통해 변화를 관리하는 것에 대해 살펴볼 예정이다.

창의성을 위한 조언	
	• 대부분의 업무 환경에서는 창의성이 발현되지 못한다. 압박감과 집중을 방해하는 것들 때문에 새로운 아이디어를 내놓기가 쉽지 않다. • 창의적인 통찰은 생각을 통해 일어나지 않는다. 창의적인 아이디어는 생각을 멈추고 잠재의식의 힘을 활용했을 때 생긴다. • 잠재의식의 마음은 우리가 의식 속에서 경험하는 것보다 훨씬 더 많은 것을 경험한다. 그 경험의 활용이 곧 창의적인 아이디어의 원천이다. • 창의적인 과정에는 네 단계가 있다. 문제를 한 줄로 정리하기, 내버려 두기, 시간을 갖고 기다리기, 활성화하기. 이 단계를 한 번 시도해보라.

기법 8 : 변화

"삶에서 지속적인 것은 모든 것이 변화한다는 사실뿐이다"라는 속담을 들어봤을 것이다. 그 의미를 아는 것과 그것을 삶에 적용하는 것은 또 다를 것이다.

우리는 습관적인 존재들이다. 과학자들에 따르면, 우리의 행동들 중 95퍼센트가 습관에 길들여진 것들이라고 한다. 달리 말하면, 우리는 5퍼센트의 행동만을 의식적으로 선택한다는 뜻이다. 우리는 습관적으로 행동할 뿐만 아니라 동일한 상태를 유지하는 것을 선호하도록 신경학적으로 프로그램되어 있다. 익숙함은 우리에게 더 큰 심리적 안정감을 준다.

상황이 변하거나 불확실해질 때, 우리는 불안함으로 느낀다. 자신이 통제 불능 상태에 있는 것처럼 느낀다. 모든 것이 변한다는 사실을 받아들이지 못하는 우리의 무능력은 고통과 괴로움을 스스로 만들어내는 주요한 원인이다. 마음챙김 훈련은 변화를 관리하는 강력한 도구가 될 수 있다. 마음챙김은 우리가 변화를 편하게 맞이할 수 있도록 뇌의 회로를 재구성해주기 때문이다.

끊임없는 변하는 현실을 껴안는 법에 대해 배우는 것은 강력한 일이다. 직장에서 큰일을 치르면서 혹은 도전적인 하루를 보내면서 내일은 똑같지 않을 것이라고 생각할 때, 우리는 변화에 직면해 훨씬 더 빠른 회복을 보일 것이다. 지속적으로 변하는 현실을 그대로 수용하는 능력을 키우는 것은 균형·건강·이완을 위한 기반을 다지는 일이고, 궁극적으로는 마음의 평화를 얻는 일이다.

대부분의 업무환경에서 변화는 지속적으로 일어난다. 처리과정도 변하고 시스템도 변하고 사람들도 변한다. 이것은 무어의 법칙(반도체 집적회로의 성능이 18개월마다 2배로 증가한다는 법칙-역주)처럼 점점 현실화되고 있고, 기술 발달은 더 많은 산업들에 영향을 주기 시작했다. 그 변화들을 관리할 수 있는 힘은 잠재성을 현실화할 수 있는 능력뿐만 아니라 웰빙에도 영향을 미치는 중요한 요소다.

이 〈기법 8: 변화〉는 마음챙김이 우리의 통제선 밖에서 일어나는 외부적인 변화들을 다루는 데 어떤 도움을 줄 수 있는지에 초점을 맞추고 있다. 우리는 인간이 변화에 저항하는 이유, 그 저항을 껴안을 수 있는 힘, 변화를 다루는 단계별 방법에 대해 살펴볼 것이다.

우선 변화에 대한 자동적인 반응인 저항에 대해 알아보자.

저항 이해하기

저항의 본성을 이해하려면, 우리의 잠재의식적 마음을 더 많이 알아야 한다. 환경을 지속적으로 살피는 잠재의식적 마음은 오감을 통해 정보를 수집하고 의식적인 알아차림의 도움 없이 행동을 지휘한다. 잠재의식은 자기 보호 본능에 따라 작동한다. 만약 잠재의식이 외부의 무언가를 위협으로 인식하면, 이에 대응해서 어떠한 행동을 하도록 강제된다. 잠재의식이 그런 식으로 대응하지 않았다면, 우리는 무사하지 못했을 것이다. 적어도 우리 조상들의 생존 가능성은 더 낮아졌을 것이다.

오늘날, 이러한 도전은 우리가 회사 내 구조조정에 무의식적으로 대응하는 것에서 보여진다. 이러한 반응은 오랜 옛날 매머드가 성큼성큼 다가오는 것을 봤을 때 인간이 했을 법한 반응과 아주 똑같은 것이다. 그것은 생존본능인 것이다.

인간은 확실함에 더 가치를 두도록 고착화되었으므로, 불확실한 환경에 대해 저항하는 것이 자연스러운 반응이다. 실제로 우리가 변화에 저항감을 느끼지 않는다면, 그것은 이상한 일이다. 우리는 습관적으로 사는 존재들이기 때문에, 어떤 일을 다르게 하려면 노력을 해야 한다. 우리가 진정 변화를 원한다면, 몸에 깊숙이 밴 습관뿐만 아니라 원래 그대로를 유지하고 싶은 신경학적 욕구를 극복하려는 노력이 요구된다.

미국의 TV 시리즈인 〈스타 트랙〉은 "저항은 쓸모없는 것"이라는 말을 만들어냈다. 그런데 그 말은 "저항에 저항하는 것은 쓸모없는 일"로 바뀌어야 한다. 저항에 저항하는 것은 더 많은 저항을 초래한다. 또한 분노·좌절·스트레스·근심을 낳는 내적인 갈등을 만들어낸다. 저항에 저항하는 것은 우리를 앞으로 나아가지 못하게 하며, 건강과 웰빙에 좋지 않은 영향을 미칠 뿐이다.

저항을 잘 다뤄서 변화에 대처하는 방법은 저항을 직면하고 껴안는 것이다.

저항을 껴안는다는 것은 매우 건강하고 유익한 방법이다. 저항을 받아들임으로써, 우리는 변화를 수용하고 처리과정을 개선해 더 나은 결과를 낳을 수 있다.

저항 껴안기

유럽에 본사를 둔 글로벌 소비재 제조사의 중간 관리자로 일하던 헬레는 회사의 구조조정을 겪었다. 그 과정에서 마음챙김으로 변화를 관리한 경험담을 내게 들려줬다. 회사는 그녀에게 실적이 떨어지고 있는 조직을 변화시키라고 요구했다. 헬레는 회의를 열고 최선을 다해 변화를 조명했지만, 그것은 그녀가 전달하고 팀원들이 알아듣기에 너무 어려운 메시지였다.

회의가 끝난 후, 직원들 중 한 명이 헬레를 찾아왔다. 최근 헬레와 함께 마음챙김으로 변화를 관리하는 워크숍에 참가했던 직원이었다. 그는 헬레가 제안한 변화와 관련해 이야기를 나누고 싶어 했다. 헬레는 마음챙김 호흡을 몇 차례 했다. 열린 마음을 유지할 수 있는지, 무의식적으로 위협적인 반응을 하지 않을 자신이 있는지 확인한 후 직원의 이야기를 청했다.

그 직원은 매우 차분했다. 그 차분함 덕분에 헬레는 그의 이야기를 주의 깊게 들을 수 있었다. 그는 헬레의 메시지를 흡수하는 데 시간이 좀 걸렸고 자신이 느꼈던 저항감이 정상적인 것임을 알았다고 말했다. 뿐만 아니라 헬레가 제시한 제안들 사이에 다소간 차이가 있는 것 같다고 말하면서, 그것이 설명되면 상황이 더 좋아질 것 같다고 했다.

헬레는 열린 마음으로 그의 생각을 들었다.

결국 그들은 훨씬 더 괜찮은 방안을 찾아냈다.

그들은 서로 이야기를 나눌 수 있어서 참으로 좋았다고 서로에게 말했다. 그리고 워크숍에서 탐색했던 원리들을 활용하는 것이 변화를 더 쉽게 관리하도록 돕는다는 이야기도 나눴다.

통제권 밖에서 일어나는 변화에 마음챙김으로 접근하는 방법은 그 변화를 알아차리고, 받아들이고, 그것에서 배우는 것이다. 중립적인 입장에서 자신의 저항을 지켜보는 것도 정신적 여유 공간을 제공한다. 반작용보다 1초 앞서는 시간을 제공한다. 1초 앞서는 것은 위협을 인지하고 자동적으로 반작용할 것인가, 아니면 건설적인 방식으로 의도적인 반응을 할 것인가를 가른다(〈표 21〉 참조).

헬레에게, 1초 앞서는 것은 변화에 직면했을 때 호흡을 깊게 하는 것을 의미했다. 부하 직원에게는 고요히 있으면서 초기의 저항이 자연스러운 것임을 알아차리는 것을 의미했다.

물론 저항을 인식해 지켜보는 것과 그 저항이 불러일으키는 부정적인 감정들에 휘말리는 것은 완전히 다르다. 저항하고픈 느낌을

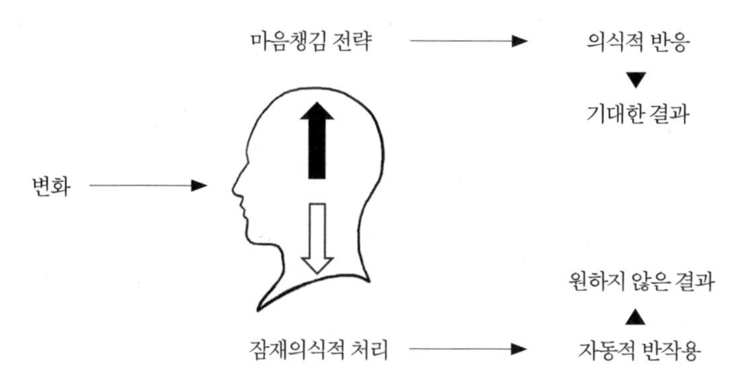

표 21. 마음챙김으로 변화 관리하기

그대로 두고 뒤로 물러서기만 하면, 마음이 산만해지고 에너지가 낭비되는 일은 겪지 않을 것이다. 저항을 지켜볼 힘이 생겼으면 그 저항에서 배울 것이 있는지 살펴봐야 한다. 익숙함을 선호하는 본능 때문에 그냥 저항하고 있는 건지 아니면 무언가 불합리한 것이 있기 때문에 저항하고 있는 건지 살펴봐야 한다. 저항을 야기하는 원인을 파악함으로써 통찰을 얻을 수 있기 때문이다.

명료한 마음상태에서 저항을 더 잘 이해하면, 당신은 더 자주 마음챙김으로 반응할 것이다. 변화를 껴안고 저항을 내려놓는 것을 선택하면서 앞으로 전진할 수도 있고, 아니면 마음챙김으로 저항을 선택할 수도 있다.

그러나 변화는 지속적인 것이므로 그것을 다루는 일은 쉽지 않

다. 행동을 변화시키려면 동기와 지원이 필요하다(〈표 22〉 참조)

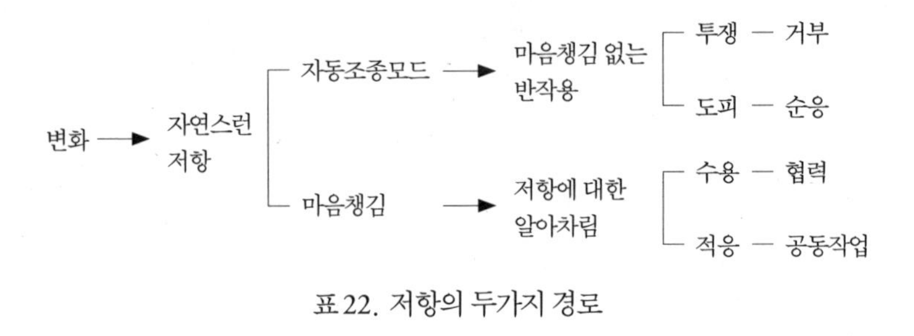

표 22. 저항의 두가지 경로

변화 관리 과정을 최적화하기

우리는 내외적으로 동기부여를 받을 수 있다. 어떤 일을 내적으로 받아들이지 못한 채 외적인 힘에 의해서만 동기가 유발되면, 사람들의 행동은 변화를 보이겠지만 동시에 저항감과 억울함도 많이 느낄 것이다. 그럴 경우, 겉으로는 순종적으로 보이지만 그 순종은 내키지 않는 것이고 오래가지도 않을 것이다. 그러므로 이전의 행동으로 돌아갈 기회가 보이기만 하면 사람들은 이전처럼 행동할 것이다.

하지만 외부적인 동기부여로 생긴 행동 변화가 내부적으로도 수용되면, 그 변화의 지속 가능성은 훨씬 더 높아진다. 그것이 바로 변화를 관리하는 마음챙김의 힘이다.

마음챙김을 하면, 변화에 대한 저항을 대면하고 수용할 수 있게 된다. 마음챙김 상태에서 우리는 변화에 저항할 것인지 아니면 그것을 수용할 것인지를 선택할 수 있다. 헬레의 사례에서 보았듯이, 마음챙김으로 저항하는 것은 변화를 처리하는 수준을 높이기도 한다.

결론적으로, 변화에 대한 무의식적이고 자동적인 저항감에 사로잡힐 경우, 우리는 불필요한 고통을 당할 것이고 그 성과도 좋지 않을 것이다. 변화의 과정에 마음챙김으로 임하면, 우리는 변화를 대면하고 껴안을 수 있다. 우리 자신뿐만이 아니라 다른 사람들에게도 최고의 성과가 돌아갈 것이다. 마음챙김 훈련을 통해, 앞으로 나가는 것에 대한 동기를 갖게 될 뿐만 아니라 바라는 결과를 성취할 수 있는 능력이 길러진다. 마음챙김으로 변화를 관리하는 방법에는 다음과 같이 다섯 단계가 있다.

마음챙김으로 변화를 관리하는 방법

1. **변화 알아차리기:** 첫 번째 단계에서는 상황이 늘 변한다는 것을 알기만 하면 된다. 변화와 그것이 수반하는 것들에 관해 가능한 많은 정보를 취합하라. 이상적으로 생각해보면, 그 정보 취합 과정은 끊임없이 변하는 현실을 받아들이는 마음을 바탕으로 해야 한다. 그러면 두려움이 아니라 호기심이 생겨 탐색과정의 동인으로 작용할 것이다.
2. **저항 알아차리기:** 이 단계는 변화에 저항하는 것을 알아

차리는 단계다. 자신에 대해 저항을 할 줄 모르는 사람으로 생각한다면, 다시 생각해보는 것이 좋다. 변화에 저항하는 것은 매우 자연스러운 일이다. 저항은 결코 잘못된 행위가 아니다. 저항함으로써 우리는 이익을 얻을 수 있고 변화에 대응하는 법을 통찰할 수 있다. 저항을 알아차렸을 때, 그것에서 도망가거나 밀어내려고 하면 안 된다.

3. **저항 관찰하기:** 이 단계는 저항을 관찰하는 단계다. 저항이 어디에서 비롯됐고, 그 바탕에는 무엇이 있는지 파악해야 한다. 저항을 통해, 변화를 효율적으로 처리하는 데 배울 것이 있는지 본다.

4. **마음챙김으로 반응하는 것 선택하기:** 변화와 그것에 대한 저항을 확실히 볼 수 있으면, 당신은 그것에 어떻게 반응할지 선택할 수 있다. 이것은 당신이 변화를 온전히 받아들이고 모든 저항을 내려놓는다는 것을 뜻한다. 아니면, 또 다른 대안을 선택해 변화의 과정에 교묘하게 영향을 미칠 수도 있다는 것을 의미한다. 당신은 큰 이익이 되지 않기 때문에 변화를 거부하는 걸 선택할 수도 있다. 어떤 것을 선택하든, 고요하고 명료한 마음으로 결정해야 한다.

5. **행동하기:** 마지막으로 당신은 선택에 따른 행동을 하면 된다. 즉 앞으로 나아가면 된다. 이 단계가 변화의 과정을 잘 통과하도록 돕겠지만, 그렇다고 해서 과정이 쉽다는

말은 아니다. 습관적인 패턴들을 바꾸는 일은 정말로 어려운 일이다. 게다가 저항은 커질 것이고 방해요소들도 많아질 것이다. 이 단계를 밟는 동안, 당신에게 필요한 지원이 무엇인지 파악하는 것은 물론 그것을 수용하는 것은 아주 중요하다. 그 지원은 훈련 프로그램에 참석하는 것일 수도 있고, 코칭을 받거나 마음챙김의 기법들을 직접 실천하는 것일 수도 있다. 마음챙김은 당신이 변화의 과정에서 언제든지 적용해볼 수 있는 선물이다. 그 선물로 당신은 전환기를 더 용이하게 그리고 더 성공적으로 넘길 수 있다.

유일하게 변하지 않은 사실은 모든 것이 변한다는 것이다. 그리고 성장할 수 있는 유일한 방법은 변화를 받아들여 거기에 적응하는 것이다. 마음챙김을 하지 않은 채 변화를 거부할 때, 자신은 물론 타인에게도 불필요한 고통을 안겨준다. 하지만 마음챙김으로 변화를 받아들이면, 건강과 행복을 꾀하고 자신의 잠재성을 일깨우는 행동을 하게 된다. 마음챙김으로 저항하고 변화에 대처할 때, 우리는 앞으로 나아가고 배우고 발전하고 균형을 유지할 것이다. 그리고 자신과 다른 사람들에게 최고의 성과를 내게 할 것이다. 다음 기법은 마음챙김으로 정신적 에너지를 늘리는 방법에 관한 것이다.

변화
관리에 관한
조언

- 변화는 지속적이다. 변화에 대한 저항도 지속적이다. 습관적 존재인 우리는 변화를 싫어하는데, 변화가 외부에서 주어질 때 특히 그렇다.

- 저항을 잘 이해함으로써, 습관적으로 하는 저항과 타당한 걱정으로 하는 저항을 구분하게 된다. 그때 우리는 변화를 받아들일지 아니면 다른 대안을 제시하면서 능숙하게 대처할지 선택할 수 있다.

- 마음챙김으로 저항을 확인하고 능숙하게 대응하는 것은 변화에 성공적으로 대처하는 가장 훌륭한 방법이다. 그리고 더 좋은 협력과 공동 작업을 추구하게 해준다.

- 지금 직장이나 가정에서 마주하고 있는 변화들을 떠올려본다. 어떻게 하면 마음챙김을 더 잘 적용함으로써 자신이나 다른 이들에게 도움이 될 수 있을까?

기법 9 : 정신적 에너지

일은 장거리 경주와 같다. 마라톤을 하는 주자처럼, 우리는 결승선에 도달하려면 신체적·정신적 에너지가 충분히 있어야 한다. 우리는 보통 에너지의 세 가지 원천인 충분한 수면, 좋은 영양분, 신체적 운동만 있으면 된다고 생각하면서 네 번째 원천을 무시한다. 그 네 번째 원천은 정신적인 에너지의 사용과 유지다.

수면·영양분·운동에 관해서는 〈기법 10·11·12〉에서 다룰 예정이다. 〈기법 9〉에서는 마음 조절을 통해 에너지를 증가시키는 법을 소개하고자 한다. 먼저 당신의 생각이 에너지에 어떤 영향을 미치고, 마음챙김이 에너지를 보축하는 데 어떻게 도움을 주는지 살펴보자.

생각의 소용돌이와 에너지

어떤 동물들은 생리적 에너지를 비축하려고 겨울 내내 동면한다. 동면을 하면 몸의 신진대사가 줄어드는데, 그 덕분에 동물들은 아예 먹지 않고서도 오래 버틸 수 있다. 그렇다면 우리도 하루의 에너지를 꼭 써야 할 곳에만 쓰면서 나머지는 비축할 수 있는 방법이 있을까? 한 번 생각해보자. 당연히 그런 방법이 있다. 그리고 겨울잠을 잘 필요도 없다. 사실, 마음챙김 훈련은 겨울잠과 비슷하다.

존 영과 유진 테일러는 마음챙김이 에너지 비축에 미치는 영향을 연구했다. 그들은 연구 대상자들에게 가만히 앉아 호흡에 집중하라고 요구했다. 그리고 연구 대상자들이 앉아있는 동안 그들의 생리적 변화를 추적 관찰했다. 이때 몇 분 만에, 연구 대상자들에게서 동물이 동면에 든 상태와 같은 변화를 보인다는 사실을 알아챘다. 산소 소모가 적어지고 호흡이 느려지는 변화였다. 연구 대상자들의 마음은 아주 맑고 집중된 상태였다. 단 몇 분 만에 이런 종류의 변화를 보였다면, 장기적으로 마음챙김 훈련을 하면 얼마나 많은 에너지를 비축할 수 있을지 상상해보라. 연구에 의하면, 정기적으로 훈련하지 않은 마음은 깨어있는 시간의 절반 동안 목적 없이 방황하면서 보낸다고 한다. 마음이 집중되어 있지 않고 방황할 때, 에너지는 낭비된다. 하지만 방황하는 마음만 소중한 정신적 에너지를 바닥내는 것은 아니다. 걱정근심에 휩싸일 때 혹은 좌절감과 분노로 어찌할 줄 모를 때, 우리는 통제할 수 없을 정도로 많은 생각을 하기 쉽다.

대개의 경우, 부정적인 감정은 정신적 에너지를 빠른 속도로 고갈시킨다. 그러나 연쇄적으로 일어나는 긍정적인 생각들도 똑같은 결과를 낳을 수 있다. 우리 모두는 어떤 일이 간절히 일어나기를 바랐던 적이 있을 것이다. 아무리 흥분된 마음을 진정시키려 애써도, 바라는 것에 대해 생각하지 않으려 애써도 그것은 쉽지 않다. 연쇄적으로 일어나는 생각의 소용돌이가 아무리 긍정적인 것이어도, 그것은 소용돌이일 뿐이다. 그 모든 생각들은 뇌의 연료인 포도당과 산소를 바닥내버린다. 생각이 정신적인 건강과 웰빙에 미치는 영향은 믿을 수 없을 만큼 크다. 긍정적이든 부정적이든, 모든 생각은 정신적·신체적으로 소진시킬 수 있다.

마음챙김 훈련을 통해 당신은 집중과 알아차림의 수준을 높일 수 있다. 그 훈련을 하면, 여유 공간이 생겨 주의를 줄 대상을 선택할 수 있고 정신적 에너지까지 절약하게 된다.

정신적 에너지 증가시키기

마음챙김은 정신적 에너지의 보존과 관련하여 현존, 균형, 선택, 에너지 주기라는 네 가지 측면에서 도움을 준다.

마음챙김으로 에너지를 보존하기 위한 네 가지 방법들

1. **현존하기:** 지금 여기에 현존하는 것이 정신적 에너지를 보존하는 가장 손쉬운 방법이다. 목적 없이 방황하도록 마음을 그냥 두는 것은 다른 일에 쓸 수 있는 소중한 에너지를 소진시키는 일이다. 이 순간에 머무르기를 선택함으로써 에너지 사용을 최적화할 수 있다.
2. **균형 유지하기:** 부정적이거나 긍정적인 생각들의 소용

돌이를 알아차림으로써 균형을 잘 유지할 수 있다. 원하는 것을 향해 달려가거나 원하지 않은 것에서 도망치는 마음의 성향을 아는 것은 매우 큰 힘이다. 마음의 균형을 유지하는 것도 에너지를 비축하게 해준다.

3. **선택하기:** 정신적 에너지를 잘 관리하려면 우리의 경험이 에너지 소모에 미치는 영향을 알아야 한다. 그것을 앎으로써 시간을 어떻게 쓸지 의식적으로 선택할 수 있게 된다. 멀티태스킹은 피하는 것이 좋다. 정신적 효과성의 첫 번째 원리에 따라 선택한 일에 주의를 집중한다. 여러 가지 일을 한꺼번에 하면서 우왕좌왕하는 것이 에너지의 소모에 어떤 영향을 미치는지 주의를 기울인다.

4. **에너지의 순환주기 이용하기:** 정신적 에너지는 하루 동안 자연스럽게 생기기도 하고 소모되기도 한다. 그 순환은 수면, 영양분, 신체적 활동과 긴밀히 관련되어 있다. 우리의 정신적인 능력이 항상 최상에 있지는 않다. 대부분의 경우, 에너지의 수준은 숙면을 취한 후 이른 아침에 일어났을 때 정점을 찍고 그 후 서서히 감소하는 경향이 있다. 점심식사 후에는 가장 낮은 지점에 이르렀다가 다시 서서히 올라간다. 에너지의 순환주기를 알아차림으로써 우리는 언제 무엇을 해야 할지에 대한 전략을 짤 수 있다. 예를 들어 복잡한 문제를 분석하거나 풀어야 한다면, 에

너지가 많을 때 하는 것이 가장 좋다. 이메일 처리 같은 업무는 에너지가 별로 없을 때도 충분히 할 수 있다.

또한 마음챙김 훈련은 더 근원적인 측면에서 정신적 에너지를 보존하게 해준다. 집중을 더 잘하고 사고의 과정을 더 많이 알면 알수록, 우리의 상태를 알아챌 가능성은 더 커진다.

미국의 대규모 연구소 관리자인 린다는 에너지 관리 워크숍에 참석한 적이 있다. 그때 그녀는 텔레비전 시청이 얼마나 많은 에너지를 소모시키는지 알게 되었다.

린다는 하루 종일 일하고 난 뒤 심신을 이완시키려고 텔레비전을 즐겨 시청했다. 그런데 그것이 에너지를 충전해주기보다 소모시킨다는 것을 알게 되었다. 그래서 저녁식사를 하거나 가족과 같이 있는 동안에 텔레비전을 끄고, 이후 잠시 집 밖에 있거나 산책을 하기로 결정했다. 처음에는 가족들의 저항과 오래된 뿌리 깊은 습관들에 직면해야 했다. 그러나 며칠이 지난 후 어느 날 밤, 그녀는 여전히 에너지가 많이 남아있는 것을 보고 깜짝 놀랐다. 게다가 가족들과 같이 보내는 시간이 질적으로 훨씬 좋아져서 무척 놀랐다.

그 결과들이 매우 놀라워서 린다는 하루 동안 자신이 에너지를 어떻게 쓰는지 그림으로 그려보고 싶었다. 그래서 에너지 주기와 자신이 하는 활동들을 연결시켜보았다. 그녀는 자신의 에너지가 이른 아침에 최고점을 찍는다는 것을 알았다. 그래서 더 일찍 출근해 과학적 문서들을 읽고 보고서를 작성하기로 일정을 조정했다. 또 10시 30분경에 에너지가 일시적으로 줄어든다는 것을 느끼고, 그때 메일과 관련된 일을 하는 게 좋겠다고 결정했다.

우리도 대부분 마찬가지일 것이다. 불확실성·스트레스·일상적인 근심걱정을 마주하면, 마음은 최악의 결과를 상정하면서 생각의 나래를 펼친다. 그러나 우리는 감사하게도 마음챙김 훈련을 통해 그렇게 에너지를 낭비하게 하는 '문제들'의 씨앗을 볼 수 있다. 그리고 정신적 에너지를 써야 할 곳과 줄여야 할 곳을 구분할 수 있게 된다.

에너지의 원천들인 수면·영양분·운동·마음을 잘 사용하고 절약하고 보존함으로써, 더 많은 에너지를 갖게 된다. 그 결과 빠르게 돌아가는 환경에서도 유능하게 일할 수 있고, 스트레스를 덜 받으면서 마음의 평화는 더 크게 누리게 된다. 다음 기법에서는 마음챙김으로 수면의 질을 향상시키는 법에 대해 알아본다.

정신적인 에너지 관리에 관한 조언

- 생각은 공기가 아니다. 긍정적인 것이든 부정적인 것이든, 우리가 생각하는 것들을 비롯해 그 생각들에 들이는 시간은 우리의 정신적 에너지에 지대한 영향을 미친다.
- 다음 주를 보내면서 주로 어떤 생각들이 에너지의 변화에 영향을 미치는지, 또 어떤 주기로 에너지의 수준이 오르락내리락 하는지 살펴본다.
- 현존하기, 균형 유지하기, 선택하기, 에너지의 순환주기 이용하기를 통해 정신적 에너지를 늘릴 수 있는 방법이 있는지 생각해본다.

기법 10 : 수면의 질 높이기

잠.

멋지고 근사한 잠.

혹시 며칠 동안 연속으로 숙면을 취해본 적이 있는지 더듬어보라. 과거 너무 멀리까지 더듬지 않기를 바란다. 그 당시 당신은 휴가를 보내고 있었을지도 모른다. 그렇게 숙면을 취하고 나니 기분은 어땠는가? 창의성과 에너지의 변화는 없었는가? 집중·명료성·실행력에는 어떤 영향이 있었나? 짐작컨대 당신의 집중은 예리해졌고, 명료성은 크리스탈처럼 맑아졌으며, 실행력은 탄탄해졌을 것이다.

이제, 잠을 이룰 수 없었던 날들을 생각해보라. 어쩌면 당신은 중요한 프리젠테이션을 다 준비하지 못해 늦게까지 일했을지도 모른다. 아니면 몸이 불편해서 잠을 이루지 못했지만 출근 때문에 어쩔 수 없이 잠자리에서 일어나야 했을지도 모른다. 대부분의 사람들은 수면 부족이 다양한 측면으로 실행력과 웰빙에 지대한 영향을 줄 수 있다고 동의한다. 그리고 그것을 입증해주는 연구들도 증가 추세에 있다. 수많은 과학 연구들은 수면 부족을 정신적·신체적 장애를 야기하는 문제들 중 하나로 봤다. 심지어 뒤척이면서 자는 선잠도 논리적 추론·실행력·주의·기분에 부정적인 영향을 미치는 것으로 드러났다. 그보다 더 심한 수면의 결핍은 우울증·불안증· 편집증을 야기할 수도 있고, 어떤 때는 혼수상태나 죽음의 원인이 되기도 한다(〈표 23〉 참조). 인간은 음식을 먹지 않고 여러 주 동안 살 수 있고, 물을 마시지 않고서는 1주일까지 생존할 수 있다. 하지만 잠을 자지 못하면 4일밖에 견디지 못한다.

표 23. 수면 부족의 영향

그런 식으로 수면이 건강과 웰빙에 지대한 영향을 미침에도 불구하고, 우리는 잠자는 일을 가장 잘 못한다. 바쁜 생활방식 때문에 수면은 우선순위들 중 꼴찌로 밀려나곤 한다. 하루의 시간은 한정되어 있다. 그런데 선잠의 부족도 작업능력을 저하시키고 건강을 해치는 결과를 낳을 수 있다.

다행히도 연구 결과에 따르면, 정기적으로 마음챙김 훈련을 하면 잠을 잘 자고 그 질도 현저히 높아진다고 한다. 잠을 오래 자는 사람이든 그렇지 않은 사람이든, 쉽게 잠들어 숙면을 취하면 작업능력도 좋아지고 시간도 더 잘 활용할 수 있다.

지금부터 잠에 빠져드는 시간과 잠에서 깨어나는 시간에 마음챙김을 적용할 수 있는 방법들에 대해 살펴볼 예정이다. 우선 숙면에 도움을 주는 지침들을 살펴보자.

첫 번째 지침: 멜라토닌의 흐름을 탄다

수면의 질을 결정하는 것은 몸과 뇌 속에 복잡하게 혼합된 신경화학물질들이다. 그 중 가장 중요한 것은 멜라토닌이다. 뇌 깊숙한 곳에 위치한 송과선에서 멜라토닌이 방출되면, 이완되고 졸려 잠에 빠져든다. 멜라토닌은 훌륭한 천연의 약이다. 그것이 방출되는 것을 알아차리고 그 흐름을 타면, 잠에 빠져드는 것을 즐기고 또 질 좋은 잠을 잘 수 있다.

멜라토닌은 24시간 주기로 방출된다. 낮에는 아주 낮은 수치로 방출된다. 그러다가 밤에는 수치가 상승해 새벽 2시 경 최고점을 찍는다. 그런 뒤 서서히 하락해 오전부터는 또다시 낮은 수치를 유지한다. 〈표 24〉에서처럼, 멜라토닌 수치는 낮에 최저치, 밤에 최고치를 보이면서 아름다운 흐름을 그린다.

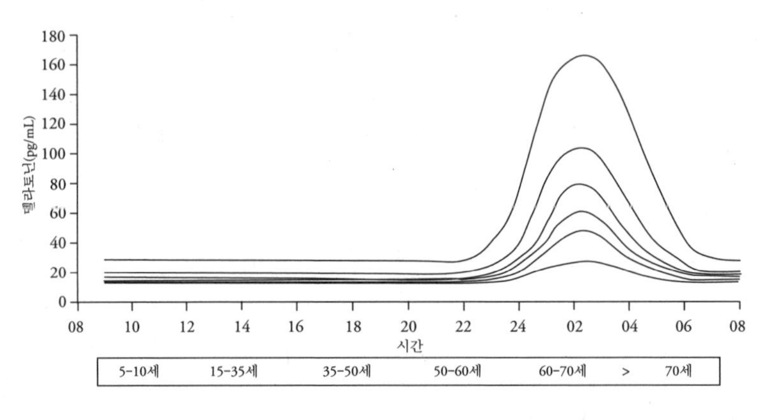

표 24. 하루의 멜라토닌 수치

그래프의 멜라토닌 흐름은 아름다운 그림 이상이다. 우리는 잠을 잘 자기 위해 그 흐름을 이용할 수 있다. 어떻게 이용할 수 있을까? 파도 타듯이 그 흐름을 타면 된다. 파도를 잘 타려면 파도의 흐름을 초기에 잡아야 한다. 그러고서는 흐름이 꿀잠에 다다랐다가 아침이라는 해변으로 다시 데려다 줄 때까지 그 흐름에 맡기면 된다.

멜라토닌의 흐름타기에서 가장 중요한 것은 마음챙김이다. 밤의 끝자락에 심신이 이완된 채 잠자리를 준비할 때, 그 나른하게 이완되는 느낌을 계속 알아차리고 있어야 한다. 우리 대부분이 그렇듯이, 잠에 빠지지 않으려고 하면 당신은 멜라토닌의 흐름을 탈 가장 좋은 기회를 놓치게 될 것이다. 이미 부서진 파도를 잡아서 타는 것처럼, 당신은 유쾌하지 않은 기분으로 해변으로 밀려날 것이다.

멜라토닌의 주기에 맞춰 잠을 자는 것 외에 숙면을 취하는 방법이 또 있는데, 그것은 잠자리에 들기 전 모든 스크린을 끄거나 줄이는 방법이다.

두 번째 지침: 잠들기 한 시간 전에 모든 스크린을 끈다

지금 이 책을 잠자리에서 스크린을 통해 보고 있다면, 당장 멈추는 것이 좋다.

스마트폰을 비롯해 태블릿, 노트북, 텔레비전 등 모든 스크린은 멜라토닌 흐름 타기를 방해한다. 어떻게? 스크린의 파란 광선 때문이다. 파란 광선은 송과선의 기능을 저하시켜 멜라토닌의 생산도 줄어들게 한다. 신경학적인 시계를 조절하는 유일한 빛이 태양이었던 곳에서, 인공의 빛이 자연스러운 리듬을 파괴하고 있는 것이다.

간단히 말해, 스크린의 빛이 당신의 잠을 쫓아버리고 있는 것이다. 그것은 태양이 지고 잠을 자고 있어야 할 시간에, 뇌가 그 파란 광선을 태양의 빛으로 착각하는 것과 같다. 파란 광선이 생물학적 주기에 혼란을 줄 수 있기 때문에 잠들기 한 시간 전에는 모든 스크린을 끄도록 한다. 어떤 사람들에게는 매우 힘든 일이겠지만 그것은 숙면을 취하는 데 매우 효과적이다. 그리고 수면의 질뿐만 아니라 정신적·신체적 작업능력에도 좋은 영향을 미친다.

단번에 습관을 끊는 일은 어려운 일일 수 있다. 더 쉽게 습관을 중단하는 방법으로, 잠들기 전에 다른 지각활동들perceptual activities을 해보는 것도 좋다.

세 번째 지침: 잠들기 한 시간 전에 다른 지각활동을 한다

늦은 밤에 생각을 너무 많이 하는 것도 심신이 자연스럽게 늘어져 이완하는 것을 방해한다. 격렬한 토론이나 이메일 처리, 독서 등의 개념적인 활동들conceptual activities은 주의를 집중시키면서 졸음을 쫓는다. 그런데 설거지나 산책하기, 음악 듣기 등과 같은 지각활동들은 우리가 멜라토닌의 흐름을 탈 수 있도록 도와준다. 멜라토닌의 수치가 변하는 것을 잘 알아차리기만 해도 그 흐름을 타는 것은 쉽다.

어쩌면 '아니야, 그건 내게 불가능한 일이야'라는 생각이 들 수 있다. 하지만 그렇게 생각하기 전에 보통 당신이 저녁 시간을 어떻게 보내는지 한 번 생각해보라. 침대에 들기 전까지 꼭 해야 할 필요가 없는데도 불구하고, 컴퓨터 앞에 앉아서 계속 일하고 있을지도 모른다. 호주 연방정부에서 일하는 멜리사는 처음 그 지침들을 들었을 때 자신은 절대 할 수 없을 거라고 생각했다. 거의 매일 밤 그녀는 잠들기 전까지 컴퓨터·태블릿·스마트폰으로 일하는 것에 익숙했기 때문이었다. 하지만 과학적인 입증에 고무된 그녀는 가능한 방법들을 찾게 되었다. 경험자들과 대화를 나눠본 멜리사는 저녁 시간의 활동들을 바꿔보기로 마음먹었다. 설거지를 비롯해 저녁식사를 마친 후에 해야 할 일들은 잠자기 한 시간 전으로 모두 미루기로 결정했다. 그래서 그녀는 잠들기 한 시간 전부터 모든 스크린을 끄고 지각활동을 할 수 있게 되었고, 또 멜라토닌의 흐름을 알아차릴 기회를 갖게 되었다. 밤 시간에 늘 하던 일을 조금만 바꿔도 우리는 고요한 마음으로 생체 리듬에 맞게 잠자리에 들 수 있다. 그러므로 설거지나 개를 산책시키는 일, 쓰레기 버리는 일 등을 잠들기 한 시간 전으로 모두 미뤄보라. 가끔, 해야 할 일을 뒤로 미루는 일도 쓸모가 있다.

다음은 하루의 마지막 몇 분 동안 마음챙김으로 잠들 수 있는 법을 소개한다.

마음챙김으로 잠들기

당신의 침실은 어떤 상태인가? 깨끗한가 아니면 어지러운 상태인가? 고요한가 아니면 시끄러운 공간인가? 침실이 편안한 안식처가 되면 될수록 당신은 잠을 더 잘 잘 수 있을 것이다. 침실 안으로 개념적인 것이 들어오지 못하도록 막으라. 스크린, 심각한 대화, 생각은 침실 문 밖에 두고 오는 것이 좋다.

침실을 잠을 위한 성스러운 공간으로 만들라. 다음의 단계들은 마음을 고요히 가라앉히고 멜라토닌의 흐름을 잘 타게 해줄 것이다.

마음챙김으로 잠들기 단계들	
	• 침대에 눕기 전, 모서리에 앉아 눈을 감는다. 그리고 마음챙김 실습을 1~2분간 실시한다(3부 참조). 해결되지 않은 비즈니스에 관한 생각이 떠오르면 그대로 허용한다. 그런 다음 그것을 흘려보내고, 호흡으로 돌아온다. 몸이 이완되도록 허용한다. 마음이 이완되도록 허용한다. 호흡을 하면서 모든 것을 내려놓는다.
	• 등을 대고 눕는다. 숨을 내쉴 때마다 몸과 마음은 더 이완된다. 호흡은 늘 부드럽게 알아차리고 있어야 한다. 주의를 강제로 호흡에 집중시켜서는 안 된다. 그렇게 하면 잠이 드는 것이 아니라 정신이 더 바짝 난다. 몸을 이완한 채 모든 것을 내려놓는다.
	• 잠시 후 의식이 희미해져가는 것을 느낄 것이다. 그러면 몸을 오른쪽으로 돌려 모로 눕는다. 남아 있는 모든 의식을 내려놓는다. 자신이 잠속으로 빠져드는 것을 허용한다.

밤중에 잠을 자주 깰 때는 두 번째와 세 번째 단계를 반복한다. 만약 다음날 중요한 회의 등으로 인한 불안감으로 잠에서 깨면, 용기를 내서 그 불안을 직면한다.

궁극적으로 잠을 못 자는 근본적인 원인은 당신의 마음속에 있다. 그것은 스트레스일 수 있고 어떤 것이 불확실해서일 수도 있다. 그리고 그 문제는 근본적인 원인이 뿌리째 뽑혀야 사라진다.

나는 마음챙김을 통해 숙면을 취할 수 있고 질 좋은 수면도 즐길 수 있을 것이라고 설명했다. 그런데 그뿐만 아니다. 마음챙김을 통해 더할 나위 없이 좋은 기분으로 아침을 맞이하게 된다.

마음챙김으로 잠에서 깨기

아침에 짜증과 근심에 쌓인 채로 깨어난 적이 있는가? 기분이 나쁜 상태에서 잠에서 깨는 증상 이면에는 과학적인 요인이 숨겨져 있다. 연구가들에 따르면, 스트레스 호르몬인 코르티솔의 수치는 잠에서 깨고 난 후에 가장 높다고 한다. 눈을 뜨자마자 갑자기 해야 할 일들이 동시다발로 떠오르면서 코르티솔이 다량 방출된다. 코르티솔이 한 번 혈관에 방출됐을 때, 우리 몸이 그 수치를 내리기까지는 오랜 시간과 많은 에너지가 들어간다(〈표 25〉 참조). 또 막 잠에서 깼을 때는 마음의 방어기제들이 활동하기 전이다. 그 결과, 우리는 하루를 스트레스 상태에서 시작하고 많은 에너지를 낭비하게 된다.

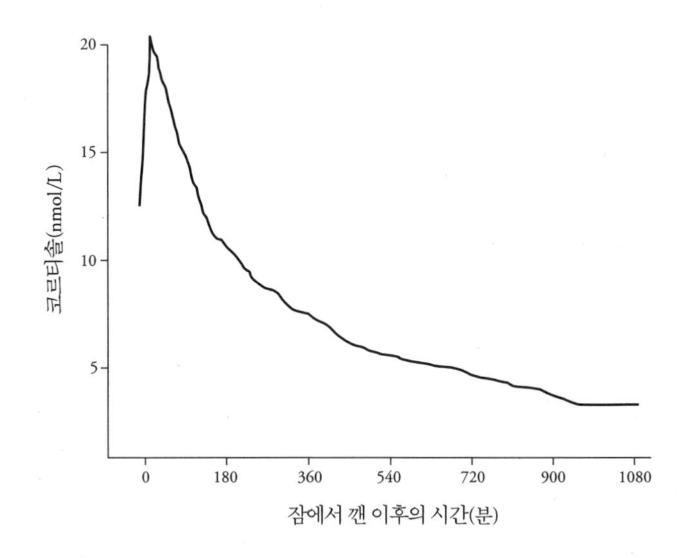

표 25. 코르티솔의 하루 수치들

평화롭게 잠에서 깨어날 수 있으면, 하루 동안 불필요하게 소모될 에너지를 절약하게 된다. 이른 아침에 방출되는 코르티솔은 마음챙김을 통해 최소화 할 수 있다. 혹은 완전히 방출되지 못하도록 막을 수도 있다. 이것은 침대에서 나오기도 전에, 하루를 1초 앞서서 시작하느냐 아니면 1초 뒤쳐져 시작하느냐를 가른다. 마음챙김으로 잠에서 깨기의 단계들은 다음과 같다.

마음챙김으로 잠 깨기	• 잠에서 깨면서 생각을 하지 않기로 결정한다. 그냥 존재한다. 그리고 몸을 알아차린다. 마음을 알아차린다. 하지만 일어나는 생각들 속으로 빠져들지는 않는다. 침대에서 일어나 모서리에 걸터앉는다. 2분 동안 마음챙김 실습을 한다(3부 참조). 호흡에 모든 주의를 모으면서 생각을 계속 흘려보낸다.

최고의 수면을 취할 수 있을 때 당신은 더 집중되고 명료해질 것이다. 그리고 하루의 성과도 더 나아질 것이다. 숙면을 취하려면 견고하게 굳은 습관을 고쳐야 하고 잠들기 전후로 마음챙김 훈련을 해야 하지만, 그 결과는 값을 매길 수 없을 정도로 소중한 것이다. 한 달 동안 시도해보자.

다음 〈기법 11〉에서는 무엇을 언제 어떻게 먹을지 살펴봄으로써 에너지를 더 증가시킬 수 있는 방법을 찾는다.

수면에 대한 조언	• 잠시 자신의 수면 패턴을 살펴본다. 밤에 잠은 충분히 자는지, 잠자리에서 얼마나 빨리 잠에 빠지는지, 수면의 질은 어느 정도인지, 그 질을 향상시킬 여지가 있는지 살펴본다. • 수면에 관한 지침들 가운데 한두 가지를 일주일 동안 적용해본다. 그 후 자신의 에너지와 효율성에 어떤 영향을 미치는지 적어본다.

기법 11 : 음식과 에너지

"당신이 먹는 것이 곧 당신이다"라는 속담이 있다.

음식은 집중력·명료성·생산성과 밀접한 관련이 있다. 게다가 알맞은 음식을 적절한 시기에 적당한 양으로 먹음으로써 에너지를 늘릴 수 있다. 현대인은 대부분 눈코 뜰 새 없는 바쁘게 생활하고 있다. 스트레스와 쉴 새 없이 해야 할 일들이 밀려오므로 잘못된 식습관에 빠지곤 한다. 일상생활 속에서 제대로 먹기란 힘든 일이 되어버렸다. 특히 손을 뻗으면 닿는 곳에 패스트푸드가 있어 더욱 어려워졌다. 절제력은 좋은 식습관을 갖는 데 중요한 요소다. 하지만 마음챙김으로 음식을 먹는 것만큼은 아니다. 심지어 마음챙김으로 음식을 먹으면 즐거워지기까지 한다. 필요한 에너지가 충전되는 것은 물론 건강해지고 행복해진다.

〈기법 11〉에서는 우리가 뇌에게 속아 좋지 않은 식습관을 어떻게 갖게 되는지에 대해 설명하고 있다. 또한 먹고 싶은 것이 아니라 필요한 음식을 먹는 건강한 식습관에 마음챙김이 어떻게 도움을 주는지 알아본다. 마음챙김으로 먹으려면 기본적으로 세 가지 지침을 따라야 한다. 그 지침들은 위장으로 먹기와 혈당 롤러코스터 현상(blood sugar roller coaster, 혈당이 급격하게 오르고 내리는 것을 반복하는 것-역주) 피하기, 마음챙김 시간을 갖는 것이다.

첫 번째 지침: 위장으로 먹기

우리의 눈은 위장보다 더 굶주려있다.

이 말은 사람들이 흔히 하는 말이기도 하지만 코넬대학의 연구가들이 검증한 말이기도 하다. 연구가들은 다음과 같은 실험을 했다. 참가자들은 탁자와 의자가 준비된 방에 따로 들어가 수프를 먹었다. 탁자 위에는 스프 한 그릇과 수저만 놓여있었다.

실험대상자들 중 절반이 먹었던 수프의 그릇에는 호스가 연결되어있어, 수프를 계속 채워 넣을 수 있었다. 즉 대상자들 중 절반은 그 사실을 전혀 모른 채 수프를 계속 먹었던 것이다.

놀랍게도, 실험 결과는 특별하게 제조된 그릇으로 수프를 먹었던 참가자들이 그렇지 않은 참가자들보다 73퍼센트나 더 많이 먹었다고 나왔다. 그들은 이제 배가 부르냐는 물음에 "배가 불러요? 수프가 아직 절반이나 남았는데요?"라고 반문했다고 한다.

우리는 왜 음식을 필요한 양보다 많이 먹곤 할까? 연구가들에 따르면, 눈앞의 음식을 다 먹어야 한다는 것에 너무 집중하면 배가 부른 느낌을 알아차리지 못한다고 한다. 그때는 자동조종모드가 되어, 음식이 필요해서가 아니라 습관적으로 먹게 되는 것이다.

음식을 마음챙김으로 먹고자 하다면, 위장으로 먹어야 한다. 그 음식들을 지금 당장 다 먹을 필요는 없다. 음식을 다 먹지 못할 때를 대비해, 오늘날 혁신적인 기술문명의 산물인 냉장고와 테이크아웃 용품들이 있는 것이다. 그리고 내일도 있다. 배가 부르면 먹는 것을 그만두는 것이 좋다. 더 좋은 것은 배가 부르기 바로 전에 먹는 것을 멈추는 것이다. 배가 부른 때를 사려 깊게 알아차리는 것은 좋은 식습관일 뿐만 아니라 기분까지 좋아지게 한다.

그런데 오후 간식으로 불량식품을 먹고 싶을 때는 어떻게 해야 하나? 단것이 당길 때마다 당신의 마음은 말을 듣지 않을지도 모른다.

두 번째 지침: 혈당 롤러코스터 현상 피하기

캘리포니아 주립대학에서 실시한 한 연구에서는 연구대상자들을 두 그룹으로 나눠, 각 그룹만의 방식으로 에너지·피로·긴장을 관리하도록 요구했다. 첫 번째 그룹은 10분간 빠르게 걷기를 통해 그 관리를 해야 했고, 두 번째 그룹은 막대사탕으로 해야 했다.

걷기를 한 첫 번째 그룹은 에너지가 증가됐고 피로와 긴장은 많이 감소됐다. 두 번째 그룹은 초반에는 에너지가 생겼다가, 나중에는 에너지가 감소하고 피로와 긴장의 정도는 높아졌다.

오후가 되면 나른하게 졸린 느낌이 찾아오는데, 그럴 때마다 우리는 대부분 그것을 빠르게 쫓아줄 해결책을 찾으면서 혈당의 롤러코스터를 타게 된다. 점심을 먹고 나서 기운이 떨어지고 피로감이 느껴지면, 뇌가 그것을 혈당의 부족으로 오해한 것이다. 우리는 피로감에 대한 자동적인 반작용으로, 짧은 시간 안에 에너지를 끌어올려줄 간식을 먹거나 커피나 에너지 드링크를 마신다. 간식, 특히 설탕이 첨가된 간식은 혈당의 수치를 너무 높여 감정의 기복과 뇌의 혼미, 스트레스를 유발한다.

그러나 시간이 좀 더 흐른 뒤, 혈당은 다시 바닥으로 곤두박질친다. 스트레스 호르몬인 코르티솔 때문에 일종의 공황상태가 유발되고, 공포나 분노를 느낄 때 생기는 아드레날린이 분비되면서 피로감과 뇌의 혼미 증상이 다시 시작된다. 그때 혈당은 원래의 자리 즉 가장 낮은 수치로 돌아오고, 우리는 다시 빠르게 에너지를 회복시켜 줄 방법을 찾는다. 이 순환을 더 잘 이해하고 싶으면, 〈표 26〉을 보라.

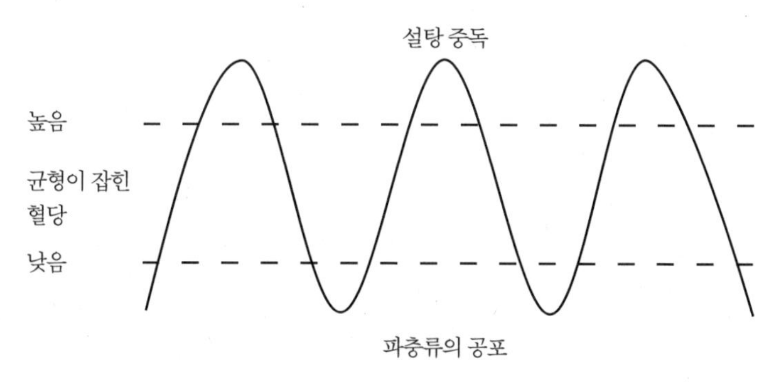

표 26. 혈당 롤러코스터 현상

혈당 롤러코스터 현상에서 최고점과 최저점에 있을 때는 모두 집중력과 명료성이 감소한다. 우리의 몸과 뇌가 여분의 당분을 원하는 것처럼 느껴질지라도, 사실 그것들은 여분의 당분을 필요로 하지 않는다. 그런데 간식에 대한 갈망을 알아채지 못한다면, 혹은 에너지의 증감 주기를 알지 못한다면, 우리는 쉽게 속아 혈당의 롤러코스터를 타게 될 것이다.

그렇다면 혈당의 롤러코스터에서 어떻게 내릴 수 있을까?

방법은 간단하다. 짧게라도 마음챙김의 시간을 가져보라.

세 번째 지침: 마음챙김의 시간 갖기

〈표 27〉에서처럼, 마음챙김의 시간을 짧게 갖는 것은 먹고 싶지도 않은 간식을 아무 생각 없이 먹는 것을 피할 수 있게 해주는 자기주도형 훈련법이다.

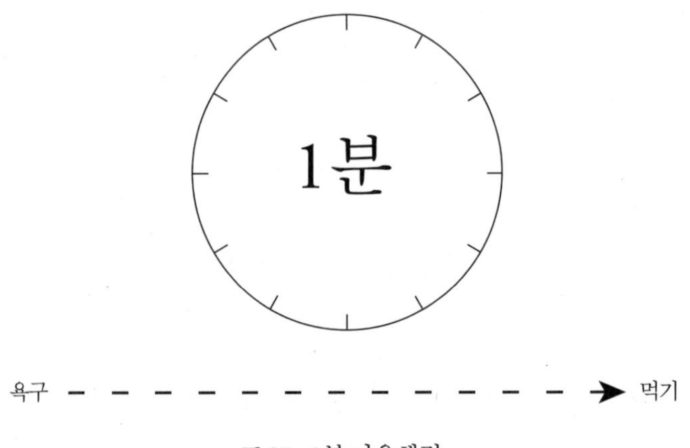

표 27. 1분 마음챙김

간식을 먹기 바로 전에 마음챙김의 시간을 갖는 것은 피곤함 때문에 생긴 간식에 대한 갈망을 약화시킨다. 짧은 마음챙김의 시간을 갖는 방법은 간단하다.

1분 마음챙김

- 무언가 먹고 싶은 욕구가 생기면 먼저 멈춰라.
- 그 욕구가 어떤 느낌인지 마음챙김으로 관찰한다.
- 그 느낌에 휘말리지 말고 그것을 그대로 허용한다. 이 말은 절제를 하거나 충동을 조절하라는 뜻이 아니다. 단지 먹기 전에 마음챙김의 시간을 잠시 가지라는 뜻이다.
- 그것이 어떻게 느껴지는지, 그리고 그 느낌이 위장의 느낌인지 아니면 다른 곳의 느낌인지 자신에게 물어본다. 시간이 지나면서 그 느낌에 변화가 있는가? 아니면 그대로인가?
- 몇 분이 지났는데도 여전히 똑같은 욕구가 느껴지면, 그것은 배가 고프다는 신호일지도 모른다. 그럴 경우에는 무언가 먹는다.
- 만약 몇 분이 지난 후 그 욕구가 아예 사라졌거나 거의 남아 있지 않다면, 그것은 배가 고픈 것이 아니다. 뇌가 당신을 속이려 했던 것이다. 그런데 당신이 더 영리하므로, 그 욕구에 휘말리지 말아야 한다. 그 욕구를 있는 그대로 허용함으로써 그것이 사라지게 해야 한다.

바쁘게 생활하다가 좋지 않은 식습관으로 돌아가는 것은 참으로 쉽다. 앤드류는 거대 유럽 은행의 싱가포르 지점에서 오래 일했다. 그는 좋아하는 딤섬 레스토랑에서 음식을 테이크아웃해 집으로 돌아오는 것을 좋아했다. 가끔씩 추가로 막대사탕도 사왔다. 그 결과 허리둘레가 점점 늘어났는데 그것은 싫어했다.

먹지 말아야 할 것을 먹으려고 할 때 1분만 참아보라는 제안을 받았을 때, 앤드류는 속으로 비웃었다. 그런데 시간이 갈수록 그 일이 쉬워졌다. 그는 먹고 싶은 마음이 들 때 바로 행동으로 옮기지 않고 그 욕구를 관찰했다. 그러다 어느 시점에서는 먹고 싶은 마음을 접을 수 있었다.

앤드류는 지금도 가끔씩 막대사탕을 즐겨 먹지만 자동적으로가 아니라 의식적으로 선택해서 먹는다. 그는 또한 과식하는 순간을 알아차리게 되었으며, 먹는 양은 줄어들고 먹는 즐거움은 커졌다.

자동반사적으로 먹는 습관을 중단하는 것도 중요하지만, 적절한 시간에 적절한 음식을 적절한 양으로 먹는 것도 중요하다. 마음챙김으로 먹기를 한 마디로 짧게 표현하면, '무엇을 먹든 마음챙김으로 먹으라'다.

마음챙김으로 먹기

세상에는 수천 수백 개의 다이어트 방법들이 있다. 사람들은 항상 이전의 다이어트 방법보다 지금 것이 낫다고 말한다. 무엇을 먹어야 하고 무엇을 먹지 말아야 하는지 엄격히 구분해놓는다. 어떤 다이어트법은 생활을 완전히 바꾸기를 요구한다. 거의 대부분 충동을 참고, 절제하고, 조절하기를 요구한다. 그 모두가 유용하기는 하지만, 마음챙김 접근법은 성공의 가능성을 높여준다. 마음챙김은 잘못된 식습관의 근본 원인인 마음에 영향력을 행사하기 때문이다.

마음챙김으로 음식을 대하면, 그 알아차림을 통해 당신은 배가 부른 때를 알게 된다. 음식을 덜 먹으면서도 더 즐기게 될 것이다. 왜냐하면 음식에 주의를 더 기울이기 때문이다. 알맞은 방식으로 뇌의 오류를 수정함으로써 정신적·신체적 활동에 필요한 음식들을 먹게 된다. 자, 이제 다음 식사자리에서 눈의 욕구와 위장의 욕구 차이를 알아보라. 충동적인 욕구와 실제 배고픔의 차이를 알아채면서 음식을 즐겨보는 것이다.

다음 〈기법 12〉는 신체적 활동을 통해 에너지를 늘릴 수 있는 방법에 대해 살펴볼 것이다.

음식을 먹는 것과 에너지에 관한 조언

- 당신의 식습관을 호기심 어린 시선으로 판단하지 말고 살펴본다. 특히 당신이 먹는 음식이 당신의 에너지와 효율성에 어떤 영향을 주는지 생각해본다.
- 집중되고 명료한 마음을 갖고 현존하려면, 어떤 음식을 먹는 것이 좋을까? 몇 시에 먹는 게 좋을까? 그것들이 마음의 상태에 어떤 영향을 미치는가? 신체적 · 정신적 작업능력과 관련해 당신은 음식을 너무 많이 먹는 편인가, 적당히 먹는 편인가, 너무 적게 먹는 편인가?
- 마음챙김으로 영양분 섭취하기 지침들 중 한두 개를 일주일 동안 실천해본다. 그것들이 당신의 에너지에 어떤 영향을 주는지 살펴보라.

기법 12 : 활동과 에너지

최근에 했던 산책 혹은 운동다운 운동을 한번 떠올려본다. 기분이 어땠는가? 아마 좋았을 것이다.

마음과 몸은 깊은 차원에서 서로 연결되어있다. 에너지들은 그 둘 사이를 자유롭게 넘나든다. 당신이 신체적으로 긍정적인 경험을 할 때, 당신의 마음도 미소를 짓는다.

그러므로 몸을 돌보는 것은 곧 마음을 돌보는 것과 똑같은 효과를 낸다. 잠을 충분히 자는 것과 적절히 먹는 것, 활동적으로 움직이는 것은 모두 일적인 성공과 웰빙의 토대다.

반드시 마라톤이나 등산, 팔굽혀펴기 50회를 할 필요는 없다. 신체적인 활동들은 모두 우리의 몸과 뇌에 긍정적인 영향을 미친다. 수영이나 정원 가꾸기, 계단 오르기 등 모든 움직임은 마음·건강·웰빙에 긍정적인 영향을 준다. 일을 하는 동안 몸을 움직일 수 있는 기회를 활용하라. 예를 들어 자전거를 타고 출근하거나 몇 개의 버스 정거장을 걸으라. 10분 동안 빠른 걸음으로 걸으면 에너지가 생기고 피곤이 사라질 것이다. 그 외에 얼마나 자주 사무실에서 회의실이나 휴게실, 주차장까지 가는가? 그렇게 짧게 움직이는 시간들이 바로 주의를 몸에 집중할 수 있는 절호의 시간이다.

마음챙김에서처럼, 세상에는 몸을 건강하게 유지함으로써 얻게 되는 혜택들을 보여주는 증거들이 어마어마하게 많다. 〈기법 12〉에서는 마음챙김 훈련과 신체적인 활동이 건강과 정신적인 집중 및 명료성에 어떻게 긍정적인 영향을 미치는지 검토한다. 먼저 신체적인 활동을 할 때, 집중의 중요성에 대해 살펴보자.

집중 유지하기

어떤 신체적인 활동에 집중하는 것을 유지하면, 그 활동은 짧은 마음챙김 훈련으로 변화되고 그 활동을 경험하는 수준은 높아질 것이다. 당신이 운동을 할 때, 자신의 생각들이 에너지 층에 무슨 영향을 주는지 알아차려보기 바란다. 긍정적인 생각을 할 때 무슨 일이 일어나는가? 혹은 부정적인 생각이나 중립적인 생각을 할 때, 무슨 일이 일어나는가? 정신적으로 산만할 때 에너지 층에서는 어떤 일이 일어나는가?

당신을 산만하게 하는 방해물들과 생각들은 에너지를 고갈시키고, 그 정도도 다 다르다. 부정적인 생각들이 에너지를 가장 많이 빼앗아가지만 긍정적인 생각들도 에너지를 소모시키는 것은 마찬가지다. 신체적인 활동을 하는 동안 고요하고 맑은, 집중된 마음은 에너지를 소진시키지 않기에 더 오래 동안 활동할 수 있다. 한 번 시도해보라. 그리고 정말 그렇게 되는지 살펴보라. 그런 다음 이완과 실행력 사이의 관계를 곰곰이 생각해보라.

이완-불필요한 노력 안 하기

마음챙김 훈련에서와 마찬가지로, 신체적인 활동을 효과적으로 하려면 반드시 이완해야 한다. 얼핏 보기에 신체적 활동과 이완이 충돌하는 것처럼 보이지만 그렇지 않다. 간단히 말해, 누운 자세로 자전거를 타거나 역기를 드는 것은 이완하면서 신체적 활동을 하는 것이 아니다. 진정한 의미에서의 이완은 그런 것이 아니다. 진정한 의미의 이완은 쓸 데 없는 노력을 하지 않는 것이나. 최소한으로 저항하는 것을 말한다.

프리 다이버들을 예로 들어보자. 프리 다이버들은 산소 탱크 없이 오랜 시간 물속 깊숙이 잠수한다. 한때 세계기록을 보유했던 스티그 아발 세버린센은 물속에서 20분 10초 동안 있었다. 그는 호흡 훈련과 집중력 훈련을 통해 에너지와 산소를 더 적게 소비하면서 작업 능력은 더 높일 수 있었다. 집중된 상태에서 우리는 에너지를 덜 사용하면서 동시에 더 효율적이고 유능해질 수 있는 것이다.

불필요한 긴장이 없는 이완된 상태일 때, 몸의 내성이 더 강해지고 기분도 더 좋아진다. 훈련을 할 때, 가끔씩 몸을 스캔해서 불필요한 수고나 긴장이 있지 않은지 확인해보라. 그러고서는 이완한다. 이완하면 할수록 당신은 더 많은 일을 할 수 있고 그것을 더 즐길 수 있을 것이다. 마음이 생각과 방해물에게서 벗어나는 데 이완이 중요하기는 하지만, 한편으로 마음은 집중할 대상이 필요하기도 하다. 마음을 고정시킬 닻이 필요하기는 하다. 우리는 대개 호흡을 그 닻으로 이용한다. 호흡은 고요히 앉아있을 때는 물론 서서 움직일 때도 훌륭한 닻의 역할을 할 수 있다. 그러나 호흡 하나만으로는 역부족이다. 호흡과 더불어 몸의 자연스러운 리듬을 닻으로 이용하면 더욱 효과적이다.

리듬에 집중하기

신체적인 운동을 할 때, 움직임과 호흡과 다른 여러 기능에는 자연스런 리듬이 깃들어 있다. 우리는 그 자연스런 리듬을 활용해 집중력을 높일 수 있다. 뛰거나 걸을 때 호흡에 맞춰서 걸으라. 숨을 들이마시고 내쉬는 한 호흡에 몇 걸음이나 걸을 수 있나? 그 걸음 수를 유지하면서 걸어보라. 그러면 집중되고 안정된 리듬을 오랫동안 유지할 수 있다. 호흡에만 의지하는 것보다 훨씬 더 쉽게 집중을 유지하게 된다.

집중과 리듬은 큰 도움이 될 수 있다. 특히 기분이 나쁘거나 통증이 느껴질 때 큰 도움이 된다. 불쾌한 것들은 대부분 생각에서 생긴다. 생각은 신체적 감각이나 다른 방해물들에게서 생긴다. 그리고 당신의 집중이 당신의 현실을 창조한다. 불쾌한 것에 집중하면, 불쾌한 것이 당신의 현실이 된다. 그러니 불쾌한 것에 주의를 주지 말고, 호흡과 리듬에 집중해보자. 그리고 한 번에 하나씩 경험하자.

방해물들이 나타나면 그것들을 억압하려 하지 마라. 한 번에 하나씩 다뤄야 한다. 한 단계씩 전진한다. 숨을 마시고 내쉰다. 시간이 얼마나 많이 남았는지 따지지 마라. 그 순간에 머물러야 한다. 이완된 집중을 하면, 모든 불쾌함과 통증은 사라질 것이다.

모든 신체적 활동들을 통해 더 집중되고 명료해질 수 있다. 마음챙김의 두 가지 원리를 적용함으로써 작업능력을 향상시킬 수 있다. 마음챙김은 당신이 집중·이완·리듬을 유지하는 것을 도와줌으로써 활동의 즐거움과 효율성을 높여준다.

다음 〈기법 13〉에서는 생산성과 에너지를 높여주는 방법으로, 휴식을 정기적으로 취하는 것에 대해 살펴볼 것이다.

활동과 에너지를 위한 조언

- 마음과 몸은 연결되어있다. 그러므로 건강하고 활동적이고 집중된 마음을 갖고 싶다면, 건강하고 활동적이고 집중된 몸을 가져야 한다.
- 당신이 활동을 얼마나 많이 하는지 일주일 동안 살펴본다. 당신은 움직일 수 있는 기회를 잘 활용하고 있는가? 운동할 계획을 세워 충분히 움직이고 있는가?
- 집중 · 이완 · 리듬을 이용해서 신체적인 활동의 질을 높일 수 있는 방법을 생각해본다. 또 신체적인 활동을 이용해서 집중 · 이완 · 리듬의 질을 향상시킬 수 있는 방법을 찾아본다.

기법 13 : 45초 휴식

우리는 쉬는 것도 잊어버릴 정도로 바쁘게 산다. 하루 중 휴식 시간이라고는 점심을 먹는 시간밖에 없다. 그런데 그 '휴식'조차 음식을 먹고 바로 자리로 돌아오기 때문에 5분밖에 되지 않는다. 잠시 시간을 내 스스로에게 물어보자. 나는 하루 종일 일하면서 몇 번이나 쉬나? 왜 자주 쉬지 못하는 걸까?

흥미로운 것은 우리가 자주 쉬지 못하는 이유가 우리가 속한 조직이나 그 조직의 경영 때문이 아니라는 것이다. 심지어 많은 조직들과 관리자들은 휴식의 가치를 알기에 직원들에게 휴식하라고 장려한다. 그러면 우리를 쉬지 못하게 하는 가장 큰 적은 바로 우리 자신인 것이다.

사실 휴식은 우리의 행복·건강·웰빙·기능에 상당히 큰 영향을 미친다. 그리고 참으로 다행스럽게도, 작업능력을 높여주는 휴식 시간은 채 1분도 안 걸린다.

마음챙김 45초 휴식

쉼 없이 보내는 하루가 마음에 미치는 영향은 물 없이 하는 마라톤이 몸에 미치는 영향과 똑같다. 쉼 없이 보내는 하루는 공연히 사람을 지치게 만든다. 마음챙김 45초 휴식은 집중과 명료함을 유지시켜주는, 시간적으로도 매우 효율적이고 자양분이 풍부한 방법이다.

마음챙김 45초 휴식은 짧은 마음챙김 훈련 세션session이다. 그것은 45초 정도 걸린다. 일하면서 한 시간에 한 번씩 마음챙김으로 45초 휴식을 시도해보자.

마음챙김 45초 휴식

- 하던 일을 멈춘다. 휴식을 취하기 위해 다른 곳으로 갈 필요는 없다. 눈을 감아도 되고 떠도 된다.
- 호흡에 모든 주의를 기울인다. 들이마시고 내쉬는 것을 세 번 한다.
- 그렇게 호흡을 세 번 하는 동안, 숨을 들이마시면서 숨을 마시는 것을 알아차린다. 숨을 내쉬면서 어깨와 목과 팔을 이완한다.
- 숨을 들이마실 때는 들이마시는 숨에 전적으로 집중한다. 숨을 내쉴 때는 내쉬는 숨에 전적으로 집중한다.
- 숨을 들이마시면서 주의를 더욱 명료하게 만든다. 숨을 내쉬면서 그 명료함을 유지한다.
- 세션을 종료한다. 새로워진 이완 · 집중 · 명료성을 가지고 일로 돌아간다.

마음챙김 45초 휴식을 통해, 우리는 개념적인 활동에서 벗어날 수 있는 기회를 마음에게 제공한다. 개념적인 상태는 '행위doing'와 관련이 있다. 즉 일을 가능한 빠르고 효율적으로 완료하는 것과 관련이 있다. 그러나 마음챙김 45초 휴식은 '존재being', 지각적인 상태와 관련이 있다. 그것은 마음이 그냥 존재할 수 있는 기회를 준다.

개념적인 상태와 지각적인 상태는 뇌의 두 가지 기본모드다(〈표 28〉 참조). 개념적인 마음은 우리가 계획을 세우고 문제를 풀고 생각할 때 사용하는 마음이다. 우리는 대부분 개념적인 상태에서 많은 시간을 보낸다. 한편 지각적인 상태는 일종의 관찰이다.

개념적인

말/생각/행동/하는 것

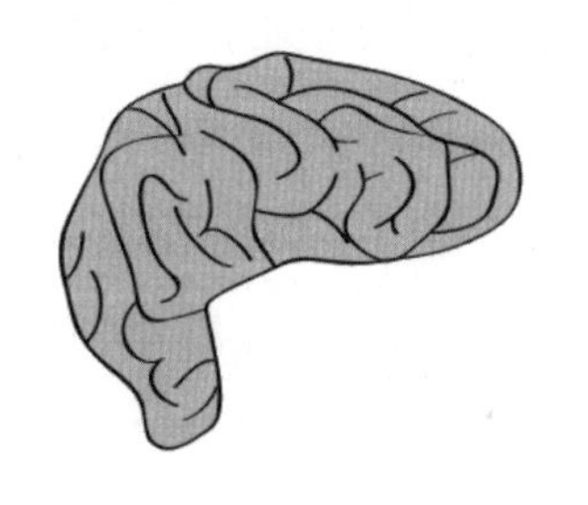

지각적인

말없음/존재

표 28. 개념적인 마음과 지각적인 마음

개념적인 활동으로부터 벗어나 짧지만 정기적으로 휴식을 취하는 것은 많은 혜택을 제공한다. 그 혜택들은 에너지의 충전, 더 명료해지고 집중된 마음, 이완된 몸, 행동중독에서의 탈출 등 무수히 많다.

물론 당신이 매번 한 시간에 한 번씩 45초 휴식을 갖기는 어려울 수 있다. 당신이 중요한 회의에 참석해 호흡 실습을 하려고 잠시 뒤로 물러날 때마다, 그리고 당신이 설정해놓은 알람소리가 들릴 때마다 다른 사람들은 눈살을 찌푸릴 것이다. 45초 휴식을 몇 번 못한다고 해서 세상이 무너지지는 않는다. 하지만 휴식을 취하면 취할수록, 당신의 마음은 원기를 회복해 더 효율적으로 변할 것이다.

마음챙김으로 휴식하는 일은 하기 쉬운 일이지만, 그만큼 잊어버리기도 쉽다. 우리는 당신이 45초 휴식을 정기적으로 실천하는데 도움을 주고자 한 시간에 한 번씩 그것을 상기시켜주는 앱을 개발했다. 우리 웹사이트 'www.potentialproject.com'이나 스마트폰의 앱스토어에 가서 'The Potential Project'라는 앱을 찾을 수 있다.

매시간 하는 45초 휴식이 당신에게 효과가 없으면, 마음챙김의 휴식을 상기시켜주는 다른 방법들을 활용해보라. 당신의 전화기가 울릴 때마다, 그것을 받기 전에 마음챙김의 호흡을 시도해보라. 또는 하나의 활동을 마무리하고 다른 활동으로 전환할 때마다(회의에서 이메일로, 이메일에서 자동차로, 자동차에서 집으로) 짧은 휴식을 취하라. 어떤 방법이 당신에게 가장 좋은지 그것을 찾아내라. 그리고 당신이 마음챙김을 훈련할 때마다 신경의 연결들이 더 많이 만들어지고, 또 필요할 때마다 명료성과 집중력을 더 쉽게 찾을 수 있다는 것을 기억하라. 다음 기법에서는 마음챙김으로 통근하기를 통해 집과 직장을 오가는 시간을 더 잘 활용하는 방법에 대해 살펴본다.

45초
휴식을 위한
조언

- 우리의 마음은 두 가지 작동 모드를 가지고 있다. 그것들은 개념적 모드와 지각적 모드다.
- 우리는 하루 중 대부분을 생각과 소통을 연관시키는 모드인 개념적 모드 상태에서 보낸다.
- 45초 휴식은 당신의 마음이 생각으로부터 벗어날 수 있는 기회다. 경험적 · 지각적 상태로 존재하는 것은 균형과 회복탄력성을 향상시킨다.
- 당신이 일과 중에 45초 휴식을 더 많이 할 수 있는 방법들을 생각해보라.
- www.potentialproject.com이나 앱스토어에서 한 시간에 한 번씩 휴식을 상기시켜주는 앱을 찾을 수 있다.

기법 14 : 통근 시간

에릭은 캘리포니아에 본사를 둔 미국의 글로벌 기술 회사에서 고위 관리자로 일하고 있었다. 그는 관리하는 부서가 워낙 커서 항상 정신 없이 바빴다. 그래서 마음챙김 훈련은 그에게 중요했다. 마음챙김 훈련을 통해 집중을 유지하며 온전한 정신으로 살 수 있었다.

그런데 시간이 흐르자 에릭은 마음챙김 훈련이 줄어드는 것을 발견했다.

우리는 항상 최선을 다해 계획을 세우지만, 실제 현실은 그러한 계획을 무력하게 만든다. 에릭 또한 날마다 빈틈없이 밀려드는 일정 때문에 마음챙김 훈련으로부터 멀어질 수밖에 없었다. 끊임없는 이메일, 꼬리를 물며 계속되는 회의들, 세 아이를 둔 가정은 마음챙김 훈련을 10분 동안 하는 것도 불가능하게 했다. 여러 주 동안 에릭은 빽빽이 짜인 일정들 속에 10분의 훈련을 끼워 넣으려고 갖은 노력을 다해보았다.

그러다가 문득 어떤 생각이 떠올랐다.

에릭이 출근하는 데 걸리는 시간은 40분이다. 날마다 출퇴근을 하는 80분 동안 그는 자신이 혼자 차 속에 있다는 생각이 떠올랐다.

에릭은 통근하는 시간을 이완하는 시간이라고 생각했다. 그런데 자신의 마음과 몸의 작동방식을 알면 알수록 자신이 이완하고 있지 않다는 것을 깨달았다. 출퇴근 하는 80분 동안 이완이 아니라 멀티태스킹을 하고 있었다. 전화통화를 하면서 동시에 음악을 들으려고 라디오 채널을 돌리거나, 아니면 자신의 차를 앞지르는 운전자를 향해 경적을 울려댔다.

에릭이 고요할 것이라고 생각했던 통근시간이 훨씬 더 긴장되는 시간이었음이 드러났다. 그래서 에릭은 달리는 차 속에서 하려고 했던 것들을 모두 포기하고 그 시간에 마음챙김 훈련을 정기적으로 해보자고 결심했다. 어차피 차 속에 있어야 하는데, 그 시간을 최대한 활용해보기로 했다. 그렇게 하자 에릭은 더 집중된 상태로 일터에 도착할 수 있었고, 하루가 저물 때는 더 큰 현존감과 마음의 평화를 지닌 채 가족에게 돌아갈 수 있었다.

당신은 아침에 일어났던 일에 정신이 팔린 채 직장에 출근했던 적이 있을 것이다. 혹은 집으로 퇴근했을 때 당신의 몸만 집에 있지 마음은 여전히 사무실에서 열심히 일했던 적도 있을 것이다. 그럴 때마다 당신은 자동조종모드로 살고 있었다. 당신의 생산성·효율성·웰빙의 질은 바닥으로 떨어졌을 것이다. 무엇보다도 자기 인생의 소중한 순간들을 놓치고 있었을 것이다.

마음챙김으로 출퇴근하는 훈련은 자투리 시간을 집중력과 명료성을 기르는 시간으로 소중하게 활용하는, 단순하지만 매우 효율적인 방법이다.

마음챙김으로 출퇴근하는 방법

마음챙김으로 출퇴근하는 방법을 실천할 때, 통근 수단에 따라 활용하면 좋을 몇 가지 제안들이 있다. 차를 직접 운전하든 대중교통을 이용하든 상관없이, 그 시간의 일부분을 마음챙김 훈련으로 활용하는 것은 당신의 집중력과 효율성을 늘려줄 것이다. 자, 다음의 제안들을 활용해보자.

집중력과 명료성을 키우는 통근시간

- 수동적인 교통수단 _ 대중교통이나 다른 사람이 운전하는 다른 교통수단으로 짧은 거리를 갈 경우, 탑승 초반의 5분과 내리기 전 5분 동안 2장에서 설명했던 ABCD 집중 훈련을 실천한다. 숨을 들이마시고 내쉴 때마다 그것에 모든 주의를 집중하면서 숫자를 센다. 그러면서 동시에 방해물들을 내려놓는다.

- 능동적인 교통수단 _ 자동차나 자전거 등 교통수단들을 당신이 직접 운전하는 중이라면, 처음 5분 동안과 마지막 5분 동안에 라디오를 끄고 전화도 하지 말고 잠시 휴식을 취한다. 운전대를 잡고 있는 손과 페달을 밟고 있는 발, 주변의 교통상황을 전적으로 알아차린다. 즉 운전하고 있든 자전거를 타고 있든 상관없이, 그것을 하고 있는 그 순간에 최대한 현존한다. 일어나는 모든 생각들을 내려놓는다.

- 장거리 여행 _ 기차나 비행기를 타고 갈 때, 특히 여러 개의 표준시간대를 가로지르는 장거리 비행기를 탈 때, 마음챙김은 원기를 회복시켜 생기를 되찾아주는 훌륭한 방법이다. 장거리 여행을 하는 동안 한 시간에 10분 이상씩 눈을 감고 이 책의 3부에서 설명하는 마음챙김 훈련을 한다. 나는 회의에 참석하기 위해 유럽에서 아시아 · 호주 · 북미로 여행을 자주 한다. 그럴 때 비행기 안에서 마음챙김 훈련을 하면 시차로 생기는 피로감이 훨씬 덜하다.

출퇴근할 때 쓰는 몇 분 혹은 몇 시간은 매우 소중한 시간이다. 그 시간을 교통 혼잡에 좌절하는 시간이나 멀티태스킹의 환상을 실현하는 시간으로 쓸모없이 버리지 말고, 집중력과 명료성을 기르는 시간으로 활용하자. 생각에서 벗어나 진정한 휴식을 취할 수 있도록 자신에게 근사한 시간을 선물하자. 운전을 즐기고, 앉아있는 것을 즐기고, 자전거 타기를 즐겨보자.

통근시간을 잘 활용하면, 확실히 명료한 마음으로 직장에 출근할 수 있다. 뿐만 아니라 집에서도 전적으로 현존할 수 있다. 마음챙김으로 출퇴근하는 방법을 잘 활용해 직장과 가정을 확실히 분리시킬 수 있으면, 우리는 〈기법 16〉에서 다루는 일과 삶의 균형을 더 잘 확보할 수 있을 것이다. 그 결과 우리는 직장과 가정에서 더 행복하고 건강하고 유용한 사람이 될 것이다. 다음 기법에서는 마음챙김이 정서 균형을 유지하는 데 어떤 도움을 줄 수 있는지 살펴본다.

마음챙김 통근에 대한 조언

- 생각해보기 _ 지금 통근 시간은 이완하는 시간인가? 아니면 전화, 라디오, 회의, 일을 번갈아 생각하면서 스트레스를 받는 시간인가?
- 마음챙김으로 출퇴근 시간을 활용하는 것은 균형과 회복성을 높여주는 중요한 방법이다.
- 통근 시간 일부를 떼어내 마음챙김 훈련을 하면, 직장이나 집에 도착했을 때 집중력과 알아차림의 정도는 높아지고 스트레스는 줄어들 것이다.
- 출퇴근에 소요되는 시간은 얼마인가? 3부에서 설명하는 것처럼, 그 통근시간의 일부를 마음챙김 훈련을 하는 전략적인 시간으로 활용해보라.

기법 15 : 정서 균형

한 조직에 속해 일한다는 것은 도전적인 일일 수 있다. 우리는 매일 선택을 하고 다른 사람들에게 영향을 미치는 행동을 자주 한다. 긍정적으로 영향을 미칠 때도 있지만 늘 그렇지만은 않다. 우리의 행동 때문에 타인에게 부정적인 일이 생길 때, 타인은 감정적으로 반응할 것이고 그 반응은 정상적인 것이다. 그런데 그러한 감정적인 반응은 건강이나 웰빙의 측면에서 조직이나 그들 자신에게 도움이 되지 않는다. 정서는 인간의 자연스런 부분이다. 정서를 능숙하게 조절할 때 그것은 즐거움과 에너지를 공급하는 강력한 원천이 된다. 그런데 제대로 조절되지 않은 정서는 방해물이 되어 좌절·충동·후회를 야기할 수 있다.

정확히 말하자면, 정서적 균형은 감정을 억누르거나 제거하는 것이 아니다. 우리의 삶을 쥐락펴락하도록 감정에 힘을 실어주는 것도 아니다. 사실 정서적으로 균형을 이룬다는 것은 감정의 자연스런 오르내림에 휩쓸리지 않는다는 것을 말한다. 정서 균형은 감정을 세심하고 진실하고 현명하게 다룰 수 있을 정도로 잘 알고 있는 상태를 뜻한다.

정서 균형은 일어난 감정들을 알아차리고 거기에 반응할 수 있는 훈련된 마음과 더불어 정서지능이 있을 때 생긴다. 사람들이 상호작용하면서 함께 일한다는 차원에서 그것은 근무환경과 관련해 중요한 차이를 만들어낸다.

여기서 우리는 정서 균형을 유지하는 것과 관련해 기본적인 것들을 검토할 것이다. 정서 균형이 일터에서 얼마나 중요한지, 그렇게 중요한 그것을 왜 유지하기 어려운지 그 이유들을 살펴볼 것이다. 마지막으로는 정서적으로 혼란스러운 상황에서 균형을 찾으려고 시도할 때 마음챙김을 이용할 수 있는 방법들을 소개한다.

정서에 대한 기본적인 반작용들

유럽의 큰 제조회사에서 부서장을 맡고 있는 토마스는 부하직원들 중 25퍼센트를 해고하라는 지시를 받았다. 수년간 같이 일했던 사람들에게 회사를 나가라는 말을 하는 것은 상상할 수 없을 정도로 어려운 일이었다. 토마스는 직원들에게 해고됐다는 말을 해야 하는 부담감 때문에 밤잠을 이루지 못했다. 업무효율성도 떨어졌고 균형감과 회복탄력성도 예전 같지 않았다.

토마스는 해고에 관한 회의를 하면서 어떤 감정들을 겪어야 할지 짐작이 갔다. 자기가 돌보는 사람들을 안 좋은 일로 만나는 일은 고통스러운 일일 것이다. 그리고 그 고통을 쉽게 사라지지 않을 것이다. 한편 그가 괴로움을 느끼지 못한다면 그것도 이상한 일일 것이다.

다른 이의 감정을 거울처럼 반영해 공감하게 되는 것은 자연스러운 일이다. 우리는 거울신경 세포의 활약 덕분에 그렇게 할 수 있는 것이다. 거울신경 세포에 관해서는 〈정신적 전략 7: 즐거움〉 편에서 더 많이 이야기하겠다. 여기서 간략히 설명하자면, 우리 앞에 기쁨을 느끼고 있는 사람이 있으면 뇌의 거울신경 세포 덕분에 우리도 비슷한 기쁨을 느낀다. 분노나 슬픔처럼 다른 감정의 경우도 마찬가지다.

그 당시 토마스의 어려움은 자신의 감정을 전문가답게 다루는 일이었다. 나쁜 뉴스를 받는 쪽에 있는 부하직원들에게 최선을 다할 수 있도록, 차분하고 명료한 마음을 유지하면서 비통함과 유감스러움, 어쩌면 슬픔까지 경험할 것을 예상했어야 했다.

우리는 대부분 정서를 억누르거나 행동화하는 것으로 처리한다. 정서를 억누르는 것의 문제점은 그 감정들이 어딘가로 가야 한다는 것이다. 풍선의 한 곳을 누르면 다른 부분이 튀어 오르는 것처럼 감정도 다른 곳에서 불쑥 튀어나오게 된다. 거기다 정서를 억누르는 일에는 정신적 에너지가 엄청나게 많이 소요된다. 그 결과 집중력과 명료성이 떨어지게 된다. 공격적으로든 수동적으로든 감정을 행동화하는 것은 순간적으로 기분을 좋게 하기도 한다. 하지만 그런 효과가 있을지언정, 그것은 그 순간뿐이다. 장기적으로 봤을 때 보통 감정의 행동화는 좌절감이나 후회, 부끄러움으로 이어진다.

정서의 억압과 행동화가 시소의 양쪽 끝에 위치해 있다고 생각해보자(〈표 29〉). 당신이 한쪽 끝에 앉으면 균형은 깨질 것이다.

표 29. 마음챙김 정서 균형

어떤 정서에 대해 자동적으로 반작용하지 않고 다른 것을 선택할 수 있는 제3의 선택지가 있다. 마음챙김을 활용함으로써 힘든 감정들을 만났을 때도 감정적인 균형을 유지할 수 있다. 다음은 일터와 일상에서 정서들이 일어났을 때 그것들에 대해 생각해보고 포용할 수 있는 몇 가지 방법들이다.

정서 균형 유지하기

마음챙김 훈련을 통해, 우리는 불편함을 견뎌내기 위한 정신적인 능력과 인내심, 용기를 계발한다. 동시에 감정들과 거리를 두면서 그것들을 관찰하는 법을 배운다. 감정과 자신 사이의 거리를 어느 정도 유지한다. 감정에 빠져 허우적거리면서 자동조종모드로 계속 있는 대신에 잠깐 멈춘다. 자동적으로 반작용하는 대신에 의식적인 선택,

의도적인 선택을 할 수 있는 시간과 공간과 자유를 확보하면서 그것보다 1초 앞선 상태로 머문다.

당신은 그 기술들을 훈련하기만 하면, 그 기술들을 모든 상황에 쉽게 사용할 수 있게 된다. 우선 정서 균형을 유지하기 위해서는 다음의 네 단계를 밟아야 한다. 먼저 감정을 알아차리고, 그 감정을 수용한 다음, 인내심과 균형감을 유지해, 적절한 반응을 의식적으로 선택해야 한다. 우리는 감정들을 끊임없이 다루고 있는데, 그러한 단계들은 〈표 30〉에서처럼 반복 순환으로 나타난다.

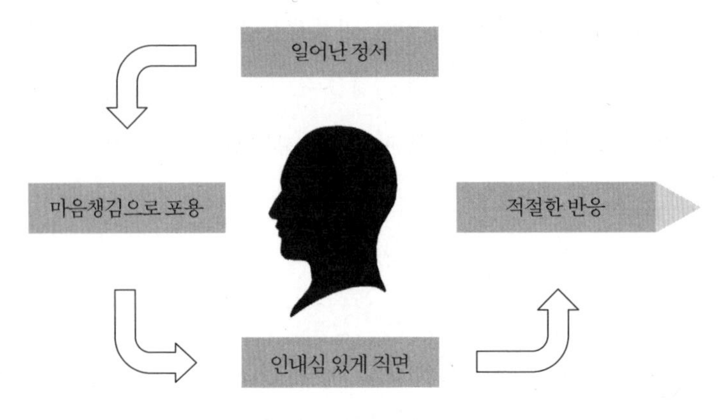

표 30. 정서 균형의 네 단계들

정서에 대한 알아차림

정서 균형을 유지하기 위한 첫 번째 단계인 정서에 대한 알아차림은 무척 쉬운 것처럼 보이지만 사실 늘 그런 것은 아니다. 바쁜 일상 속에서 마음은 여러 방해물과 산더미처럼 쌓인 정보에 이미 압도당한 상태다. 그런 상태 속에서 우리는 의식적인 차원에서는 자신이 정서를 억누르고 있다는 사실조차 모를 수 있다. 우리가 알아차리는 정서들은 의식의 전면에 나올 만큼 강렬한 것들이다. 그러므로 정서를 인식하는 것이 정서를 다루는 길의 첫 번째 단계다.

마음챙김으로 포용하기

정서 균형을 이루기 위한 길의 두 번째 단계는 정서를 마음챙김으로 포용하는 것이다. 정서가 있음을 알아차린 상태에서 그것을 억누르거나 행동화하지 않고 품고 있어야 한다는 뜻이다. 이 책 3장의 열린 자각 훈련은 감정을 마음챙김으로 수용할 수 있도록 해주는 매우 귀중한 기술이다. 정서를 하나의 경험으로 보고 그것에 압도당하지 않으면, 정서는 힘을 잃게 된다. 정서에 맞서 싸우지 않고 그 정서와 함께 있을 수 있다. 정서를 마음챙김으로 포용할 때, 호흡이 도움을 주기도 한다. 정서를 지켜보는 동안 호흡에 주의를 기울여보라. 호흡의 잔잔한 리듬이 당신을 진정시켜줄 것이다.

인내심과 균형

세 번째 단계는 인내심과 균형감을 갖는 것이다. 인내심은 감정의 불편함에 맞설 수 있는 용기를 갖는 것에 관한 것이다. 인내심은 정서로부터 도망치지 않고 그것을 참아내고 담고 있도록 해준다.

인내심이 정서를 잘 참고 견뎌내도록 해주는 것이라면, 균형감은 중립적인 상태를 유지하도록 도와준다. 균형감이 있으면, 정서들에 관해 자동반사적으로 가질지도 모르는 혐오감이나 끌림을 피할 수 있다. 인내심과 균형감으로 정서를 포용하면, 당신은 이제 최선의 반응을 선택할 때 필요한 집중력과 명료성을 소유할 힘을 갖게 된다.

적절한 반응

정서 균형을 이루기 위한 길의 마지막 단계는 감정을 알아차리고 포용한 상태에서 인내심과 균형감을 기반으로 어떤 결정을 하는 것과 관련이 있다. 그 결정은 상황에 따른 가장 적절한 반응을 선택하는 것이다. 물론 적절한 반응이란 매번 새로운 상황에 따라 달라진다.

토마스에게 적절한 반응은 오랫동안 같이 일했던 부하직원들의 해직을 앞두고 정서 균형을 유지하기 위한 단계들을 밟아가는 것을 의미했다. 마음챙김을 통해 토마스는 직원들의 해고 사실을 변화시킬 수 없었지만 회의의 움직임은 변화시킬 수 있었다. 마음챙김은 토마스가 절망하면서 무릎을 꿇느냐, 아니면 집중력과 명료성으로 온전히 현존하면서 직원들이 재배치의 기회로 삼도록 도울 것인가를 가르는 1초이기도 했다. 토마스는 자신이 직원들을 진정으로 돕고 있다고 느꼈기 때문에, 그렇지 않았으면 정서적으로 진이 빠질 만큼 힘들었을 경험을 나름 수월하게 겪어낼 수 있었다.

정서 균형은 직장에서 효율적으로 일하는 데 중요하지만, 일과 삶 사이에서 균형을 찾는 것에는 많은 어려움이 따른다. 이 〈기법 16〉은 일과 삶의 균형을 더 잘 잡기 위한 마음챙김 활용법에 초점을 맞추고 있다.

정서 균형에 대한 조언

- 우리는 모두 각기 다른 방식으로 정서를 표현하고 경험하지만, 그 정서들을 어쩔 수 없이 직장에까지 끌어들이는 감정적인 사람들임은 부정할 수 없다.
- 잠시 시간을 내, 당신이 직장 내에서 자신의 정서를 어떻게 다루는지 관찰한다. 당신은 정서를 부정하고 억누르려고 고군분투하고 있는가? 아니면 정서를 행동화하고 있는가?
- 자신의 정서를 직면하고 포용하는 것이 건강 및 타인과 효율적으로 상호작용하는 면에서 유익한지 생각해본다.

기법 16 : 일과 삶의 균형

인터넷과 이메일이 없던 그리 오래되지 않은 과거에, 사람들은 대부분 일과 가정을 따로 분리시킬 수 있었다. 직장에서는 일했고, 가정에서는 먹고 자고 놀면서 가족 또는 친구들과 시간을 보냈다.

그러나 기술이 발달하자 우리는 이제 어느 곳을 가거나 일거리를 가지고 다닐 수 있게 되었다. '일'과 '가정' 사이의 분리는 거의 사라질 정도로 희미해졌다.

'일과 삶의 분리'가 '일과 삶의 결합'으로 전환되는 현상은 아주 빠른 속도로 일어났다. 오늘날의 업무환경에서 사람들은 대부분 24시간 일주일 내내 연락이 가능한 것을, 아니 연락이 가능해야 하는 것을 당연하게 생각한다. 하지만 일과 삶의 결합은 사람들의 건강과 행복과 마음 상태에 심각한 영향을 미친다. 이 기법에서는 일과 삶의 불균형을 일으키는 근본 원인들을 요약하고, 마음챙김을 통해 그 원인들을 조절할 수 있는 전략들을 제시한다.

일과 삶의 불균형 이해하기

일과 삶의 균형은 일종의 마음 상태다. 그리고 한 사람의 균형을 구성하는 요소들은 모든 사람들의 그것들과 똑같지 않다.

루시는 캐나다의 큰 은행에서 영업 관리자로 일하고 있다. 그녀는 자신의 삶에서 일이 점점 더 중요해지고 있음을 딸의 입을 통해서 알게 됐다. 어느 날 밤 침대에서 딸에게 책을 읽어주고 있는데 갑자기 전화기가 울렸다. 거의 자동적으로 루시는 모든 행동을 멈췄다.

그런 루시를 보고서 딸은 "엄마 전화 받으세요. 메시지를 확인해야 하잖아요. 나머지는 저 혼자 읽을게요." 하고 말했다.

그 순간 루시는 자신이 균형을 잃었음을 알아차렸다. 일에 관해서 자신이 자동조종모드로 있었음을 알았다. 자기 삶에서 가장 중요한 사람과 있을 때도 그 자리에 전적으로 있지 못했던 것이다. 그 결과, 침대 머리맡에서 딸에게 책을 읽어주는 일조차 마치지 못할 정도로 그 자리에 현존하지 못하게 되었다.

마음챙김 훈련의 도움을 받아 루시는 그 문제의 근본 원인을 바로 깨달았다. '항상 연락이 가능한' 상태 때문이었다. 그 상태는 그녀를 중요한 사람으로 느끼게 해주었지만, 일에 맹목적으로 몰두하게 해 삶의 중요한 관계를 부정적으로 이끌었다.

사람들이 일과 삶의 균형을 회복하려고 몸부림치고 있다고 말할 때, 그 말의 의미는 일이 삶을 방해하고 있다는 뜻이다. 일과 삶이 서로 뒤얽히는 것을 막아주는 장벽이 충분히 높지 않다는 뜻이다.

하지만 불균형은 사람들이 그것을 문제로 인식할 때만 문제다. 혹은 일이 삶의 다른 영역에 부정적으로 영향을 끼칠 때만 문제다. 예를 들어 보고서나 제안서를 작성하면서 밤늦게까지 일하는 것을 선택했다고 해서 그것이 일과 삶의 균형에 문제가 있음을 의미하지는 않는다. 내가 그것을 문제라고 인식할 경우에만 혹은 가족구성원이나 친구들처럼 내게 중요한 누군가와의 관계에 그것이 부정적인 영향을 미칠 경우에만 문제가 된다. 루시의 경우에는 그녀의 딸이 천진난만하게 했던 말 때문에 일과 삶의 부정적인 결합이 드러났던 것이다. 일과 삶의 균형을 더 좋게 하기 위한 작업을 하면서 여러 형태의 불균형을 탐색하는 것은 유익하다. 또한 마음챙김을 적용한 많은 방법들은 원기를 회복시켜주기도 한다. 자, 매트릭스(〈표 31〉 참조)를 다시 한 번 참고하면서 일과 삶의 균형을 파괴하는 근본 원인들이 무엇인지 더 깊이 파헤쳐보자.

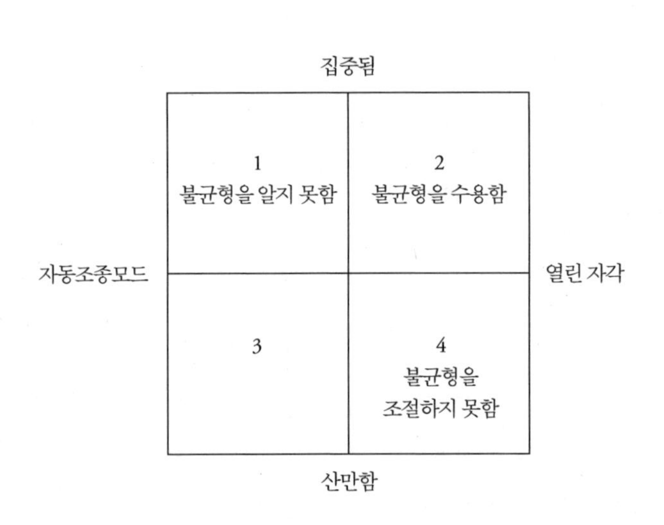

표 31. 일과 삶의 불균형 매트릭스

1사분면의 사람들은 대부분 루시처럼 자신이 불균형 상태에 있음을 알지 못한다. 일반적으로 큰 성공을 거둔 사람들은 자신이 하는 일에 매우 유능한 편이다.

그들은 일과 관련해 항상 연락이 가능한 상태이며 항상 더 많은 일을 할 수 있기 때문에, 끊임없이 일하는 것이 정상이라고 생각한다. 또한 일이 삶의 다른 영역에 부정적인 영향을 미치고 있음을 알지 못하기 때문에 일의 성과에 매달리곤 한다. 가족 혹은 건강 문제가 그 불건전한 집착을 여실히 드러내 보여줄 때까지 그렇게 한다. 일과 삶의 불균형에 관한 한, 1사분면에 위치한 사람들은 집중된 상태지만 자동조종모드에 있다.

1사분면의 사람들은 집중된 상태에서 능률적으로 일하는 반면에, 3사분면에 위치한 사람들은 직장에서든 삶에서든 효율적으로 사는 데 필요한 집중력이 부족하다. 그들은 스트레스·긴장감·압도감 속에서 많은 시간을 보낸다. 일이 자신의 삶을 얼마나 많이 침해하고 있는지 모른 채 그들은 일의 방해를 지속적으로 받는다.

4사분면에서 일과 삶의 불균형 상태는 비밀이 아니다. 4사분면의 사람들은 자신이 일을 너무 많이 하고 있고, 일 때문에 중요한 삶의 다른 영역을 돌보지 못하고 있다는 것을 알고 있다. 그럼에도 불구하고 그들은 자신에게 선택의 여지가 없다고 느낀다. 그 불균형을 알고 있지만 변화시킬 수 없다고 느끼는 것이다.

일과 삶의 균형과 관련해 자신을 어느 사분면에 위치시키는지와 상관없이, 중요한 것은 "무엇을 할 수 있는가?"라는 질문이다. 우리가 불균형을 조절하는 법을 배우는 곳, 즉 2사분면으로 진입하기 위해서 당신은 무엇을 할 수 있는가?

불균형 조절하기

일과 삶의 균형을 조절하는 일은 늘 어려운 일이다. 중요한 프리젠테이션을 해야 하는 날 오전에 아이가 아프거나 아들의 축구 경기를 보러 가기로 약속한 토요일에 상사가 일하러 나오라고 요구하는 등 여러 문제들은 생길 수 있다. 또 일 때문에 잠을 잘 못 자거나 먹을 것을 제대로 못 먹거나 운동을 충분히 하지 못할 때도 있을 것이다.

다른 말로 하자면, 불균형 상태는 늘 일어나는 것이다.

그럴 때마다 당신은 어려운 선택들을 해야 한다. 즉 당신은 조직의 기대를 저버리고 아이 곁에 머무르겠는가? 토요일에 출근하지 못하겠다고 상사에게 말하겠는가? 자신을 돌볼 더 좋은 방법들을 찾겠는가? 아니면 이미 너무 늦어버렸을지도 모르지만, 한가해질 때까지 일을 뒤로 미루겠는가?

이 질문들에 대한 대답들은 옳거나 그른 대답이 없다. 궁극적으로 삶의 불균형을 어떻게 조절하느냐는 당신의 몫이다. 하지만 불균형을 조절하기 위해 마음챙김을 이용하는 것은 주요하게 두 가지 점에서 유익하다.

- **집중:** 마음챙김 훈련을 함으로써 당신은 일상적인 임무와 도전들에 덜 압도된다. 마음챙김을 통해 명료한 마음 상태가 되면 변화시킬 수 없는 것들을 수용하게 된다. 그리고 제한된 주의를 둘 곳을 사려 깊게, 즉 자신과 타인에게 가장 유익하게 선택하게 된다. 게다가 불편함과 함께 머물며 그것을 관찰하고 마음이 압도당하지 않도록 하면서, 불균형과 함께 있게 된다.
- **알아차림:** 마음챙김 훈련을 통해 당신은 불균형 상태를 지속적으로 알아차리게 된다. 그리고 자신과 주변 사람들에게 해를 끼치는 습관적인 패턴들에 빠지지 않게 된다. 또한 당신은 자신이 통제할 수 있는 것과 할 수 없는 것을 구별하게 된다.

매트릭스의 2사분면에 위치한, 즉 집중과 알아차림 상태를 유지한 당신은 끊임없이 삶의 현실적인 도전들을 더 잘 극복할 힘을 갖게 된다. 그 도전들은 사라지지 않지만 다루기가 훨씬 쉬워진다. 마음챙김을 통해 당신은 삶의 불균형을 수용함으로써 내적인 균형 상태를 유지하게 된다. 자신의 통제를 벗어난 것들을 내려놓게 된다. 또한 정신적 에너지를 절약해 통제권 내에 있는 것들을 잘 다룰 수 있게 되며, 그 덕분에 스트레스와 걱정은 줄어든다.

일과 삶의 균형을 잡는 전략들

정기적인 마음챙김 훈련은 매우 강력하다. 그 훈련은 뇌의 회로를 다시 연결시키고, 삶의 즐거운 순간들을 즐기게 해주고, 삶의 불균형을 원래 상태로 돌려놓아준다. 정기적인 마음챙김 훈련은 3부에서 다룰 예정이다. 다음은 일과 삶의 균형을 잡는 데 도움을 주는 몇 가지 조언들이다.

마음챙김을 통한 일과 삶의 균형 잡기

- 하루 종일 마음챙김 훈련을 하라 _ 날마다 정기적으로 하는 마음챙김 훈련에 더하여, 출근했을 때와 점심시간 전, 퇴근 전, 45초 휴식 시간에 훈련을 한다. 더 자주 할 수 있으면 더 좋다. 마음챙김 훈련은 마음을 추적하고, 우선순위를 명확히 하며, 하루 동안에 집중 · 이완 · 명료함의 순간들을 간간히 가질 수 있게 해주는 매우 강력한 수단이다.

- 단호하게 선택하라 _ 일과 삶의 불균형을 더 잘 앎으로써 당신은 도전에 부딪혔을 때 선택권이 자신에게 있음을 알게 된다. 마음챙김을 통해 당신은 혹사당하고 압도된 자동조종 상태의 마음이 아니라 고요하고 명료한 마음으로 선택하게 된다.

- 경계선을 치라 _ 생활 속에서 방해물을 제공하는 원천들, 일과 삶의 불균형을 초래하는 것들을 조사해본다. 그리고 적절한 경계선을 설정한다. 대부분 방해물을 제공하는 가장 큰 원천은 전화기와 전자기기들이다. 그것들을 언제 사용할지와 언제 꺼둘지를 정한다. 그러면 당신의 마음은 평화로워질 것이고 가까운 이와 상호작용의 질도 향상될 것이다. 밤과 주말, 휴가 때 얼마나 일할지 그 한계선도 분명히 해두어야 한다. 그 한계선을 벗어나야 할 때도 있겠지만 그것은 예외 상황으로 처리한다.

- 자신을 위한 시간을 만들라 _ 생기를 되찾고 새로운 에너지로 충전되는 시간을 가져야 한다. 이완하기 위해 하는 것들을 꼼꼼히 따져보면서 실제로 이완하는 데 도움이 되는지 평가해본다. 만약 이완을 위한 시간을 전혀 갖고 있지 않다면 그런 시간을 만들어야 한다. 우리 모두는 자신을 보살피는 시간을 가져야 한다. 생기를 되찾는 활동에 다른 사람들을 초대하는 일은 자신을 돌보는 동시에 관계를 좋게 하는 매우 좋은 방법이다.

일과 삶의 불균형을 수용하는 것은 카약을 타는 사람들이 급류를 타는 방법과 비슷하다. 거친 물살은 배를 오른쪽으로 밀었다가 어떤 때는 왼쪽으로도 민다. 그런 상황에서 카약을 탄 사람들은 물 아래로 휩쓸려 들어갈 때도 있다. 그런데 훈련을 충분히 받은 사람이라면 물 아래서 바로 밖으로 나올 수 있을 것이다. 균형을 잃었다가 다시 찾는 과정 속에서, 마음챙김은 뒤집혀 있는 것과 바로 있는 것의 차이를 가를 수 있다.

일과 삶의 균형을 위한 조언

- 일과 삶의 균형은 우리가 삶의 불균형을 어떻게 인지하고 조절하는지에 기반을 둔 마음 상태다.
- 현재 자신의 일과 삶의 균형은 어떤지 살펴본다. 불균형이 인지되는가? 당신은 지금 그 불균형을 수용해 변화시킬 수 있는 방법들을 찾고 있는가?
- 이 기법에서 제시된 일과 삶의 불균형에 관한 한두 개의 전략을 일주일 동안 적용해본다. 그것이 일과 삶에 미치는 모든 영향을 기록한다.

2부

정신 전략

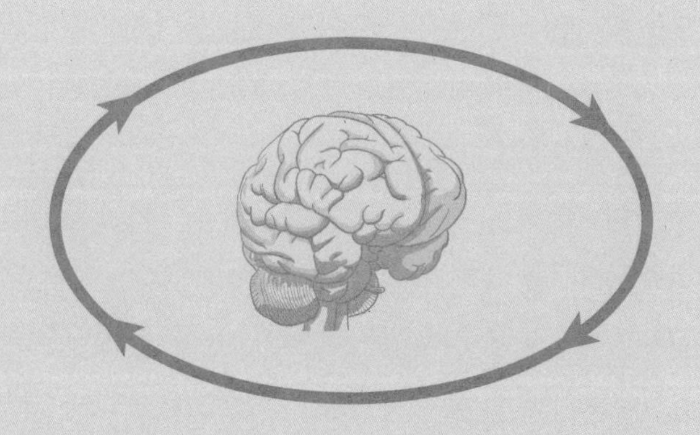

마음챙김 훈련을 처음 시작했다면, 당신은 얼마 되지 않아 생각의 본성에 대해 흥미로운 사실들을 발견할 것이다. 아마도 마음이 지금 여기에 가만히 있지 못하고 방황할 것이다. 혹은 어떤 생각이나 경험에 묶인 채 거기서 벗어나지 못할지도 모른다. 일반적으로 마음은 당신 자신과 주변 사람들에게 도움이 되는 신경학적인 패턴이 아니라 도움이 되지 않은 패턴으로 초기화될지도 모른다.

당신은 그 무익한 패턴을 바꿀 수 있다. 무익한 신경의 반작용적인 패턴들을 조절할 수 있게 해줄 뿐만 아니라 더 새롭고 효과적인 행동 패턴들을 계발할 수 있도록 도와주는 정신적 전략들은 많다. 생각과 행동 사이에 존재하는 1초라는 자유 시간 속에서, 그 정신적 전략들은 유익한 반응과 해로운 반응을 구분해 준다(〈표 32〉).

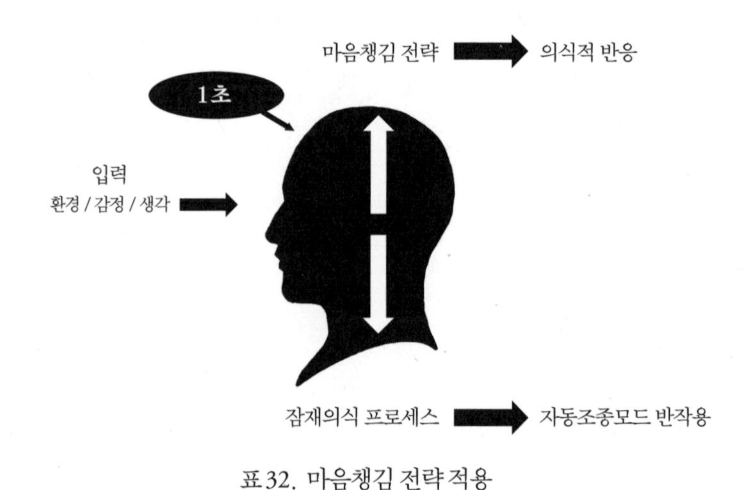

표 32. 마음챙김 전략 적용

2부에서는 현존·인내·친절·초심·수용·균형·기쁨·내려놓음, 이렇게 여덟 가지의 정신적 전략들을 소개한다. 이 전략들은 마음챙김 훈련을 일상적인 삶 속에서 구현하도록 해주고 또 우리가 생각이나 감정, 환경보다 1초 앞서도록 해준다.

이 여덟 가지의 전략들을 습관으로 만들면 만들수록, 그것들은 당신의 기본 행동 모드가 될 것이고, 마음은 더 고요해지고 명료해질 것이다.

앞으로 정신적 전략들을 하나씩 탐구하면서 그것들을 일상에 어떻게 끼워 넣을지 살펴볼 예정이다. 언뜻 보기에 너무 많은 것처럼 보이는 이 전략들을 하루아침에 다 정복할 필요는 없다. 그것들을 최대한 활용하려면, 앞에서 배웠던 기법들을 같이 사용하면서 전략들 중 하나를 일주일 동안 집중적으로 활용해보는 것이 좋다.

더 좋은 방법은 정기적으로 하는 마음챙김 훈련에 전략을 일주일 단위로 하나씩 끼워넣는 것이다. 일일 마음챙김 훈련을 계발하고 지속하는 것에 관해 정보가 더 필요하다면, 이 책의 3부를 참고하면 된다. 앞에서도 언급했다시피, 일일 훈련은 마음챙김의 삶을 살고자 하는 우리가 기본적으로 해야 하는 훈련이다.

이 정신적 전략들은 1장에서 제시된 매트릭스와 관련이 있다. 정신적 전략들을 습관으로 만들수록, 당신은 2사분면에 위치할 가능성이 높아진다. 그리고 2사분면에 더 오래 있을수록, 직장에서 더 유능하고 생산적인 사람이 될 것이다. 업무수행력을 빠르고 쉽게 향상시킬 수 있는 여러 기법들 위에, 이 전략들을 추가해 올려놓을 수 있도록 고려해보자. 이 전략들은, 기초 훈련 방법인 1부의 기법들을 대체할 수는 없지만, 매순간 최고의 자신으로 있지 못하게 하는 고질적인 습관들과 생각들을 약화시킨다.

이제, 현존이라는 강력한 전략부터 살펴보자.

전략1 : 현존

회의시간에 백일몽에 빠져본 적이 있는가?

백일몽에 빠져있는 상태에서 누군가 당신의 이름을 계속 부르는 소리를 들어본 적이 있는가? 누가 왜 당신을 불렀는지, 어떤 질문을 했는지 몰라 어리둥절해본 적이 있는가?

더 극적인 것은 잡지에서 어떤 기사를 다 읽었는데 그 내용이 하나도 생각나지 않을 때일 것이다.

위의 사례들은 우리가 전적으로 현존하지 못할 때 발생하는 몇 가지 사례일 뿐이다.

당연히 어떤 자리에 몸만 있을 수 있다. 하지만 진정으로 현존한다는 것은 현재의 상황과 전적으로 연결되는 것을 말한다. 그 상황은 회의를 하거나 식사를 하거나 책을 읽는 자리일 수 있다.

현존은 마음챙김의 기본이다. 현존은 우리 주변의 사람과 사물과 생각에 주의를 기울이는 것을 의미한다. 그 정도로 관심을 기울이는 것은 마음챙김의 주요 특성인 집중과 알아차림을 관리하고 정신적 효율성을 유지하는 핵심이다.

현존할 수 있는 능력을 계발하거나 향상시키려면 언제가 가장 적절할까?

지금이 제일 좋다

네덜란드의 큰 보건조직에서 부서장으로 일하던 마이클은 부하직원들에게 시간을 충분히 내주지 않는다는 비난을 자주 들었다. 그는 볼 때마다 너무 바쁜 것처럼 보였고, 개인적으로 만나거나 이야기할 경우 그의 소중한 시간을 뺏는 것처럼 느끼게 했다.

마이클은 그 비난을 들을 때마다 좌절감을 느꼈다. 자신은 그렇게 생각하지 않았기 때문이었다. 그는 자신이 직원들과 시간을 많이 보내고 있다고 느꼈다. 그래서 자기 느낌이 옳다는 것을 입증해줄 증거 자료를 찾기 시작했다. 직원들과 보내는 매순간을 추적하기 시작했고, 대부분의 자료는 그의 느낌이 옳다는 것을 증명해주는 것처럼 보였다.

하지만 마이클이 직원들에게 자료를 들이밀었을 때도 직원들은 생각을 바꾸지 않았다. 그것으로는 충분하지 않았던 것이다.

그런데 마이클이 일일 마음챙김 훈련을 시작하자, 많은 것들이 변했다. 그는 직원들로부터 항상 도움을 주고, 주의가 깊으며, 열심히 일한다는 칭찬을 계속 들었다. 정말로 인상적인 사실은 마이클이 직원들과 더 많은 시간을 보내지 않았다는 것이었다. 양적인 측면에서 보면, 그는 직원들과 더 짧은 시간을 보냈다. 그렇지만 그 시간은 양적으로는 짧았지만 질적으로는 훨씬 더 나았다. 마이클은 그 시간을 어떻게 사용할지에 대해 사려 깊게 생각했었다. 그는 직원들을 만날 때나 질문을 받을 때, 어려움이 생길 때마다 그 자리에 온전히 현존했다.

현존은 사회적 관계에 따라 여러 의미를 가지고 있다. '현존present'이라는 단어는 '여기here'나 '이 순간this moment', '선물gift'을 뜻하기도 한다. 다른 사람들과 함께 있으면서 현존할 때, 우리는 현존의 세 가지 뜻을 모두 구현하게 된다. 우리는 이 순간, 여기에서, 다른 사람들의 선물로 존재하는 것이다.

온전히 현존하는 사람과 함께 있는 2분은 주의가 산만한 사람과 함께 있는 10분보다 훨씬 더 강렬하고 효율적이다. 온전히 현존하는 것이 얼마나 더 생산적이고 효율적인지에 대해 한 번 생각해보자. 마이클처럼 우리도 적은 시간에 더 많은 일을 해 더 나은 결실을 맺을 수 있을 것이다.

현재를 최대로 활용하라

과거는 이미 지나갔고 미래는 아직 오지 않았다. 그럼에도 우리는 과거와 미래 사이에서 방황하곤 한다. 우리는 모두 현재에 머무는 것을 잘 하지 못한다.

우리는 주의를 잘 집중하지 못하는 정신질환인 주의력결핍과잉행동장애ADHD(Attention Deficit Hyperactivity Disorder)라는 용어를 자주 듣는다. 하지만 주의력 결핍 성향ADT(Attention Deficit Trait)에 대해서는 자주 듣지 않았을 것이다. ADT란 뇌에 과부하가 걸려 쉽게 산만해지고 인내심을 잃는 증상을 말한다.

연구가들에 따르면, ADHD를 앓는 사람들은 정신없이 바쁜 환경에 의해 악영향을 받을 수 있는 유전적 요소를 가지고 있다고 한다. 하지만 ADT는 환경에 의해서만 결정된다고 한다. 즉 누구도 ADT 성향을 선천적으로 가지고 태어나지 않는다. ADT는 갈수록 높아지는 압박감과 기술을 지향하는 현실의 상호작용에서 나온 결과다. 정신과 의사인 에드워드 할로웰은 "ADT는 교통체증처럼 현대 생활의 산물이다. 그것은 우리의 시간과 관심을 빼앗는 부담스런 요구들 때문에 생겼고 그 요구들은 지난 20여 년 동안 폭발적으로 증가했다. 소음이 마음을 꽉 채우면, 뇌는 현존할 수 없게 된다."고 썼다.

삶 속의 많은 내외적인 방해물들 때문에 생기는 ADT는 우리가 직장에서 겪는 고질적인 증상이 됐다. 결과적으로 최고의 실력자들조차 시간경영·조직화·우선순위들과 관련해 힘들어한다. 할로웰은 어떤 연구의 결론 부분에서, "현대의 직장생활과 점차적으로 일반화되고 있는 'ADT' 때문에 지각 있는 임원들이 제정신을 잃은 저성과자underachievers로 변하고 있다"고 말했다.

할로웰의 연구는 미국에서 진행된 것이지만, 그와 똑같은 현상이 세계 도처의 조직에서 관찰되고 있다. 산업 영역과 문화권에 상관없이, 현대의 직장인들은 지금 이 순간에 집중하는 일이 점점 더 어려워지고 있음을 발견한다. 신경학적으로 보자면, 뇌 속의 신경이 정신없이 일하고 있는 것이다(〈표 33〉 참조).

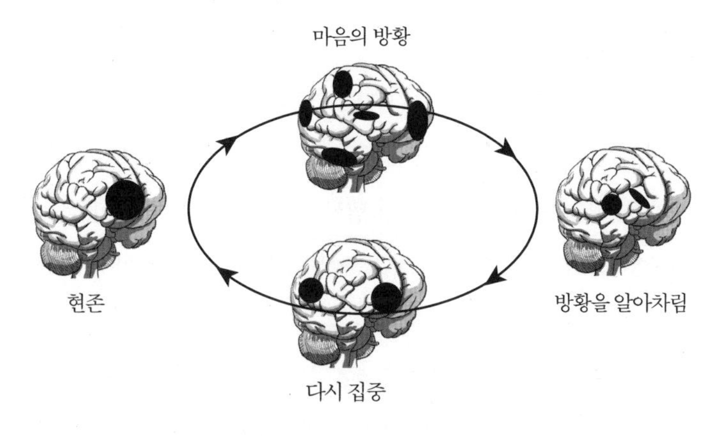

표 33. 지속적 신경의 순환

우리가 지금 여기에 현존하면, 뇌의 전전두피질prefrontal cortex에서 활발한 활동이 생긴다. 그런데 마음이 방황하기 시작하면, 전전두피질의 활발한 활동이 뇌의 오른쪽 뒷면 즉 외측두피질lateral temporal cortex과 후측대상피질posterior cingulate cortex 등으로 이동한다.

그러다 우리가 방황하는 마음을 알아차리면, 뇌 깊숙한 곳에 위치한 앞뇌섬anterior insula과 전대상피질anterior cingulate cortex이 활성화된다. 우리가 지금 여기로 주의를 되돌리는 순간, 하두정엽inferior parietal lobe이 자극을 받아 활동이 처음 일어났던 곳인 전전두피질로 이동한다. 결국 뇌의 활동은 완전한 원, 즉 현존에서 방황으로, 방황에서 다시 현존으로 되돌아오는 순환을 그린다.

그리고 그 순환은 내외적인 방해요인의 추동으로 날마다 반복적으로 일어난다.

하지만 내외적인 방해요인들에 반드시 굴복할 필요는 없다. 우리는 다른 선택을 할 수 있다. 신경의 그 순환을 따라가는 대신에, 누군가 같이 있으면 전적으로 그와 함께 현존할 수 있다. 해야 하는 일이 있으면 전적으로 그 일에 임할 수 있다. 또 어려운 일이 생기면 그 어려운 일에 전적으로 임할 수 있다.

어떤 사람들은 이런 종류의 정신적 전략을 너무 단순하다고 볼지도 모른다. 나는 그들에게 "현존의 힘을 절대로 과소평가하지 말라"고 말하고 싶다.

예컨대 어떤 글로벌 기술회사의 동남아시아 본부에서 세일즈와 마케팅을 담당하는 직원들이 한 가지 실험을 했다. 그들은 잠재 고객과 함께 회의하는 동안, 자신들이 더 현존할 경우 어떤 차이가 생기는지 알아보기로 했다. 그들은 회의 석상에서 판매에 성공할 수 있을지, 다음에 무슨 일을 해야 할지, 잔뜩 쌓인 메일을 어떻게 처리할지에 대한 생각을 잠시 접어두었다. 대신에 그들은 자기 앞에 있는 고객에게 의도적으로 집중했다. 다행히도, 회의에 의도적으로 현존했을 때 회의가 훨씬 더 즐거울 뿐만 아니라 더 성공적임을 발견했다. 또 마음이 얼마나 자주 방황하는지를 보았고, 성공적인 비즈니스 관계를 위해서 마음을 어떻게 제한할 수 있는지 알게 되었다.

지금 이 순간에 현존하는 것은 귀중한 시간을 최대로 활용할 수 있는 가장 좋은 방법이다. 현존하지 못할 경우, 그것은 당신이 여기에 있지 않다는 말이고 멀티태스킹을 시도하고 있다는 뜻이다. 이 책 전반부에서 말했듯이, 멀티태스킹은 일종의 환상이다. 우리는 여러 인지적 일들을 동시에 처리할 수 없다.

우리 중 누구도 그렇게 할 수 없다.

현존을 통해 당신은 자신이 하는 일과 삶을 사는 방식에 더 의도적으로 접근하게 된다. 최고로 훌륭하고 효율적인 자신으로 살게 될 것이다.

이 순간에 현존하는 일은 지금 하고 있는 일의 변화를 요구하지 않는다. 지금 하고 있는 일에 주의를 기울이는 방식을 변화시키라고 요구한다. 지금 이 순간에 현존하는 것은 하나의 의식적인 결정이다.

사실, 오직 지금만이 존재한다.

다른 시간은 존재하지 않는다. 과거나 미래는 실재하지 않는 시간이다. 우리가 무언가를 해낼 수 있는 시간은 오직 지금 이 순간뿐이다. 오직 이 1초뿐이다. 매순간 더 현존함으로써 우리는 매순간을 최대로 활용할 수 있게 된다.

마음챙김 훈련은 더 현존할 수 있게 해주는 최고의 방법이다. 당신이 들이마시고 내쉬는 호흡을 매번 알아차림으로써, 뇌가 순간순간 주의를 기울이도록 회로를 재구성하고 있는 것이다.

이 순간의 호흡과 함께 머물러야 한다. 이전의 호흡이나 이후의 호흡이 아니라 지금 이 순간의 호흡에 주의를 기울이면서 호흡해야 한다. 마음챙김 훈련이란 10분 동안 알아차림을 하는 것이 아니다. 10분 동안 매번의 호흡을 알아차리는 것이다.

우리 중 누군가는 훈련하거나 일상을 살면서 도달하고 싶은 특별한 상태가 있을 것이다. 하지만 존재하고 싶은 방식에 대한 선입견을 갖는 순간, 도달하고 싶은 그 상태를 이미 놓치게 된다. 이미 미래에 가 있기 때문에 현존할 방법이 없는 것이다. 현존하는 것은 우리가 목표에 도달하는 방법이다. 목표에 집중하면 지금 이 순간을 놓치게 된다. 목표에 이르는 방법에 집중하면, 우리는 이미 목표에 도달한 것이다.

두 번째 정신적 전략은 인내심이다. 인내심은 뇌의 회로를 재배치해서 습관을 바꾸고 싶을 때 필요한 전략이다.

현존에 필요한 조언	
	• 현존하는 것이 언제, 어떻게, 왜 유익한지 생각해본다.
	• 동료나 고객과 같이 있을 때 혹은 회의 석상이나 집에 있을 때 현존할 것을 의도적으로 결정해본다.
	• 매순간 현존하는 것의 유익함과 어려움을 모두 종이에 써본다. 현존의 어려움을 극복하기 위한 방법들에 대해 생각해본다.

전략 2 : 인내

르네는 유럽의 정부 서비스 기관에서 일했다. 우리 대부분이 겪듯이 그녀도 날마다 여러 도전을 만나야 했다. 그녀는 매일 자녀들 두 명에게 아침을 먹이고 옷을 입히고 현관을 나서는 일을, 인내심을 잃지 않고 해내야 했다.

그녀는 매우 성실한 사람이었다. 이른 아침에 일어나 식구들을 깨우는 등 아침 내내 많은 일을 했다. 그럼에도 불구하고 매일 좌절감을 느꼈다. 집을 나서자마자 항상 아이들 중 한 명이 잊고 온 게 있어 그것을 가지러 가야 했다. 아니면 아이들이 옷을 갈아입고 싶어 하거나 간식을 달라고 졸라댔다. 또는 화장실에 가고 싶어 하거나 다른 아이가 저지른 무언가에 심통이 나 있었다.

일어나는 일은 매번 달랐지만 하루도 거르지 않고 꼭 무슨 일이 생겼다.

어떻게 일이 생기는지 잘 알고 있음에도 불구하고, 르네는 그 사건들에 매번 좌절감으로 반응했다. 그런 상황이 벌어지면 내면의 공간을 마련해 자녀들에게 주의를 기울이는 대신에 스트레스를 받으면서 짜증을 냈다. 소리를 자주 질렀는데 그것이 더 상황을 악화시켰다. 그 때문에 그녀는 화를 더 자주 냈고 에너지는 고갈됐다. 결국 출근했을 때는 몸과 마음이 지쳐 손가락 하나 움직일 힘이 없게 된다.

르네의 경우, 정신적 전략으로 인내심을 기르는 훈련은 생활의 엄청난 변화를 가져왔다. 반사적으로 잔소리를 해대는 근원적인 이유를 깨달은 후 다른 대안들을 생각해냈을 때, 르네는 다르게 행동하고 싶은 마음이 생겼다.

물론 이 이야기는 르네만이 겪은 독특한 경험은 아니다. 삶은 어려운 도전들로 가득 차 있다. 그것은 지속적으로 우리의 인내심을 시험한다. 때때로 어떤 도전들은 우리의 뇌 속 깊숙이 박힌 패턴들을 건드리고, 우리는 잠재의식적으로 그것에 반작용한다. 결과가 항상 좋은 것만은 아니다. 불편함을 견뎌내는 능력인 인내심은 충동적으로 반작용하지 않기 위한, 즉 이성적으로 반응하기 위한 정신적 전략이다. "화가 났을 때 그것을 참아내는 순간, 당신은 수많은 후회의 시간에서 자신을 구해낸 것이다"라는 속담이 있다. 이 속담을 삶의 무대로 가져와 적용하는 동안, 우리는 일도 예외가 아니라는 것을 알게 된다.

우리가 습관적으로 하는 반작용 뒤의 신경학을 이해하기 위해 삼위일체의 뇌에 대해서 알아보자.

삼위일체 뇌

삼위일체triune라는 말은 세 가지가 하나로 통합되어있다는 뜻으로, 인간의 뇌는 세 부분으로 구성돼 있다. 파충류의 뇌와 변연계의 뇌와 대뇌피질로 구성돼 있다(〈표 34〉 참조).

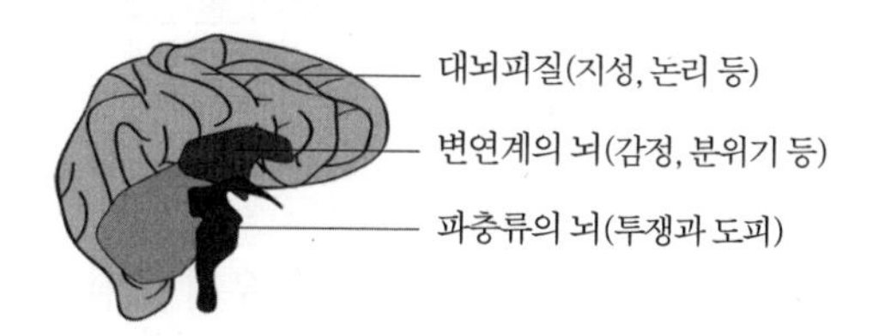

표 34. 삼위일체 뇌

대략 2억2천 500만 년 전에 파충류의 뇌는 인간의 초기 진화 과정에서 만들어졌고, 뇌의 세 부분들 중 가장 오래되었다. 그리고 기본적인 생존 욕구를 집중적으로 조절한다.

파충류의 뇌 다음으로 오래된 부분은 변연계의 뇌로, 약 1억7천만 년 전에 생겼다. 우리는 변연계가 있어 '보살피는 사람', 즉 자녀들의 웰빙을 걱정하는 사람이 될 수 있다. 변연계의 뇌는 느낌과 정서적 분위기를 제공하는 원천이기도 하다.

겨우 4천만 년 전에 만들어진 대뇌피질은 가장 최근에 발달한 부분이다. 대뇌피질이 있어서 우리는 이성적이고 지적이며 논리적인 생각들을 할 수 있는 것이다. 대뇌피질은 의식적인 알아차림의 근원지다.

우리가 위협감을 느끼면, 변연계의 일부인 편도체는 '투쟁 혹은 도피' 반응을 촉발한다. 이런 반응은 종종 편도체 납치amygdala hijack라고도 불리는데, 이때 뇌의 이성적인 영역들이 강탈당해 통제하기 어려운 행동들을 하게 된다. 투쟁 혹은 도피 환경일 때, 우리 몸은 임박한 위협에 대비해 신체적으로 자신을 방어하거나 아니면 도망치려고 한다.

투쟁 혹은 도피 반응은 진화 초기에 우리가 살아남을 수 있도록 도움을 주었고, 현재도 위험한 상황에 처했을 때 도움을 준다. 오늘날 신체적으로 위험한 상황은 그리 자주 있지 않지만, 삶은 여전히 위협적으로 느낄 만한 상황들로 가득하다. 그 상황들에서도 신체적인 위협은 좀처럼 생기지 않기 때문에, 이성적이고 의식적인 선택이 자동반사적이고 잠재의식적인 결정보다 관계·생산성·건강·웰빙의 측면에서 훨씬 더 나은 선택이다.

삶은 일정과 계획과 목표와 의도를 '위협하는' 상황들로 가득 차 있다. 그렇다고 고대의 파충류가 당신 자신을 조종하도록 놔둘 필요는 없다. 당신은 이미 진화한 사람이다. 당신에게는 대뇌피질이 있다. 대뇌피질의 도움을 받아 논리적이고 합리적인 해결책을 내놓자. 대뇌피질은 인내심을 갖게 해준다.

투쟁, 도피, 인내

인내심은, 도전적인 상황에 맞닥뜨렸을 때, 심지어 투쟁 혹은 도피 반사가 이미 촉발됐을 때조차, 고요히 머무는 것을 선택하는 것과 관련이 있다. 인내심은 불쾌함을 견뎌내는 힘이다. 그 상황을 마주보고 충동이 아니라 이성으로 다룰 수 있는 힘이다. 단기적이고 일시적인 해결책이 아니라 장기적인 목표와 더 관련이 있다.

투쟁 혹은 도피가 외적 환경과 싸우거나 그 환경에서 도망침으로써 문제를 해결하려는 시도라면, 인내심은 오늘날의 문제를 일으키는 원천인 마음을 다룰 때 필요한 명료성을 우리에게 준다. 인내심은 내면의 반작용적 패턴들을 무장해제시킴으로써 우리로 하여금 1초 앞서게 해준다. 그 덕분에 우리는 명료성을 갖게 되고 적절히 행동할 수 있다. 또한 문제의 증상이 아니라 원인에 초점을 맞추면서 삶을 효율적으로 살 수 있다.

물론 이런 인내심은 모든 사람에게 당연히 일어나지 않는다. 우리 중 누군가는 싸우거나 도망치고 싶은 욕구가 더 강할 수 있다. 그러나 단언컨대 불편한 상황을 견뎌내는 정신력은 계발될 수 있는, 자양분이 풍부한 능력이다. 마음챙김 훈련을 하면 대뇌피질, 즉 이성적이고 지적이며 논리적인 뇌의 영역을 통해 현실을 더 잘 인식하고 처리하기 시작한다. 그리고 파충류의 뇌를 덜 사용하기 시작한다. 그러고 나서 우리는 인내심을 더 가질 수 있도록 뇌신경의 회로를 재배치하게 된다. 그것은 갈수록 더 쉬워진다.

이 책 3부의 마음챙김 훈련을 매일 할 때마다, 당신은 가만히 있지 못하고 들썩이는 자신을 발견할 것이다. 내면의 소리는 "왜 여기에 앉아 있는 거야? 다른 일을 해야 하잖아"라고 말할 것이다. 바로 그때가 인내심을 기를 수 있는 완벽한 기회다. 굳건한 정신력으로 그 소리에 굴복하는 대신에 들썩이는 자신을 참아내야 한다.

가만히 있지 못하고 들썩이는 자신을 정면으로 보라. 그 들썩임을 부추기거나 억누르고 싶은 충동을 무시하라. 한 번 도망쳐도 바로 또 만날 것이라는 것을 우리는 알고 있다. 불편함은 오로지 그것이 발생한 곳, 즉 마음에서만 해결할 수 있다.

다음에 안내할 전략은 친절함이다. 이것은 우리가 생각하는 것보다 더 전략적일 수 있다.

인내심을 기르기 위한 조언

- 더 많은 인내심이 자신에게 이익을 주는 것인지 고찰해보자. 이유도 생각해보자. 더 많이 인내하는 것이 직장이나 가정에 도움을 주는 걸까?
- 당신은 어떤 상황에서 투쟁 혹은 도피 반응을 보이며 인내심을 잃는가? 그 특별한 상황을 찾아보자.
- 다음에 그런 상황을 만났을 때, 잠시 멈춘 후 호흡을 고른다. 진정될 때까지 호흡에 집중한다. 현재 자신의 행동을 추동하는 것이 파충류의 뇌인지 대뇌피질인지 알 수 있는가?
- 그런 상황이 정기적으로 일어난다면, 그 상황을 인내심을 기를 수 있는 좋은 기회로 받아들여야 한다.
- 그때는 진정으로 인내심 있게 자신을 대해야 한다. 분노나 좌절에 휘말리지 않으려면 노력을 해야 한다. 그것을 의식적으로 시도해본다.

전략 3 : 친절

우리 모두는 행복해지기를 원한다. 또 고통 받는 것을 좋아하지 않는다. 그런데 우리가 자신이나 다른 이의 최선의 이익을 위해서 항상 행동하는 것은 아니다. 자신을 고통스럽게 하는 원인과 방법은 사람마다 각양각색이다.

당신 자신은 어떤지 잠시 생각해보자.

우리가 행복을 바라고 고통을 원하지 않는다면, 나 자신이 행복해지기 위해 다른 사람에게서 무엇을 원하고 있을까? 그 답은 간단하다. 현존, 관심, 존중, 이해, 수용이다. 그럼 다른 사람들은 자신들의 행복을 위해 나에게서 무엇을 바랄까?

똑같을 것이다.

이런 점에서 우리는 각자 서로를 행복하게 해주는 것의 전문가가 될 수 있다.

친절이란 무엇일까?

당신은 황금률에 대해 들어본 적이 있을 것이다. 다른 사람들에게 대접받고 싶은 대로 그들을 대접하라. 마음챙김의 기본적인 특징은 오랜 속담인 "내가 행복해도 되겠습니까? 당신이 행복해질 수 있도록 내가 할 수 있는 것을 해도 되겠습니까?"에서 그리 크게 벗어나지 않는다. 또한 이 특징은 친절이라는 말이 압축해서 보여준다.

사실, 우리는 모두 이미 다른 사람을 행복하게 해주는 일의 전문가들이다. 그러나 우리 모두가 행복하기를 원하고 다른 사람을 행복하게 만드는 방법을 아는 전문가들임에도, 우리는 왜 행복하지 못한 걸까? 가장 큰 이유는 우리가 바쁘게 살면서 근본적으로 중요하다고 알고 있는 것들을 자주 잊기 때문이다. 즉 우리 자신과 다른 이들을 존중하면서 행복에 주의를 기울이는 일을 잊기 때문이다. 마감 기한과 해야 할 일들 속에서 우리는 친절을 잊는다.

친절에는 다른 사람을 기쁘게 하는 것만 있는 것이 아니다. 다른 사람에게 할 수 있는 친절한 일들 중 하나는 정직하고 건설적인 피드백을 주는 것이다. 실제로는 그렇지 않음에도, 자신이 최고의 일을 하고 있다고 착각하는 사람이 있을 수 있다. 그때 그대로 둔다면, 당신은 그에게 어떤 호의도 베풀고 있지 않은 것이다. 내 경험으로는, 사람들을 해고하는 것도 친절에서 나오는 행동일 수 있다. 그리고 강력한 동기부여를 해줌으로써 친절을 실천할 경우, 그것과 관련된 모든 사람들은 극적으로 발전적인 경험들을 할 것이다.

게다가 친절은 최종적인 결과물에 이로운 것일 수 있다. 예컨대, 글로벌 경영 컨설팅 회사의 비즈니스 동인들을 생각해보자. 조직이 컨설턴트를 고용할 때, 겉으로는 조직의 정보와 기술을 활용하기 위해서일 것이다. 하지만 정보와 기술을 결과물로 전환하기 위해서는 인간의 효과적인 상호작용을 있어야 한다.

뉴욕에서 진행됐던 컨설팅 그룹과의 프로그램에서 "어떻게 하면 친절이 일상적인 업무에 이익이 될까?"라는 질문이 제기됐다. 높은 압박감을 가지고 고성과를 창출하면서 빠르게 생각해야 하는 뉴욕의 컨설팅회사에서 친절은 필요하지 않았기에, 그룹은 잠시 침묵을 했다.

얼마 후, 참가자들 중 한 명이 "고객들에게 친절하겠다는 분명한 의도를 가지는 것이 어쩌면 업무의 효율성을 늘리고 우리의 조언을 실천하는 고객들의 능력도 향상시킬 수 있다"고 말했다. 이런 관점에서, 컨설팅 그룹은 친절을 잠재적인 경쟁력이 있는 이익으로 봤다. 그들은 고객들에게 친절하겠다는 명확한 의도가 자신들의 결과물에 어떤 변화를 일으키는지 연구하는 실험을 하기로 결정했다. 이 실험을 통해, 그들은 친절하겠다고 마음을 먹는 것이 고객과의 미팅을 더 쉽게 만들고, 더 생산적이고 더 즐길 수 있게 만든다는 사실을 발견했다. 또한 친절이 직업인으로서, 동료로서, 친구로서, 가족구성원으로서 자신에게 중대하고 긍정적인 영향을 미친다는 것을 알았다. 사실, 우리의 친절함으로 이익을 보는 사람은 상대방만이 아니다. 친절은 우리 자신을 돌보는 가장 효과적인 방법이기도 하다. 신경학적으로 불쾌함의 반대인 친절은 부정적인 경향성들을 진정시키는 일만 하는 것이 아니라 그것들을 뿌리째 뽑아버린다.

친절 속에는 분노가 있을 자리가 없다.

친절의 과학

친절이 당신의 정신적·신체적 웰빙에 긍정적인 영향을 미친다는 과학적인 증거가 있다. 친절할 때, 면역 시스템이 강해지고, 더 창조적이 되고, 더 나은 사회적 관계를 맺으며, 삶의 즐거움이 커진다. 친절의 반대편에 있는 분노는 부정적인 영향이 오래 지속되고 긍정적인 결과물을 내지 못한다. 분노는 심장병과 만성두통을 일으킬 가능성이 높고, 다른 질병들을 초래할 가능성도 높으며, 통계학적으로 수명을 단축시킬 수 있다.

긍정 심리학의 선두적인 연구가인 마틴 셀리그만은 어느 연구에서 다음과 같이 밝혔다. 당신이 타인에게 친절을 베풀었을 때, 그 영향은 사건 후 최장 8주 동안 당신의 행복지수로 측정될 수 있다. 그러나 타인에게 친절을 베풀기 전에 먼저 자기 자신에게 친절해져야 한다. 자신에게 친절할 때만이 타인에게도 진정으로 친절할 수 있기 때문이다.

비행기가 이륙하기 전에 늘 듣게 되는 안전수칙을 상기해보라. 안내원들은 항상 "위험한 일이 생길 경우, 다른 사람을 돕기 전에 먼저 산소마스크를 쓰세요"라고 말한다. 왜 당신이 먼저 마스크를 써야 할까? 의식을 잃으면 당신은 아무도 도와줄 수 없기 때문이다. 타인을 돕느라 의식을 잃어버리는 영웅은 세상에 없다.

마찬가지로, 친절을 키우는 첫 단계는 자신을 친절하게 대하는 것이다. 자신에게 너그러움을 보이는 것이다. 무언가 잘못하고 실수했을 때, 자신을 책망하지 마라. 대신에 타인이 당신에게 해주었으면 하는 방식으로 자신을 대하라. 이해와 존중으로 자신을 대해야 한다. 자신을 친절하게 돌볼 수 있을 때, 당신은 타인에게 진정으로 친절할 수 있다.

우리는 삶의 방식뿐만 아니라 환경의 자극에 반응하도록 지정된 뇌 회로를 변경할 수 있을 정도로 어마어마한 힘을 가지고 있다. 화를 내면서 좌절하는 것으로 계속 반응하면, 우리 마음은 화내는 반응으로 초기화되는 패턴을 갖게 된다. 친절로 반응하는 것을 훈련하면, 신경의 초기모드는 친절이 될 것이다. 우리에게는 살아가면서 어떤 특성을 강화하고 넓힐 것인지 선택할 자유가 있다. 그리고 우리의 내면에는 분노뿐만 아니라 친절도 있다. 어느 것에 자양분을 주고 키울지 선택하는 것은 바로 우리 자신이다.

자신은 물론 타인에게 친절을 더 많이 베풀고 싶으면, 정기적으로 매일하는 마음챙김 훈련에 친절을 키우려는 노력을 더하면 된다. 즉 사무실에서 동료와 함께 있을 때뿐만 아니라 정기적으로 마음챙김 훈련을 할 때도 친절을 키우는 노력을 하면 된다.

다음 전략에서는 초심의 미학을 탐색한다.

친절을 키우기 위한 조언	
	• 친절이 회사나 가정에서 당신에게 어떤 이익을 가져다줄 수 있는지 생각해보라. 어떠한 모습으로 이익이 되는지, 왜 이익이 되는지 생각해보라. • 회사나 가정에서 친절을 실천해본다. 그리고 무슨 일이 일어나는지 살펴보라. • 친절을 렌즈라고 생각해보라. 당신은 사무실과 가정과 지역사회에서 그 친절이라는 렌즈를 통해 모든 것을 경험한다. 당신 자신과 당신이 경험하는 모든 것을 대할 때, 친절을 기본 태도로 삼으라. • 마음챙김 훈련을 하는 동안, 당신 자신과 당신이 경험하는 것들이 친절의 바다에 푹 젖어들게 하라. • 이 수련을 더 많이 생각하고 훈련할수록, 친절은 하나의 정신적 기법으로서 더 강해질 것이다. 왜냐하면 친절과 관련된 신경의 연결들이 더 튼튼해지기 때문이다.

전략4 : 초심

수년 전, 나는 어린 자녀들과 함께 산책을 한 적이 있었다. 아들 하나가 갑자기 흥분해서 큰 소리를 쳤다. 가까이 다가가보니, 그 아이 손에는 자작나무껍질이 들려있었다.

내 눈에 그 껍질은 특별할 것이 없어 보였다.

그러나 아들에게는 보물인 듯했다. 아들은 그 껍질이 완벽한 캔버스라고 하면서 집에 돌아가면 거기다 그림을 그릴 거라고 말했다.

다른 아들 하나는 그 소중한 자작나무껍질을 보자 똑같이 흥분해서 그것을 공중으로 날렸다. 껍질은 글라이더처럼 공중으로 날아올랐다. 아이는 신이 나서 "와, 비행기에요, 비행기!" 하고 소리쳤다.

껍질이 땅바닥에 떨어지자, 이번에는 딸이 그것을 주웠다. "배다!" 하고 외쳤다. 그러더니 개울가로 가 무릎을 꿇고 앉아 껍질을 물위에 띄웠다.

내 눈에는 그저 평범해 보이는 나뭇조각이 캔버스가 됐다가 다시 비행기가 되고 또 배가 되었다.

나의 제한되고 습관화된 인식의 자리에서 아이들은 잠재성과 가능성을 발견했던 것이다. 그런 능력을 잘 표현해주는 일본어가 있는데 미타테mitate라는 말이다. 그것을 직역하면, "새로운 것을 보고 있다"라는 뜻이다.

내 경험으로, 새로운 것을 보는 능력은 비즈니스에서 성공하게 해주는 토대다. 그 능력이 없으면, 우리는 시장과 경쟁에 관한 과거의 인식으로 초기화된다. 우리는 현실에 안주하게 된다. 어쩌면 버스가 떠난 뒤에 남겨진 자신을 발견하기 위해 매일 아침에 눈을 뜨는지도 모른다. 노키아의 몰락을 한 번 보라. 2007년에 노키아의 시장 점유율은 49.4퍼센트였는데, 2013년에는 3퍼센트로 굴욕적인 하락을 했다. 도대체 무슨 일이 벌어졌던 것일까! 노키아의 CEO인 올리-페카 칼라스부오가 2007년에 발표했던 것을 보면 그 이유를 알 수 있다. "경쟁자의 관점에서 보면 아이폰은 틈새시장을 노리고 나온 제품일 뿐이다"라고 그는 말했다. 하지만 역사와 시장은 다르게 생각하고 있었음이 밝혀졌다.

마음챙김 훈련에서는 새로운 시각으로 사물을 보는 힘을 '초심'으로 부른다. 노키아가 경쟁사의 신상품을 무시한 뒤 파산 직전까지 가게 된 원인은 바로 그 초심이 결여됐기 때문이다.

우리의 타고난 특성이 초심을 갖지 못하도록 가로막고 있는데, 그것은 습관적인 인식과 인지적 경직성이다.

우리는 모든 것을 이전에 봤다

장미를 처음 본다고 상상해보라.

한 번도 경험해본 적이 없는 것처럼 장미의 부드러운 잎과 달콤

한 향기와 가시들을 경험한다고 상상해보라.

장미를 처음 볼 때, 당신은 머리로 그것에 대한 그림을 그린다. 그리고 '장미'라는 이름 아래 그것을 집어넣는다.

두 번째 장미를 볼 때, 당신의 마음은 그리 오래 걸리지 않고 바로 그것을 알아본다. 마음은 실재의 장미와 머릿속에 저장된 장미 그림을 연결시키는데, 바로 그때 당신은 실재하는 장미가 아닌 자신의 머릿속에 저장된 장미 그림을 볼 가능성이 높다.

당신의 마음은 실재하는 장미를 있는 그대로 보는 대신에 그것을 재빨리 '또 하나의 장미'라는 범주 속에 넣어버린다.

동물들도 비슷한 경험을 한다. 예컨대 어느 연구 그룹이 쥐들을 대상으로 실험을 한 적이 있었는데, 먼저 미로 입구에 쥐를 놓은 다음 미로의 문을 열어주면 쥐가 미로 속으로 들어가 초콜릿을 찾는 실험이었다.

첫 번째 실험에서 쥐들의 뇌 활동성은 왕성했다. 그런데 실험을 여러 차례 반복한 후 뇌의 활동성을 측정해보니, 처음에 문이 열릴 때와 초콜릿을 찾았을 때만 왕성했지 그 나머지는 약해졌다(〈표 35〉 참조). 쥐들이 습관적인 인식을 발달시켰던 것이다. 즉 쥐들이 더 이상 미로를 똑같은 방식으로 보지 않았던 것이다.

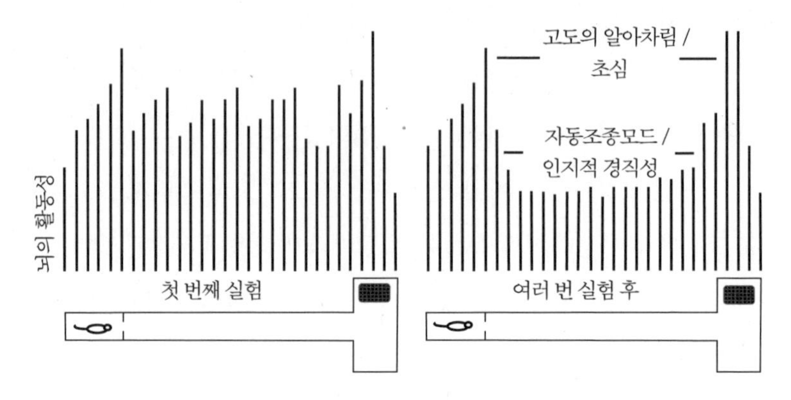

표35. 습관적 인식의 발달

습관적인 인식이 항상 나쁜 것은 아니다. 이전에 봤던 것들을 재빠르게 인식하는 능력이 없으면, 우리는 삶에 압도당할 것이다. 습관적인 인식은 마음이 가진 힘들 중 하나로, 패턴 인지라고도 불린다. 단순하게 생각해보라. 펜으로 무언가를 쓰려고 할 때 펜이 무엇인지 어떻게 사용하는지 새롭게 알아내야 한다면, 당신이 할 수 있는 일을 그리 많지 않을 것이다.

그래도 실제로 존재하는 것과 과거에 봤던 것이 자동적으로 연합하는 현상, 즉 신경학적 관점에서 습관적인 인식이라는 불리는 현상은 여전히 문제의 소지가 있다. 사실, 당신은 눈앞에 있는 것을 자주 보지 않는다.

당신이 보는 것은 실재하는 현실과 관련이 거의 없다. 오히려 당신의 마음이 과거와 습관을 토대로 창조해낸 것과 더 관련이 있다. 다른 말로 하자면, 당신은 특정한 방식으로 현실을 보도록 자기 자신을 설정해놓은 것이다. 모든 장미를 똑같은 장미로 보게 설정해놓은 것이다.

게다가 우리가 습관적으로 인식하는 것은 장미만이 아니다.

다른 사람들, 일, 자기 자신과 상호작용하면서, 우리는 제한된 인식 즉 우리가 아는 것과 알았던 것 속에 자신을 가둔다. 우리의 인식은 고정불변으로 굳어진다. 내가 우리 아이들과 숲을 걸으면서 했던 것, 그리고 노키아의 CEO가 아이폰을 처음 봤을 때 했던 것이 바로 그 일이다.

인지적 경직성, 즉 우리의 습관적인 인식들을 자동적으로 불러냄으로써 발생하는 유연성의 부족은 창의성을 끌어내지 못한다. 우리로 하여금 혁신적인 생각을 하지 못하게 한다. 새로운 도전들에 대한 새로운 해결책은 고사하고, 오래된 도전들에 대한 새로운 해결책도 내놓지 못하게 한다. 인지적 경직성은 사적으로나 직업적으로 우리의 효율성과 실행력을 떨어뜨린다.

감사하게도, 우리는 인지적 경직성이나 습관적인 인식의 수렁에서 빠져나올 능력이 있다. 초심으로 상황을 새롭게 봄으로써 상황을 주도적으로 선택할 수 있다.

습관적인 인식들 지우기

직장과 집에서 우리는 똑같은 도전들을 얼마나 자주 경험하는가?

그리고 똑같은 방식으로 그 도전들을 보는 게 아니라 새로운 눈으로 그 도전들을 보면 어떻게 될까? 그 도전들에 더 효과적으로 대응할까?

과학은 그럴 거라고 답한다.

벤구리온 대학의 연구가들은 마음챙김 훈련이 인지적 경직성에 어떤 영향을 미치는지 연구했다. 더 구체적으로 말하자면, 연구가들은 실험대상자들에게 두 종류의 수학문제들을 내주고 그들이 그것을 어떻게 푸는지 관찰했다. 연구가들은 처음에 복잡한 공식을 써야만 풀 수 있는 문제들을 내주었다. 그런 뒤 나중에는 좀더 쉬운 문제들을 내주었다. 실험 결과, 복잡한 공식을 이용해 처음에 내준 문제들을 다 푼 실험대상자들은 쉬운 문제들을 받았을 때 쉬운 방식으로 푸는 것을 잘 못했다. 앨버트 아인슈타인은 "문제를 해결하는 것은 그 문제를 만든 동일한 의식 수준에서는 가능하지 않다"고 말했다. 그는 이와 같은 상황을 잘 알고 있었던 것 같다.

어떤 의미에서, 연구에 참가한 이들은 복잡한 공식을 써야 했던 자신들의 경험에 '눈이 멀었던' 것이다. 그 다음 문제들이 훨씬 쉬웠음에도 불구하고, 이전의 경험 때문에 더 쉬운 해결책을 찾지 못했던 것이다.

그러나 그 실험대상자들은 마음챙김 훈련을 8주간 하고 나서 실력이 훨씬 향상됐다. 마음의 경직성이 많이 풀린 그들은 문제를 습관적으로 인식하지 않고 있는 그대로 볼 수 있게 되었다.2

도대체 마음챙김의 무엇이 마음의 경직성을 녹였을까?

그것은 1장에서 사례로 나왔던 제이콥이 발견한 것, 바로 1초의 공간, 1초의 자유 덕분이었다. 그 1초 동안에 우리는 습관적인 패턴들로 초기화되거나 아니면 잠깐 시간을 갖고서 상황을 있는 그대로 보는 것을 선택할 수 있다.

마음챙김 훈련은 우리에게 습관적인 인식들에 굴복할 필요가 없음을 보여준다. 우리의 자동적인 연합들은 그렇게 자동적일 필요가 없는 것이다. 앞에 있는 장미를 보고서 거기에 기존의 정신적 이미지를 덮어씌우기 1초 전에, 우리는 장미를 새롭게 보는 것을 선택할 수 있다. 현실을 있는 그대로 보는 능력은, 적어도 사물을 바라보는 낡은 방식에 갇히지 않는 능력은 초심이 가진 정수다. 초심이 없다면, 우리는 자신의 경험에 사로잡히게 될 것이다. 초심을 가지면, 사물을 새로운 눈과 열린 마음으로 본다.

감사하게도 그 선택은 우리에게 달려있다.

초심 선택하기

나는 캐나다의 큰 에너지 회사인 알버타 오일샌드의 현장에서 환경·건강·안전을 담당하는 팀과 마음챙김 훈련 프로그램을 진행한

적이 있었다. 그때 초심이 얼마나 큰 효력을 발휘하는지 경험했다. 환경·건강·안전을 담당하는 팀의 주요 임무들 중 하나는 사람들로 하여금 환경적인 보건과 안전기준을 지키면서 일하도록 독려하는 것이었다. 그 팀은 사람들이 얼마나 쉽게 습관적인 마음으로 사물들을 보는지 깨닫고서 충격에 빠졌다.

팀원들은 자신들이 다양한 방식으로 전달했던 안전에 관한 메시지들에 대해, 직원들이 잠재된 위험에 주의를 기울여 알아차리는 것에 거의 도움이 되지 않았음을 알게 됐다. 그들은 어떻게 하면 더 열린 마음으로 안전에 대한 메시지를 전달하고 탐구조사를 실시할 수 있는지 연구했다. 뿐만 아니라 현장에서 일하는 직원들이 더 잘 알아차려 인지적 경직성을 극복하도록 도움으로써 현장의 안정성을 전반적으로 높일 수 있는 방법을 찾았다.

습관적인 경향성들을 깨닫는 것과 초심을 선택하는 것은 팀원들의 작업에 큰 영향을 미쳤다. 팀원들은 과거에 효력이 입증된 습관으로 돌아가는 대신, 오래된 문제들을 마치 처음 보는 것처럼 살폈다. 그들은 자신들이 이미 해답을 가지고 있다고 더 이상 생각하지 않았다. 습관적인 인식이라는 렌즈로 상황을 보는 대신, 열린 마음으로 그것을 있는 그대로 보려고 의도적으로 노력했다.

초심을 기르는 것은 삶을 경험하는 방식을 바꾸는 아주 멋진 방법이기도 한다. 사물을 새로운 눈으로 볼 수 있다면, 보통의 삶의 현장은 경이로움과 가능성으로 가득 차 있을 수 있다.

다음 전략에서는 수용의 이로운 점들을 살펴볼 것이다.

초심 키우기에 관한 조언	
	• 당신이 부정적으로 보려고 하는 사람이나 일이 있는지 한 번 생각해본다. 초심이 당신 자신과 그 사람이나 일에 도움이 될 수 있을까? • 그 상황에 초심을 적용해보라. 그때 그 사람이나 일을 경험하는 당신에게 어떤 변화가 생기는지 관찰한다. 서로 상호작용하는 면이나 효율성에서 어떤 점이 개선되는지 살펴본다. • 일상적으로 반복하는 활동들을 호기심 어린 시선으로 살펴보라. 매순간 일어나는 일에 마음을 열어둔다. 이미 알고 있다는 생각을 덜면 덜수록 마음은 더 열릴 것이다.

전략5 : 수용

대규모 덴마크 소매체인점의 마케팅팀은 1년 동안 새로운 캠페인을 준비했다. 그들은 최상의 것이 나올 때까지 수정하고 다듬으면서 긴 시간을 보냈다. 캠페인 시작이 얼마 남지 않은 시점에, 그들은 회사 내의 다른 부서에서 똑같은 캠페인을 시작하려고 한다는 것을 알았다.

세상에!

두 개의 캠페인을 동시에 시작한다는 것은 있을 수 없는 일임이 명확해졌다. 두 부서가 서로 경쟁한다는 것은 말도 되지 않았다. 충분히 상상할 수 있듯이, 그 일은 1년 동안 캠페인을 준비했던 직원들에게 시간을 낭비했다는 좌절감과 분노를 심하게 불러일으켰다.

나는 그들에게 상황을 변화시키기 위한 노력을 다 해봤는지 물었다. 물론 그들은 다 해봤다고 대답했다.

그래서 나는 나중에 비슷한 일이 다시 생기지 않게 하기 위해 처리해야 할 과정들을 다했는지 물었다.

그들은 똑같이 "물론 다 했습니다"라고 대답했다.

마지막으로, 나는 그 문제를 해결하기 위해 그들이 더 할 수 있었던 일들이 있었는지 물었다. 실의에 빠진 그들은 할 수 있는 것들은 모조리 다 해봤다고 했다. 다행히도 마침 그 주에 우리가 토론해야 할 주제가 수용이었다. 마케팅 팀원들은 수용하는 마음으로 자신들의 상황을 살펴본 후 좌절감을 내려놓을 수 있었다. 그리고 더 고요해질 수 있었다. 수용은 이미 어려운 상황을 더 어렵게 만드는 것을 멈추는 힘이다. 마케팅 팀원들이 깨달았듯이, 만약에 문제를 풀 수 있다면 당신은 왜 걱정을 하는가? 그리고 문제를 풀 수 없다면 당신은 왜 걱정을 하는가?

이 질문들의 답을 찾기에 좋은 틀은 당신의 영향력 안에 무엇이 있는지와 당신의 걱정거리들 안에 무엇이 있는지를 비교 검토하는 것이다. 〈표 36〉을 참조하라.

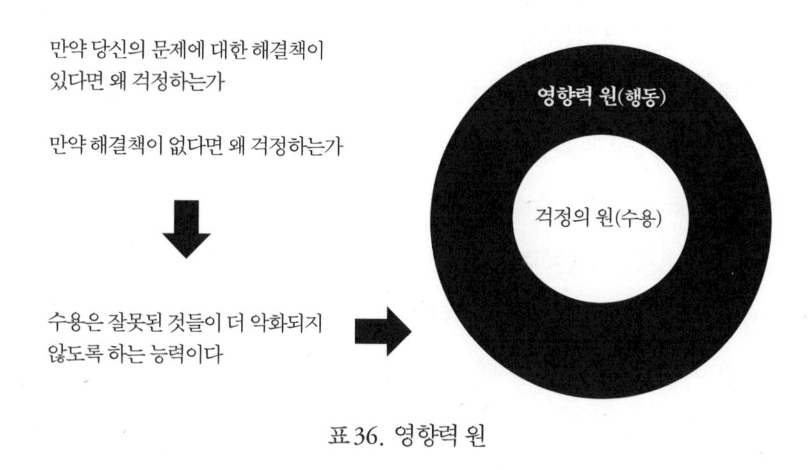

표 36. 영향력 원

만약 어떤 문제에 대해 무언가 할 수 있는 것이 있다면, 당신은 그 문제가 자신의 영향권 내에 있는 것처럼 행동해야 할 것이다. 그런데 당신이 어떤 문제에 대해 할 수 있는 것이 전혀 없다면, 그 문제와 싸움을 벌여서 그것을 악화시키는 일은 하지 말아야 한다.

어떤 상황은 있는 그대로 존재한다. 그 상황을 그대로 수용하고 당신은 내적인 싸움 없이 앞으로 나아가야 한다.

제로 저항

신경학적으로 우리는 싫어하는 것을 밀어내는 경향이 있다. 심지어 그것을 변화시키기 위해 할 수 있는 일이 없음에도 불구하고 말이다. 어떤 면에서, 우리는 자신을 좌절시키는 일들을 고집하도록 프로그램화되어 있다. 그것을 내려놓는 것이 훨씬 건강한 방법임을 알면서도 우리는 자신을 괴롭히는 일들을 수용하는 것을 어려워한다.

괴로움은 우리와 상관없이 자체의 힘으로 존재할 수 없다. 사실 우리는 괴로움이 존재하는 것에 상당히 많이 기여한다. 아래의 〈표 37〉에서 제시하는 공식을 한 번 보라. P는 고통pain을 의미하고, R은 저항resistance, S는 괴로움suffering을 의미한다.

$$P \times R = S$$

표 37. 괴로움 공식

당신이 10의 고통을 주는 상황에 처해 있다고 생각해보자(숫자는 중요하지 않고 고통을 수량화하는 방식도 중요하지 않다). 게다가 동시에 10으로 저항하고 있다고 생각해보자. 그러면 당신이 느끼는 괴로움은 100이 될 것이다. 그러나 생각해보면, 괴로움이 전혀 없는 상태에 비하면 100의 괴로움은 어마어마하게 큰 것이다.

그런데 똑같은 상황에서 저항을 제로로 만들어버리면, 어떤 일이 생길까? 1,000이라는 고통으로 시작됐더라도 저항이 제로가 되면, 괴로움도 제로가 될 것이다.

삶 속의 고통을 느끼지 않을 수는 없다. 고통은 존재의 냉혹한 현실이다.

그러나 당신은 존재하는 것에서 오는 괴로움을 어느 정도 선택할 수 있다. 수용을 선택하면, 당신은 어떤 일을 실제로 할 수 있는 정신적인 공간과 집중력을 더 갖게 된다. 변화 불가능한 것에 대한 걱정을 멈추고 변화시킬 수 있는 것에 집중할 수 있게 된다.

수용은 힘이다

수용은 장애물과 도전을 인지하는 방식만을 변화시켜 행복지수는 물론 효율성까지 높일 수 있는 강력한 방법이다.

더 명확히 말하자면, 수용은 다른 사람에게 당하면서 가만히 있거나 포기하거나 시큰둥하게 있는 것을 말하는 것이 아니다. 수용은 수동적이지 않다. 만약 상황을 변화시키거나 향상시키는 일을 할 수 있다면, 모든 수단을 동원해 그렇게 하라. 그러나 상황을 변화시킬 수 없다면, 피할 수 없는 것을 바꾸려고 묘수를 생각하면서 왜 정신적인 자원을 낭비하는가?

그런데 변화를 꾀하면서 계속 싸워야 하는 상황인지 아니면 모든 것을 내려놓고 그대로 수용해야 하는 상황인지 어떻게 알 수 있을까?

직장의 여러 상황에서 그 '내려놓는 것'을 결정하기란 참으로 어려운 일이다. 중요한 것은 정신적 전략으로서의 수용은 당신이 하는 것 혹은 당신이 하지 않는 것에 관한 어떤 것이 아니라는 점이다. 그것은 당신이 주변 세계를 경험하고 인식하는 방식에 관한 것이다. 나는 평생 세계의 평화를 성취할 수 없을지도 모른다는 것을 수용할 수 있다. 하지만 그것은 내가 세계 평화를 위해 이제 노력하지 않겠다는 말은 아니다. 내가 고요하고 명료하고 수용하는 마음으로 세계 평화를 위해 노력하겠다는 것을 의미한다.

우리에게는 살아가면서 많은 것들에 영향을 미칠 자유가 있다. 그러나 어떤 일들은 쉽게 바뀌지 않는다. 그 바뀌지 않는 것에 집착해 상황을 더 악화시키는 일을 우리는 수용을 통해 그만둔다. 이런 태도는 다음에 나오는 균형이라는 정신적 전략을 위한 훌륭한 토대가 된다.

수용을 기르기 위한 조언	
	• 변화시킬 수 없는 것을 수용하는 것이 당신에게 어떤 이익을 주는지 생각해보라. 당신이 수용하기 어렵다고 생각하는 특별한 상황을 떠올려보라. • 직장에서 좌절이나 낙담을 하게 하는 상황들에 직면할 때, '그 문제를 해결하기 위해 내가 할 수 있는 모든 일을 했던가' 하고 자문하라. 만약 '그렇다'라고 답할 수 있으면, 그 문제를 의식적으로 수용하고 전진한다. 당신이 그렇게 하면 할수록, 그 일은 더 쉬워질 것이다. • 당신에게 수용과 무관심의 차이는 무엇인가? 한 번 생각해본다. 너무 쉽게 수용하는 일들이 있는가? 수용하기 너무 어려운 일들은 있는가? • 마음챙김 훈련은 수용하는 마음을 키우는 훌륭한 방법이다. 침묵 속에 앉아있으면서 지금 경험하고 있는 것을 수용적인 태도로 이해한다. 만약 마음이 들떠있을 경우, 저항을 하면 상황이 더 안 좋아질 것이다. 수용하는 태도로 그 들뜸을 바라보자.

전략 6 : 균형

자유로움은 마음의 상태다. 공간도 아니고, 상황도 아니다. 자유로움은 정신적인 여유와 효율성을 방출시킨다. 수는 호주의 지역사회봉사를 위한 비영리재단에서 주최한 마음챙김 프로그램에 참가한 적이 있었는데 그때 자유로움을 경험했다. 인사담당 책임자이자 두 자녀의 어머니인 수는 여러 가지 일에 시간과 관심을 쏟으면서 바쁘게 살고 있었다. 균형이라는 정신적 전략을 연마함으로써 수는 바쁜 와중에도 자유로움을 창조해낼 수 있는 통찰을 얻었다. 우리가 의미하는 균형을 쉽게 이해하기 위해, 어떻게 수가 환경을 바꾸지 않고 균형을 통해 삶을 다르게 경험했는지 살펴보자.

수의 마음은 1초 당 약 1,100만 비트의 정보 폭격을 받고 있었다. 당신도 비슷한 경험을 하고 있을 것이다. 그 정보들은 대부분 눈을 통해 들어온다. 그리고 나머지 감각기관들을 통해서도 정보들이 약간씩 들어온다. 그 수많은 정보들 중에서 7비트만이 주어진 순간에 당신이 의식적으로 주의를 기울일 수 있는 정보량이다. 나머지 정보들은 모두 당신의 의식적 알아차림의 영역 밖에 있는 것들이다. 그럼에도 불구하고 그것들은 여전히 잠재의식 속에 아주 많이 존재하고 있으므로, 당신의 생각과 행동에 영향을 미칠 수 있는 힘이 있다. 당신이 처리할 수 있는 7비트의 정보와 관련해서는, 그것을 좋아하거나 싫어하거나 중립적이거나 등 세 종류의 반작용이 가능하다.

수의 경우에는 의식적 알아차림이 개입된, 특별히 그녀가 좋아하는 것들이 있었다. 수는 CEO와 동료들로부터 긍정적인 피드백 받는 것을 좋아했다. 또 그녀는 존경받는 느낌과 편리한 주차공간을 제공받는 것과 자녀들이 말을 잘 듣는 것을 좋아했다. 한편 그녀가 싫어하는 것들도 있었다. 그녀는 비판을 싫어했다. 고객에게서 듣는 부하직원에 대한 부정적인 피드백도 싫어했다. 추운 날씨와 자녀들의 스케줄이 급하게 변경되는 것도 싫어했다.

어쩌면 당신은 그 비슷한 패턴들을 자신에게서 발견할지도 모른다. 그 범주로 당신의 경험들도 모두 판단될 수 있다. 그러나 판단은 거기서 멈추지 않는다. 아무리 작은 판단이라도 그때마다 신경학적인 반작용이 일어난다. 당신이 어떤 것을 좋아하면, 그 뒤의 자연스런 반작용은 그것을 더 좋아하는 것이다. 또한 당신이 어떤 것을 싫어한 뒤에 일어나는 자연스런 반작용은 그것을 밀어내려는 것이다. 수가 긍정적인 피드백은 더 받고 싶어 하면서, 비판은 밀어내려 하는 것처럼 말이다.

잠시 당신의 경우는 어떠한지 살펴보자. 최근에 맛있는 초콜릿을 먹었던 때를 생각해보라. 아니면 당신이 최고로 좋아하는 음식을 먹었던 때를 떠올려보라. 한입을 먹은 후 만족감을 느낀 채 나머지는 손에서 내려놓았는가? 아니면 한입 먹고 난 후 제정신을 잃은 채 다시 한입을 더 먹었는가? 누군가 준 맛있는 초콜릿을 막 먹으려고 하는데 갑자기 다른 누군가가 그것을 낚아채 가버린다면, 어떤 기분이 들겠는가? 만족감을 느끼면서 괜찮다고 생각할까? 아니면 저항감을 느낄까? 이것들은 자연스러운 반작용 패턴들이다. 그리고 뇌의 신경학적인 처리들 중 하나를 살펴봄으로써, 특히 도파민의 생성과 갈망을 살펴봄으로써 그것들을 설명할 수 있다.

도파민 중독

신경전달물질들은 뇌 세포들 사이에서 신호를 전달하는 화학물질들이다. 중요한 신경전달물질들 중 두 가지는 도파민과 세로토닌이다(〈표 38〉 참조). 그것들은 우리가 일상에서 경험하는 '끌림과 거절'의 반작용에 영향을 미친다.

도파민은 기쁨·만족·충만함을 느낄 때 나오는 보상 물질이다. 우리가 좋아하는 것을 얻을 때마다 뇌는 도파민을 방출한다. 도파민은 기분을 좋게 한다. 좋아하는 것을 가진 후 그것을 더 갖고 싶어 하는 이유가 바로 도파민 때문이다. 분명히 도파민은 장점이 있기는 하지만 어두운 면인 단점도 있다. 도파민은 중독성이 있다. 모든 형태의 중독, 즉 도박과 마약, 과식, 상사로부터의 칭찬은 도파민의 분비를 갈망하는 것에 기초하고 있다.

만약 칭찬이 당신이 선택한 마약이라면, 칭찬을 들을 때마다 도파민이 방출될 것이다. 그때 당신은 직장에서 느끼는 기쁨이나 좌절

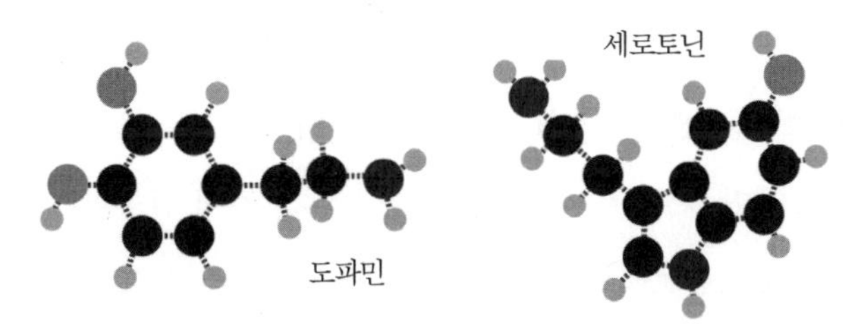

표 38. 도파민과 세로토닌의 화학적 구조

이 다른 사람들의 영향을 심하게 받는다는 것을 알게 될지도 모른다. 당신의 에너지와 효율성의 상당 부분이 당신이 좋아하는 것을 얻거나 싫어하는 것을 피하는 것에 의존한다.

다행히, 우리의 행복은 반드시 환경에 의존하지 않아도 된다. 실제로 도파민의 희생자로 전락하는 것을 피할 수 있는 방법이 있다. 충동 행동을 자제시키고 이완과 명료성을 증가시키는 또 다른 신경전달물질인 세로토닌이 우리의 몸과 마음에 광범위하게 영향을 미치고 있기 때문이다.

세로토닌 증가시키기

세로토닌과 도파민은 밀접한 관계를 맺고 있다. 그것들이 균형을 이룰 때, 우리는 좋은 음식이나 와인을 즐길 수 있고 중독되지 않은 채 칭찬을 즐길 수 있다. 세로토닌은 도파민의 부정적인 영향을 상쇄시키는데, 그 덕분에 우리는 역경을 만나도 잘 극복하고 비난이나 신체적·감정적 고통도 잘 견뎌내 회복하게 된다.

그렇다면 우리는 어떻게 세로토닌을 더 많이 만들어내서 평화로움과 자유로움을 더 만끽할 수 있을까? 어떤 연구 결과에 따르면, 마음챙김 훈련이 뇌에서 세로토닌을 증가시키는 하나의 방법이라고 한다.

충동에 따르지 않았을 때, 즉 좋아하는 음식이나 술을 적당히 먹고 멈췄을 때, 세로토닌은 도파민의 분비를 상쇄한다. 일일 마음챙김 훈련을 하면서 당신이 하고 있는 것은 산만한 생각을 따라가고 싶거나 스트레스를 고집하고 싶은 충동에 대한 지속적인 저항이다. 당신은 자동조종모드로 반작용하지 않고 의도적으로 반응을 선택할 수 있는 정신적인 공간을 자신에게 부여하면서, 자기 경험을 관찰하는 힘을 닦고 있는 것이다.

그렇다면 살아가면서 아무것도 즐기지 말라는 말인가?

그렇지 않다. 오히려 그 반대다. 그것은 욕망을 키우지 않고 더 중독되지 않고서도 모든 것을 충분히 즐길 수 있다는 것을 의미한다. 또한 화나 공격이 아닌 다른 반응으로 싫어하는 것에 능숙하게 대처할 수 있다는 것을 의미한다. 당신은 더 큰 균형을 얻게 된다.

정기적인 마음챙김 훈련을 시작하기만 하면, 당신은 고요함이 더 깊어지고 충동적인 반작용이 줄어든다는 것을 바로 알아챌 것이다. 자동적으로 일어나는 충동에 저항하려고 단련시킬수록, 도파민과 세로토닌은 더 균형을 이룰 것이다. 균형은 내부에서 비롯된 진정한 자유다. 또한 균형은 다음에 안내하는 정신적 전략 '기쁨'을 위한 토대다.

균형을 연마하기 위한 조언

- 당신이 좋아하는 것을 추구하고 싶은 충동이 들 때, 잠시 멈춘다. 그러면 세로토닌이 도파민의 분비를 상쇄해 그 둘이 균형을 이루게 될 것이다.
- 당신에게 즉각적으로 쾌감을 주는 일들에는 어떤 것들이 있나? 당신은 이메일에 답장쓰기나 문자에 답하기 등을 말할지도 모른다. 그렇다면 불편함을 야기하는 일들에는 무엇이 있나? 고객들에게서 불평을 듣는 것, 무례한 동료에게 맞서는 것을 말할지도 모른다. 먼저 그 일들에 자신이 어떻게 반작용하는지 알아차린다. 그런 뒤 좋아하는 것들에게서 얻을 쾌감을 의도적으로 제한하거나 뒤로 미룸으로써 그 반작용을 길들여보라. 반면에 당신이 싫어하는 것들에 대해서는 더 적극적으로 직면하도록 한다.
- 마음챙김 훈련을 시작할 때, 당신이 경험하는 것에 대한 자신의 반작용을 알아차려보라. 호흡을 관찰하는 이 간단한 실습은 기쁨과 평화를 제공해주는 원천으로 작용할 수 있다. 그 결과, 당신은 그 기쁨과 평화 속에 계속 머물고 싶은 욕망을 갖는다. 그 순간 당신은 좋아하는 것에 집착함으로써 그것에 구속될 위험에 빠진다. 혹은 싫어하는 것에 저항함으로써 그것에 구속될 위험에 놓일 때도 있을 것이다.
- 당신은 자신이 경험하는 모든 것, 즉 좋고 싫고 중립적인 것에 대한 자신의 반작용을 알아차림으로써 균형을 더 연마할 수 있다. 당신이 좋아하는 경험들과 당신이 싫어하는 경험들을 알아차려보라. 또한 매력을 느끼는 것들, 혐오감을 느끼는 것들을 알아차려보라.
- 그 반작용들을 알아차리는 것은 변화로 이어질 것이다. 당신이 어떤 욕망이 있음을 알게 되면, 그 욕망은 줄어들고 그 자리에 욕망에 대한 알아차림이 들어설 것이다. 만약 좋고 유쾌한 것이 있다면, 가치를 더 두거나 붙잡지 말고 그것을 중립적으로 관찰해보라. 또한 불쾌한 것이 있다면, 사라지기를 바라지 말고 그것을 중립적으로 관찰해보라.

전략 7 : 기쁨

기쁨에 대해 이야기하기 전에 먼저 짧은 실습으로 해보자. 당신이 진정으로 좋아하는 사람들을 잠시 떠올려보라.

이제, 눈을 감고 그들의 얼굴을 그려본다. 당신이 그들을 얼마나 좋아하는지, 그들이 당신의 기분을 어떻게 만드는지 생각해보라. 그런 뒤 지금 이 순간 당신의 몸과 마음에서 어떤 일이 일어나는지 알아차린다. 어떤 느낌인가?

기분 좋은 느낌인가, 나쁜 느낌인가? 알아차리기 쉬운 느낌인가, 어려운 느낌인가? 지금 당신의 마음은 열려 있는가, 닫혀 있는가? 밝은가, 어두운가? 그 경험을 더 하고 싶은가, 그만두고 싶은가?

이제, 잠시 당신이 싫어하는 사람들을 떠올려보자.

다시 눈을 감은 채 그들이 당신 앞에 있다고 상상해보라. 당신이 그들을 얼마만큼 싫어하는지, 그들이 당신을 어떻게 만드는지 생각해보라. 잠시 동안 그 느낌을 느껴본다. 그리고 다시 지금 이 순간, 당신의 몸과 마음에서 일어나는 일들을 알아차린다.

어떤 느낌인가?

좋은 느낌인가, 나쁜 느낌인가? 편안한가, 불편한가? 마음은 열려 있는가, 닫혀 있는가? 밝은가, 어두운가? 그 경험을 더 하고 싶은가, 그만두고 싶은가?

이 간단한 실습을 통해 우리는 세 가지를 배울 수 있다.

- 분노나 좌절처럼 마음의 부정적인 상태는 신체적으로 좋은 느낌을 주지 못한다.
- 행복과 기쁨처럼 마음의 긍정적인 상태는 좋은 느낌을 준다.
- 분노와 기쁨과 같은 감정들이 반드시 우리의 환경에 의존하는 것은 아니다. 우리는 그것들을 마음대로 활성화할 수 있다.

느낌은 우리 안에서 비롯된다. 방금 전에 당신 스스로 증명했듯이, 분노나 행동 등 모든 감정은 그 감정을 불러일으키는 것들을 상기함으로써 쉽게 느낄 수 있다. 그러므로 우리는 행복을 선택할 수도 있고 분노를 선택할 수도 있다. 어느 상황에서나 감정을 불러일으켜 증폭시킬 수 있다.

기쁨도 예외는 아니다. 그리고 살아가면서 기쁨을 유발하는 일들은 많다. 기쁨은 우리에게 에너지와 실행할 수 있는 힘을 준다. 기쁨은 탁월한 작업능력과 비스니스 능력을 선사한다. 다른 모든 느낌들처럼, 기쁨도 내부에서 일어나게 할 수 있다.

강력한 정신적 전략인 기쁨을 불러일으키는 것에 대해 알아보기 전에, 먼저 분노와 비교해 기쁨이 신경계에 어떤 영향을 주는지 알아보자.

마음과 몸의 연결

신경계는 마음 상태에 반응한다. 우리가 정신적으로 느끼는 것은 물리적으로 몸에 큰 영향을 미친다.

특히, 위협이나 스트레스를 받을 때 교감신경계는 '투쟁 혹은 도피' 상태로 들어간다. 게다가 그 위협이 심각한 것이라면, 우리의 신체적인 상태도 똑같은 상태로 돌입할 것이다. 이완되고 편안한 상태라면, 부교감신경계는 몸을 '휴식과 소화' 상태로 변하게 할 것이다. 그것은 식사를 잘 하고 난 뒤에 느끼는 느낌과 같다. 그런 상태가 되면, 우리는 순간순간을 즐기는 것에 대해 더 열려있게 된다.

정신적인 상태가 몸에 미치는 영향을 이해하는 것은 웰빙과 실행력을 향상시키는 데 중요하다. 기쁨을 키움으로써 우리는 신경시스템의 균형을 잡는다. 그 결과 위협을 인지했을 때 무모하게 반응할 것인가 아니면 명료함과 고요함으로 반응할 것인가를 선택할 수 있는 1초의 여유 공간을 갖게 된다. 또한 숙면을 취하고 소화를 잘 하게 된다.

간단히 말하자면, 기쁨은 우리의 몸과 마음을 한꺼번에 돌보는 효과를 낸다. 어떤 일을 즐겁게 하면, 정신적으로는 물론 신체적으로도 에너지의 원천을 넓히게 된다. 문제를 잘 푸는 해결사가 되고, 더 편안한 사람이 되고, 무언가를 빨리 배우는 사람이 된다. 또 기존의 관계는 강화시키면서 동시에 새로운 관계들을 만들어가는 사회적인 능력이 커진다. 신체적인 능력이 향상되고 건강도 더 좋아진다. 심리적인 면에서 더 안정되고 긍정적으로 변한다.

어떤 사람은 기쁨을 비현실적인 개념이라고 생각하거나 너무 낙관적인 말로 치부하기도 한다. 그렇게 생각하고 싶은 충동이 들면, 그것에 저항하라. 당신의 신경계에 강력한 영향을 미칠 수 있는 기쁨은 개발하기 쉬운 특성이다.

또한 기쁨은 전염성도 있다.

미러링Mirroring

「영국 의학 저널」에 소개된 한 연구에 따르면, 행복은 집단적인 현상이라고 한다. 즉 우리는 혼자서만 행복을 즐기지 않는다. 실제로 연구가들은 행복이 세 단계로 이루어지기도 한다는 것을 발견했다. 당신이 행복하면, 행복은 전염되어 주변 사람들에게 퍼진다. 다른 말로 하자면, 기쁨은 당신 자신의 신경계에 긍정적인 영향을 줄 뿐만 아니라 다른 사람들을 편하게 이완시키기도 한다.

인간은 사회적 존재다. 우리는 주어진 상황에서 어떻게 행동해야 하고 느껴야 하는지 알려주는 신호를 찾기 위해, 주변 사람들을 의식적으로나 무의식적으로 살핀다. 우리에게는 타인의 느낌을 모방하거나 반사해주는 경향성이 있는데, 그것을 가능하게 해주는 것이 바로 '거울신경세포'다. 과학자들은 우리의 뇌 속에서 그 세포들을 발견했다. 아이가 웃는 것을 보면 웃게 되거나 사랑하는 사람이 고통스러워하는 모습을 보면 눈물이 나는 이유가 바로 거울신경세포 때문이다. 즐거운 사람과 같이 있을 때, 그 기쁨은 당신에게 전염되기도 한다. 역으로, 속상해하거나 우울해하거나 화나 있는 사람과 같이 있으면, 그것들도 전염될 것이다.

우리의 행동은 주변의 다른 사람들에게 쉽게 영향을 미칠 수 있다. 그렇다면 기쁨처럼 긍정적인 감정들이 당신과 동료와 조직에게 어떤 이익을 줄 수 있는지 잠시 생각해보는 것은 가치 있는 일이다. 또한 걱정과 스트레스와 짜증과 좌절을 일터로 가져오는 것이 동료들에게 어떤 영향을 주는지 생각해보는 것도 중요하다.

확실히 하자면, 나는 기쁨을 손쉽게 이를 수 있는 상태라고 말하고 있는 것이 아니다. 또한 화나 있거나 짜증나 있는 자신을 엄하게 대하라고 말하는 것도 아니다. 우리는 시간과 관심을 요구하는 많은 일들에 둘러싸여 바쁜 일상을 살고 있다. 그 바쁜 일상 때문에 마음의 긍정적인 상태를 쉽게 잊어버리기도 한다.

그러나 다행히도 우리는 삶 속에서 더 많은 기쁨을 불러일으키기 위해 자신을 단련시킬 수 있다. 기쁨이 우리를 발견하도록 기다릴 필요가 없이, 우리가 먼저 기쁨을 선택할 수 있다.

기쁨 기르기

'어떻게 하면 더 즐거워질까'에 대한 토론이 싱가포르에 위치한 비영리 보건조직에서 열렸다.

처음에 참석자들은 직장에서 기뻐해도 되는지, 특히 건강에 심각한 문제를 가진 사람들을 도와주는 직무를 수행할 때 즐겁게 일해도 되는지에 관한 이야기들을 했다. 그것들은 저항감이 느껴지는 의견들이었다. 조직의 리더들 중 하나인 최고 재무 책임자CFO는 기쁨은 집에 있을 때나 쇼핑할 때 느끼는 것이고, 일과는 전혀 무관한 것이라고 생각했다. 또한 타인의 고통 앞에서 즐거워한다는 것은 어쨌든 잘못된 일이라고 걱정했다.

CFO와는 반대로, 다른 리더들은 조직 내에 기쁨이 많아지는 것은 유익한 일 같다고 말했다. 그들은 기쁨이라는 것이 신나서 복도를 이리저리 뛰어다니는 것만을 의미하지 않는다는 것을 깨달았다. 직원들이 다른 사람들에게 도움을 제공하면서 기쁨을 발견할 수도 있음을 깨달았다.

토의에 참여했던 그룹은 기쁨이 환자를 돌볼 때 스트레스를 줄여주고 현존과 친절을 강화시켜주는 최고의 방법이라고 의견을 모았다. 그래서 그들은 전략적으로 직장에서 기쁨을 더 많이 불러일으키는 데 집중하게 됐다.

앞에서 우리는 내면의 기쁨을 불러일으키는 실습을 했다. 그 실습은 바쁘게 생활하는 도중에도 할 수 있다. 마음챙김 훈련이 더 즐거워질 수 있는 기회이듯이, 사무실은 우리가 더 즐거워질 수 있는 중요한 장소이다. 다음은 마지막 전략인 내려놓기에 대해 알아본다.

더 즐거워지기 위한 조언

- 즐거워지기란 쉬운 일이다. 단지 고요히 앉는 것에서 기쁨을 찾기만 하면 된다. 웃음이나 미소 속에서 기쁨을 찾기만 하면 된다. 이런 식으로 순간을 살면서 기쁨을 찾아보라.

- 우리는 대부분 '상시 연결' 상태에 있다. 늘 외부와 연결되어있고, 한 가지 일에서 다른 일로 달리고 있다. 기쁨을 기르는 방법은 일상적인 활동들을 즐기는 것이다. 그것은 일상의 마음챙김 훈련을 통해, 실현될 것이다. 마음챙김 훈련을 매일 자신에게 주는 선물로 생각해보라.

- 마음챙김 훈련을 하는 동안에는 해야 할 일의 목록과 야망들을 내려놓는다. 실행하는 것을 내려놓고, 자기 자신으로 존재해보라. 호흡을 할 때마다 그것들을 소중히 여긴다. 매순간을 기쁨으로 찬미한다. 지금까지 배운 전략들에 대해 생각하는 몇 분은 오로지 당신의 것이다. 미소를 지으며 그 시간을 즐겨보라.

전략 8 : 내려놓기

유럽의 대규모 금융회사에서 일하는 마리는 담당 사업부 조직을 복잡한 새 조직구조로 개편하는 책임을 맡았다. 수백 명 일자리의 미래가 그녀의 손에 달려 있었다.

마리는 그 모든 사람들에 대한 책임이 자신에게 있다는 것을 잘 알고 있었다. 너무 잘 알아 그 짐을 집에까지 가지고 와서 늦은 밤까지 껴안고 있었다. 이렇게 주의가 온통 다른 데 있었기 때문에 가족과 함께 온전하게 현존하는 것은 어려웠다.

마리는 기진맥진한 상태로 침대에 들었다. 잠이 꼭 필요했지만 일에 대한 생각으로 잠을 이루지 못해 밤새 뒤척였다.

우리도 비슷한 경험을 해본 적이 있을 것이다. 마음의 소리를 끄지 못해 잠에 들지 못한 경험이 있을 것이다. 어떤 사람들은 하던 활동이 바뀌었는데도, 여전히 이전의 활동에 대한 생각으로 몸부림친다. 또 다른 사람들은 직장의 활동에서 가정의 활동으로 전환하는 것을 어려워한다.

마음챙김 훈련을 통해 당신은 생각이 연쇄적으로 일어나기 전에 그 생각을 내려놓는 힘을 키울 수 있다. 사실, 당신이 생각을 붙잡지 않고 그대로 흘려보내는 것을 잘할수록, 당신의 마음은 훨씬 더 가벼워지고 유연해질 것이다. 컴퓨터에 빗대어 말하자면, 하드드라

이브의 정보기록을 지우거나 고속기억장치cache를 비우면 컴퓨터의 성능이 높아지는 것과 유사하다. 당신은 내려놓기를 통해 마음속의 잡동사니들을 비울 수 있다.

티베트에서는 내려놓기의 어려움을 '남톡nam-tok'이라는 말로 쉽게 설명한다.

남-톡

당신이 지금 집에서 멀리 떨어진 해변에 누워있다고 상상해보자. 그런데 갑자기 직장에서 책임을 맡고 있던 일이 떠오른다. 이것을 '남nam'이라고 한다. 그것은 마음에서 저절로 떠오른 생각을 말한다.

그런데 생각은 거기서 멈추지 않는다.

처음 떠오른 생각의 꼬리를 물고 많은 생각들이 자동적으로 일어나는데, 그것들을 '톡tok'이라고 한다. 당신의 일, 즉 '남'은 다가오는 마감기한일 수 있다. 그와 관련된 '톡'은 마감기한까지 단계별로 처리해야 할 일들이나 완료하지 못한 일들일 수 있다. '남'에서 비롯된 여러 가지의 '톡'들이 있는 것이다. 사실, 우리의 마음이 최초의 '남'에 어떻게 반응하느냐에 따라 '톡'들이 수없이 많이 추가로 따라붙는다.

마리에게는 톡들이 더 문제였다. 최초의 생각이 아니라, 그 생각에서 유발된 결과에 대한 쓸모없고 불필요한 예측들이 그녀를 잠

못 들게 했다. 게다가 잠을 자지 못하니 직장에서 집중을 하지 못했고, 가족들과도 충실한 시간을 보내지 못했다. 그 악순환은 자동적으로 계속됐다.

마리는 생각을 내려놓기 위한 계획을 짰다.

그녀의 회사에서는 마음챙김 프로그램을 진행하고 있었는데, 그녀는 거기에 합류해 하루에 한 번씩 마음챙김 훈련을 시작했다. 그 외에도 끈질기게 맴도는 생각의 소용돌이가 시작된 곳을 찾아 관찰하기 시작했다. 그것을 뿌리째 뽑아버리려는 의도를 세웠다. 생각은 대체로 아침 일찍 알람이 울리기 시작하자마자 질주하기 시작했다. 그 파괴적인 생각의 연쇄 고리를 끊기 위해, 그녀는 알람소리를 들으며 내려놓기를 알려주는 신호로 삼았다. 침대에서 내려오기 5분 전에 마음챙김을 훈련했다. 그렇게 5분간 훈련함으로써 마음은 고요해지고 명료해졌다. 그녀는 명료한 마음을 가지고 침대에서 나올 수 있었다. 마리는 훈련을 시작하고 몇 달이 지난 뒤, 침습적인 생각들을 내려놓는 일이 훨씬 쉬워졌음을 발견했다. 그녀는 스트레스나 압도감을 느끼지 않은 채 아침의 일상적인 일들을 해낼 수 있었다. 고요하고 명료한 마음으로 하루를 더 가볍게 시작할 수 있었고, 밤에도 잠을 잘 수 있었다. 아이들과 있을 때는 도움을 더 많이 줄 수 있는 충실한 엄마가 될 수 있었다.

내려놓기는 간단하지만 매우 강력한 정신적 전략이다. 다음은 내려놓기를 더 잘하도록 도울 수 있는 방법들이다.

내려놓기를
위한
조언들

- 당신을 떠나지 않을 것 같은, 즉 일에서 일로 혹은 일에서 집으로 당신을 따라다닐 것 같은 이슈나 문제들을 발견하면, 그것을 정신적으로 꽉 붙잡아보라. '톡'들이 기하급수적으로 늘어나기 시작하기 전에 '남'을 고립시켜보라. 그러고 나서 그것을 고립시켜 관찰한 후, 그것이 지나가도록 허락한다. 그리고 지금 이 순간에 일어나고 있는 일에 의도적으로 다시 집중해라.

- 날마다 마음챙김 훈련을 열심히 하면서, 생각이 일어날 때마다 그것을 내려놓겠다는 의도를 가진다. 어떤 방해도 그냥 가도록 허락한다. 결국 그것이 당신을 산만하게 만드는 생각인 것이다. 특정한 하나의 것에 고정되고자 하는 당신의 욕망을 내려놓아부라. 결과들에 대한 기대를 내려놓아보라. 모든 것을 내려놓고 그냥 현존한다.

- 이완이 되면 될수록 생각을 내려놓기가 더 쉬워진다. 생각은 몸을 긴장시킨다. 몸이 이완되면 생각도 느슨해진다. 몸을 이완함으로써 생각의 속도가 느려지도록 유도한다. 그런 후 호흡에 초점을 맞춘다. 그러면 생각을 내려놓는 것이 쉬워질 것이다. 지금 이 순간에, 이 호흡에 머문다.

- 생각의 본성을 탐구하기 시작하자마자, 당신은 어떤 것들은 내려놓기가 매우 어렵다는 것을 깨달을 것이다. 그것들을 살펴봄으로써, 더 쉽게 내려놓을 수 있도록 뇌의 신경회로를 재구성하는 기회로 여긴다. 내려놓기 어려운 생각들이 올라올 때마다, 그 생각이 거기에 있음을 알아차린 후 그것을 내려놓을 수 있는지 없는지를 살펴보라.

3부

기본 훈련

지금까지 우리는 많은 시간을 투자해 일터에서 충실하고 유능한 사람이 되는 것을 도와주는 기법들을 비롯해, 인내심·친절함·기쁨 등을 함양하게 도와주는 정신적 전략들을 살펴봤다. 여기까지 이르러 내게 바람이 있다면, 당신이 그 기법들과 전략들의 영감을 받아 당신의 사고패턴과 작업습관에 다소 변화가 일어나는 것이다. 그리고 당신의 마음 공간도 더 넓어지고 효율성도 향상되는 것이다.

분명히 마음챙김에는 작업 기법과 정신적인 전략 이외의 무엇이 있다. 본질적으로 마음챙김은 정신을 훈련하기 위해 수련센터에 가는 것이며, 뇌신경의 회로를 매순간 재구성하는 것이다.

마음챙김 훈련은 시간과 노력을 필요로 한다. 일종의 투자다. 사람들은 대부분 너무 바빠서 마음챙김을 훈련할 시간이 없다고 말하겠지만 나는 다르게 생각한다. 바쁘면 바쁠수록 마음챙김은 더 중요해진다. 나는 해야 할 일이 많아지면 마음챙김 훈련 시간을 더 늘린다. 그렇게 함으로써 집중·평정심·효능을 유지한다. 또한 바쁨으로 인해 마음이 혼란스러워지는 것을 예방한다.

지금부터 실제 마음챙김 훈련 방법을 소개하고자 한다. 3부는 일일 훈련을 위해 시간을 따로 마련함으로써, 마음을 훈련하는 것에 대해 다룬다.

그리고 2장과 3장에서는 마음챙김 훈련의 두 가지 기본 원리를 소개한다. 하나는 선명한 집중이다. 이것은 집중·명료성·고요함을 전반적으로 증가시켜 생활 속에서의 효능을 높여준다. 다른 하나는 열린 자각이다. 이것은 자기인식 능력을 증진시키고, 자신을 진정으로 행복하게 해주는 것이 무엇인지에 대한 통찰을 키워준다.

4장에서는 선명한 집중과 열린 자각을 체계적으로 훈련할 때, 그리고 이 책에서 제공한 기법들과 전략들을 실천할 때 활용할 수 있는 쉽고 자세한 안내서를 제공한다. 자, 이제 하루에 10분을 투자해 삶의 새로운 장을 열어보자.

2장

선명한 집중력 훈련하기

대부분의 우리처럼 수잔도 끊임없이 바쁜 나날을 보내고 있었다. 수잔은 프랑스의 글로벌 제약회사에서 관리자로 일하고 있었다. 그녀의 스케줄 목록은 아침부터 저녁까지 빈틈없이 빽빽했다. 당장 해야 할 일들을 다 하기에도, 그녀의 하루는 너무 짧았다.

사실 해야 할 일들을 적어놓은 그녀의 목록은 완료하지 못한 임무들을 적어두는 보관소와 같았다. 하루 동안 해내야 할 일들을 집중적으로 끝내지 못해 목록은 계속 길어졌고, 그 때문에 수잔은 매번 좌절할 수밖에 없었다. 업무를 계획하고 조직화해 나가는 전략들이 잘 작동되는 것 같은데도, 그녀는 항상 스트레스와 압도감을 느끼는 자신을 발견했다. 새로운 경영자 코스에 참석해보기도 하고 생산성을 높여주는 응용 앱을 활용해보기도 했지만, 도저히 통제력을 되찾을 수 없었다. 다른 무언가가 필요했다. 단순한 전략이 아닌 그녀의 집중력을 날카롭게 해줄 무언가가 필요했다. 그래서 수잔은 결과가 시원치 않은 기법들을 계속 시도해 새로운 결과를 기대하기보다 마음챙김 훈련을 본격적으로 시도해보기로 했다.

매일 정기적으로 마음챙김 훈련을 한 지 수개월이 지난 후, 그녀는 뚜렷한 변화를 맛보기 시작했다. "일정표나 해야 할 일들의 목록을 보면 다를 게 없어요. 저는 여전히 바쁘게 살고 있어요. 그런데 지금은 그 바쁜 생활이 예전과 다른 것 같아요. 똑같이 바쁘기는 한데 훨씬 이완되어 있고 집중도 잘되는 것 같아요."라고 그녀는 말했다.

마음챙김 훈련은, 특히 집중력을 훈련하는 것은 책임을 더는 것과 관계가 없다. 그것은 매일 바쁘게 사는 것을 변화시켜 한가해지는 것과도 관계가 없고, 더 체계적으로 사는 것과도 관계가 없다. 마음챙김 훈련은 오히려 당신을 산만하게 만드는 것들을 알아내 그것들에게 주도권을 넘겨주지 않는 것과 관계가 있다.

선명한 집중력은 마음을 산란하게 하는 방해물들을 하나하나 붙잡고 싶은 욕구를 느끼지 않으면서, 당신이 선택한 생각들과 일들에 집중할 수 있는 힘을 뜻한다. 그 정도로 마음이 명료해지면, 당신은 최고로 바쁜 와중에 있거나 주변의 극심한 방해에 휩싸여 있어도 성공할 수 있을 것이다.

수잔에게, 그 정도의 집중력은 통제력을 상실한 것 같은 느낌을 느끼느냐 아니면 삶속에서 균형과 안정을 진실로 발달시키느냐를 가르는 것이었다. 수잔은 "그것은 바쁜 생활에 휘말리지 않고 중심을 잡을 수 있는 힘을 가지는 것과 같았어요. 그 힘을 가졌을 때, 저는 더 멀리 내다보면서 일할 수 있었죠. 마음도 평온해지고 직장과 집에서의 생활도 훨씬 즐거워졌어요."라고 말했다.

우리 중 누가 균형과 안정을 활용하는 것에 서툴까?

어떤 사람이 조금 더 평화로운 마음을 사용하는 것에 서툴까?

내 경험에 의하면, 매주 7일 혹은 5일간 하루에 10분씩 마음챙김 훈련을 성실히 하는 사람들은 비교적 짧은 시간 내에 집중력이 향상되는 효과를 본다. 제3자의 평가와 내부조사에 따르면, 그들의 집중력은 평균 15퍼센트나 향상됐다고 한다.

집중력을 훈련하는 것은 단순하지만 노력 없이는 불가능하다. 우리의 생각들은 다루기 어려운 것들도 많다. 선명한 집중력을 연마하는 과정에서 겪는 어려움은 그 자체로 좌절의 원천이 되기도 한다. 그럼에도 불구하고 당신이 허용하기만 하면, 집중력을 훈련하는 일은 큰 즐거움과 내면의 고요함을 제공하는 원천이 될 수 있다. 그렇게 하려면, 당신은 기대를 내려놓아야 한다. 좌절감이나 고요함, 심지어 행복도 성공을 가리키는 특징이 아니다. 훈련에서의 성공은 이완·집중·명료성을 통해 방황하는 마음을 다룰 수 있음을 뜻한다. 그것은 당신의 마음을 산만하게 하는 것들에 둘러싸여 있어도 집중을 유지할 수 있는 상태다. 즉 당신의 주의를 끄는 것들보다 1초 앞서 있는 것이다.

2장의 목적은 선명한 집중을 단련하는 것이 주의를 장악하는 것에 어떻게 도움을 주는지 설명하는 것이다. 먼저 우리는 집중력을 훈련하는 간단한 기법에 대해 알아볼 것이다. 고기능의 집중된 마음을 얻기 위해 필요한 세 가지 특성들을 다시 한 번 살펴본 다음, 끝으로 선명한 집중력을 훈련함으로써 얻어지는 이익들을 다시 검토할 것이다.

ABCD 기법

마음챙김 훈련은 수동적이지 않다. 그것은 뇌의 신경망에 능동적으로 개입한다. 집중을 유지하는 순간마다, 당신은 '집중'과 관련되어 새로 생성되는 신경의 연결들과 능력들을 창조한다. 신경가소성 덕분에 훈련을 하면 할수록 그 연결들과 회로들은 튼튼해지고, 그 결과 당신은 더 쉽게 집중을 유지할 수 있다.

우리는 집중력 훈련을 용이하게 시작하기 위해 그 과정을 네 부분으로 나눴고, 그것들을 기억하기 쉽게 ABCD로 불렀다. 그 부분들은 〈표 39〉에서 자세히 설명해두었다.

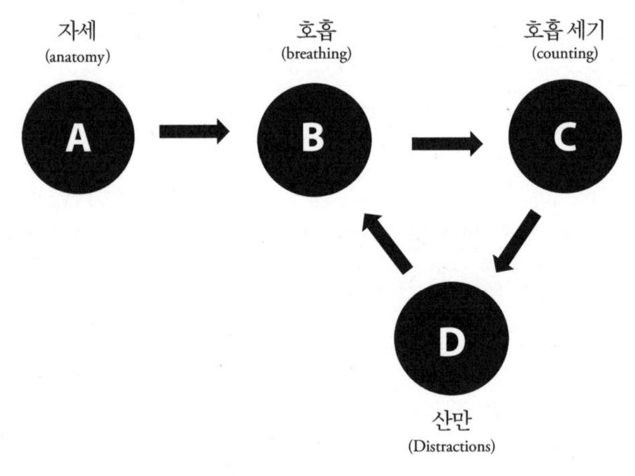

표 39. ABCD 집중 훈련

몸: 올바른 자세 찾기

몸에 관한 이야기를 하면서 정신적인 훈련을 시작하는 것은 이상하게 보일지도 모르지만, 자세가 마음의 상태에 미치는 영향이 매우 크다는 것은 이미 연구를 통해 인정된 사실이다.

마음을 훈련할 때, 특히 훈련 초기에 몸 때문에 주의가 산만해지는 일을 방지하는 것은 매우 중요하다. 다음의 지침을 활용하면 훈련하는 동안 올바른 자세를 쉽게 찾을 수 있을 것이다.

편한 자세를 찾는 단계들

- 양발을 지면에 잘 딛고 있는 상태에서 의자에 앉는다. 균형을 찾는다. 몸이 앞뒤로 혹은 양옆으로 기울어지지 않게 한다.
- 몸 전체는 이완한 채 등을 곧추세우고 앉는다. 등을 바로 세우는 것은 깨어있는 기민한 상태를 유지하는 데 도움을 준다.
- 할 수 있는 한 몸을 이완한다. 특히 목, 어깨, 팔에 주의를 기울인다. 그곳들은 우리가 대부분 자주 긴장하는 곳들이다. 잠시 긴장이 느껴지는 곳에 주의를 기울여 이완한다. 도움이 된다면 몇 번 목을 돌리거나 어깨를 들썩인다. 숨을 깊이 들이쉬었다가 내쉬면서 이완한다.
- 손을 무릎이나 허벅지 위에 올려놓는다.
- 눈을 감는다. 하지만 졸리면 눈을 살짝 뜬다. 살짝 뜬 눈 사이로 들어오는 빛이 당신의 뇌신경을 활성화시킬 것이다. 눈을 뜨고 있는 것을 선택했다면, 앞쪽 바닥을 부드럽게 응시한다.
- 코로 숨을 들이마시고 내쉰다.

당신은 몸을 스캔하는 것이 긴장을 푸는 데 도움이 된다는 것을 곧 알게 될 것이다. 훈련을 시작하고 나서 몇 분 동안, 혹은 기민하지만 이완된 상태에 도달할 때까지, 긴장이 있는 곳을 알아차려 그 긴장을 배출한다. 그런 식으로 당신의 몸은 점점 더 이완될 것이다. 이완된

몸은 마음을 이완시키기 위한 토대가 된다. 그리고 이완된 몸과 마음은 모두 선명한 집중력을 기르기 위한 전제조건들이다.

시간이 흐르면서, 훈련을 통해 의도적으로 되는 것이 점점 더 쉬워질 것이다. 당신은 경고 신호들을 더 빨리 알아차릴 것이고 명료함을 유지할 수 있을 것이다.

편안하게 이완하고 앉으면, 당신의 주의를 묶어둘 닻을 찾아보라.

호흡: 주의를 묶어두는 닻

배를 타본 적이 있는가? 유람선이 아니라 더 작은 보트나 범선을 타본 적이 있는가?

당신이 탄 배가 파도나 돌풍 때문에 이리저리 계속 흔들리면, 당신은 한 곳에 정박해 있기 어려울지도 모른다. 계속 떠다니지 않으려면, 당신은 닻을 내려야 한다.

한 곳에 집중되어있지 않은 마음은 닻을 내리지 않은 배와 같다. 지도에도 나오지 않은 항로를 정처 없이 떠다니는 배와 같다. 방황하는 마음을 조절하려면 당신은 주의를 묶어둘 닻이 있어야 한다. 선명한 집중력을 단련하는 위한 훈련에서, ABCD의 B인 호흡은 그 닻 역할을 해줄 것이다.

이론상 주의를 묶어둘 닻으로 아무것이나 선택할 수 있겠지만, 만약 호흡을 선택하면 당신은 두 가지 이로운 점을 얻게 된다. 먼저 호흡은 부교감신경계를 활성화해 당신이 더 편하게 쉬고 이완하게 해준다. 갑자기 화가 났을 때, 사람들이 "심호흡을 하라"고 말하는 이유가 바로 이것 때문이다. 다른 하나는 언제 어디서나 호흡을 이용할 수 있다는 점이다. 당신이 어디에 있거나 가든 호흡은 늘 당신과 함께 있다. 다음은 호흡을 위한 지침들이다.

호흡에 닻을 내리는 단계들

- 호흡의 들고남에 모든 주의를 집중한다. 호흡을 들이마실 때 배가 부풀어오르는 것을 알아차리고, 호흡을 내쉴 때 위가 수축되는 것을 알아차린다.
- 배에 집중하는 것이 부자연스러우면, 숨을 쉬는 코를 관찰한다. 공기가 콧속으로 들고나는 것에 주의를 기울인다.
- 특별한 수고를 들이지 않으면서 중립적으로 호흡을 관찰한다. 특별히 깊게 혹은 느리게 호흡할 필요는 없다. 일부러 호흡을 조작하거나 변화시킬 필요도 없다. 자연스럽게 호흡한다. 해변의 파도가 밀려왔다가 밀려가는 것과 똑같이 그것을 관찰한다. 호흡이 들고나는 것을 통제하려고 하지 말고, 그냥 지켜본다. 중립적으로 지켜보는 일은 어려운 일이기는 하지만, 훈련이 더 깊어지는 순간에 매우 중요한 일이기도 하다.

몸과 마음이 이완된 상태에서 주의를 호흡에 묶어두었을 때, 호흡의 수를 세는 것은 항로를 이탈하지 않고 순항하도록 도와줄 것이다.

집중을 위한 호흡 세기

배가 바다에 닻을 내렸을지라도, 거친 파도나 돌풍이 고요함을 방해할 가능성은 크다. 마찬가지로, 고요하게 앉아서 호흡에 집중할 때 당신은 필연적으로 침습적인 생각들과 마음을 산만하게 하는 것들을 경험할 것이다. 호흡의 수를 세는 것은 ABCD의 C인 집중을 유지할 수 있는 훌륭한 방법이기도 하다.

선명한 집중을 훈련하고 유지하는 방법으로 호흡 세기를 이용하는 것에 관해, 다음을 참고하면 좋을 것이다.

궤도를 이탈하지 않게 하는 호흡 세기

- 지금 호흡을 들이마시고 내쉰다. 호흡을 다 내쉬었을 때, '하나'라고 속으로 말한다. 이것은 짧고 간단명료한 정신적인 수 세기다. 다시 호흡을 들이마시고 내쉬면서 '둘'이라고 말한다. 열까지 센 다음, 다시 열부터 하나까지 거꾸로 세면서 돌아온다. 이것을 반복한다(〈표 40〉 참조).

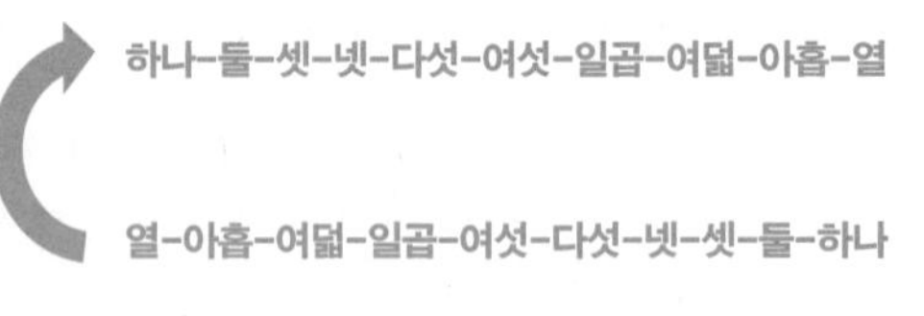

표 40. 호흡 수 세기

- 집중력을 잃지 않은 채 셋이나 일곱보다 더 높은 숫자를 세는 것이 어렵다면, 걱정하지 마라. 수 세기는 하나에서 열까지를 얼마나 여러 번 셀 수 있는가를 보려고 하는 것이 아니기 때문이다. 그것은 당신이 집중을 유지할 수 있도록 돕는 기법일 뿐이다.

- 문득 보니 당신이 서른일곱까지 세고 있으면, 그것은 당신이 주의를 놓친 채 자동조종모드로 수 세기를 하고 있었던 것이다. 하나부터 다시 시작한다. 또다시 열이 넘도록 수 세기를 하고 있는 자신을 발견하면, 다시 하나부터 시작한다.

- 수 세기를 하는 사이사이에 슬며시 올라오는 생각들이 보이면, 그것은 당신이 호흡에 전적으로 집중하지 않고 있다는 신호다. 날카롭게 집중해보라. 이완한 채 호흡에 모든 주의를 기울여보라.

대부분의 경우, 수 세기는 집중력을 날카롭게 단련하는 것에 큰 도움을 준다. 특히 훈련을 시작한 지 얼마 안 된 사람들에게는 더욱 큰 도움이 된다. 그러나 수 세기가 마음을 산란하게 하는 경우도 있다. 만약 당신에게 수 세기가 마음을 산만하게 하는 방해물이라면, 수 세기를 멈추고 호흡으로 돌아온다. 호흡에 집중한다.

수 세기가 당신에게 유익하면, 그것을 계속한다. 하지만 도움이 되지 않고 방해만 된다면, 그것을 그만둔다. 마음챙김의 많은 요소들처럼, 이완되고 고요한 마음이라는 최종 목표에 초점을 맞추는 것이 가장 중요하다. 수 세기나 다른 방법들이 방해가 되더라도 당황하지 마라. 그것들이 효과가 없음을 알았을 때는 그것을 알게 된 것에 감사하라. 그리고 훈련을 더 잘할 수 있는 기회로 삼으라. 다음은 ABCD의 D인 방해물들을 다루는 것에 대해 살펴보겠다.

산만: 이완하고, 놓아버리고, 돌아오기

방해물은 당신이 집중력을 훈련할 때 만나는 가장 중요한 친구다. 방해물은 당신이 궤도를 벗어났을 때 그것을 당신에게 알려준다.

무엇이 방해물인가? 기본적으로 당신의 호흡이 아닌 모든 것이 방해물이다. 방해물의 원천은 여섯 가지가 있는데, 바로 냄새 · 맛 · 신체적 감각 · 시각 · 소리 · 마음이다. 방해물의 원천과는 상관없이, 그것을 다루는 방법은 모두 똑같다. 그것은 이완한 채 긴장을 놓아버리고 다시 제 자리로 돌아오는 것이다.

방해물 지배하기	• 이완 _ 생각이나 소리나 감각에 의해 방해를 받고 있음을 인지했을 때, 그것이 당신의 몸에 유발하는 긴장을 알아차려보라. 최선을 다해 그 긴장을 배출하려고 노력하라. 이완하고, 방해물을 인지하라. 마음이 산만해졌다고 세상이 끝나는 것은 아니다. 실망하거나 짜증내지 말고, 그 방해물을 친구로 삼으라. 즉 마음이 산만하게 배회하고 있음을 알려주는 친구로 삼으라. 마음이 산만해졌음을 알아차릴 때마다 그 순간을 축제로 만들라. 마음이 주변을 배회하고 있음을 알아차리는 순간, 당신은 마음챙김을 하고 있는 것이다. • 놓음 _ 집중이 흐트러질 때마다 이완하라. 단순하게 주의를 호흡으로 돌리면서 이완하라. 당신은 한 번에 한 가지에만 집중할 수 있다. 호흡에 집중하는 것을 선택하면, 방해물은 사라질 것이다. 감사하는 마음으로 방해물을 놓아버리라. 그것들 때문에 당신은 호흡을 놓쳤다는 사실을 알아차렸던 것이다. • 복귀 _ 방해물을 놓아버리고 다시 이완이 됐을 때, 새로워진 집중과 알아차림으로 다시 호흡에 집중한다.

당신은 어쩌면 집중력 훈련이라는 것이 호흡에 주의를 기울였다가 산만해졌다가를 반복하는 것임을 발견할 것이다. 어떤 날은 집중된 상태가 산만한 상태보다 더 오래 지속됐고, 또 어떤 날은 산만한 상태가 더 오래 지속되기도 한다.

훈련의 목적은 마음이 산만하지 않은 상태로 앉아있는 것이 아님을 기억해야 한다. 만약 목적이 그런 것이라면, 성공할 사람은 한 명도 없을 것이다. 훈련의 목적은 산만한 상태임을 알아차려서 다시 호흡에 집중하는 힘을 기르는 것이다. 선명한 집중을 훈련할 때 중요한 요소는 주의를 의식적으로 두는 것이다.

선명한 집중을 훈련하는 동안, 당신은 일하면서도 신경망의 성능을 더욱 강화시킬 수 있게 된다. 당신은 어떤 일이든 지금 하고 있는 일에 집중하면서 동시에 마음을 산만하게 하는 것들을 알아차려 주의를 집중하던 일로 돌리는 것을 훈련하고 있다. 이것들은 속도가 빠르고 해야 할 일이 많은 업무환경에서 매우 유용한 능력들이다.

마음챙김의 3가지 핵심 특성: 이완, 집중, 명료성

집중력 훈련에서, 고기능을 하는 마음의 특성은 이완·집중·명료성이다. 이 세 특성은 우리가 주의를 효율적으로 관리해야 할 때 활용된다. 즉 다른 사람들과 함께 있을 때, 일하고 있을 때, 마음을 훈련할 때 모두 활용된다.

그 특성들은 우리가 최고의 실력으로 실행하는 것을 돕는다.

그것들은 우리가 유리한 위치를 선점하도록 돕는다. 1초 앞설 수 있도록 돕는다.

또한 그것들은 마음챙김 훈련에서 흔히 만나는 긴장·과활성·졸음을 극복하는 해독제다. 긴장은 이완으로 극복되고, 과활성은 집중으로 극복되며, 졸음은 명료성을 당하지 못한다.

긴장을 이완으로 극복하기

퇴근 후 어깨를 느껴보면 그곳이 딱딱하게 긴장되어 있을지도 모른다.

어쩌면 스트레스성 두통이 느껴질지도 모른다.

긴장이 어떤 모습으로 드러나든 상관없이, 우리는 실행해야 한다고 신경학적으로 프로그램화되어 왔다. 직장에서나 가정에서, 일들을 가능한 빠르게 해내야 한다는 압력을 받고 있다. 실행에 대한 지속적인 압박은 신경계의 긴장이라는 강한 패턴을 만들어낸다.

마음챙김을 훈련할 때, 당신은 신경학적인 '실행 모드'에 사로잡혀있는 자신을 발견할지도 모른다. 고요히 앉아있는 것이 매우 부자연스러운 일로 느껴질지도 모른다. 특히 당장 처리해야 할 일들이 많을 때는 더욱 그럴 것이다. 실행해야 한다는 생각 속에서, 당신은 어쩌면 훈련의 큰 목적을 이해하지 못했는데도 지침들을 따라야 한다고 자신을 몰아붙이고 있을지도 모른다. 그러나 마음챙김을 '능숙하게 해내서' 훈련을 끝낼 수 있기를 바라는 것은, 그리고 고기능을 하는 마음의 이점들을 가능한 빠르게 취득하기를 바라는 것은 당신을 성공으로 이끌지 못할 것이다.

선명한 집중은 이완된 마음에서만 나온다. 그렇다면 내부 깊숙이 긴장이 배어있는 우리는 어떻게 해야 이완을 잘할 수 있을까? 아래의 조언을 참고해보자.

이완의 힘 기르기	
	• 호흡을 들이마실 때, 몸을 스캔하면서 긴장이 느껴지는 지점들을 찾는다. 호흡을 내쉴 때, 그 지점에 주의를 기울이면서 긴장이 빠져나가도록 허락한다.
	• 호흡을 통해 긴장이 빠져나가도록 허락한다. 더 잘 이완하려면, 이 실습을 여러 번 반복해야 한다. 긴장이 느껴지는 지점들 중 하나를 선택해 실습을 여러 번 반복한다. 그런 후 다른 지점으로 이동한다.
	• "이완은 불필요한 노력을 하지 않는 것이다"라는 말을 기억한다. 불필요한 노력을 찾아서 온몸을 스캔한 다음, 그 노력을 부드럽게 내려놓는다.
	• 처음 몇 분 동안 몸의 긴장을 찾아내고 그것을 내려놓거나, 긴장을 풀면서도 이완하는 능력은 강화시킨다. 이렇게 하면 점점 더 이완된 몸과 마음을 만들어나갈 수 있다.

기억하라. 이완할 때마다 당신은 새로운 신경망들을 창조할 것이다. 당신이 이완하는 것을 더 쉽게 해주는 연결들을 만들 것이다. 또한 당신은 이완이 무엇인지을 알려주는 '근육기억'을 개발하고, 그것이 마음의 결정에 의해 촉발되는 방법을 만들어낸다. 훈련하면서 당신은 전화벨이 들릴 때마다 이완하도록 근육을 서서히 길들일 것이다. 그리고 그 전화벨은 중요한 프리젠테이션을 앞두고 있을 때, 회의를 힘겹게 하고 있을 때, 밤에 잠이 안 올 때 울릴지도 모른다. 이완된 몸과 마음은 집중력을 기르는 데 가장 훌륭한 토대다.

집중력으로 과활성 극복하기

집중된 마음은 방황하지 않는다. 집중된 마음은 선택된 대상에 계속 집중할 수 있다. 그러나 우리의 마음은 여기저기 떠돌거나 여러 자극들을 따라다니면서 과활성 상태에 있을 때도 있다.

자연스럽게 집중하는 능력에는 사람들마다 차이가 있지만, 누구나 훈련을 통해 집중력을 키울 수 있다. 그리고 아무리 노력해도 호흡에 집중하는 것이 어려울 때도 있다. 마음이 과활성되어 있음을 알아차렸을 때, 그것을 집중력을 기르는 기회로 삼으라. 그렇게 하려면, 아래의 두 전략들 중 하나를 따라야 한다.

집중력 기르기

- 대개의 경우 마음이 흥분됐을 때 거기에 대한 자연스런 반응은 좌절이다. 그런 좌절을 겪은 후 사람들은 호흡에 더 많은 주의를 주고자 무리할 것이다. 그렇게 무리하면서 집중을 유지하려고 노력하는 것이 도움이 될까? 어쩌면 도움이 될지도 모르지만, 그것은 에너지를 소진시키고 고요하고 명료한 마음을 만들어내지 못할 것이다. 마음이 흥분되고 분산되어 있을 때, 처음으로 해야 할 반응은 이완이다.

- 집중력을 키우기 위한 또 하나의 전략은 행하려는 마음을 완전히 내려놓는 것이다. 호흡이 주의를 붙잡게 하라. 호흡은 저절로 행해진다. 모든 들숨에 날숨이 따라온다. 그 흐름 속에서, 아무런 노력 없이, 중립적인 관찰자로서, 당신의 주의력을 쉬게 한다.

살아가면서 무언가 성취하고 싶은 것이 있다면 집중하는 능력은 필수적으로 있어야 한다. 위의 두 전략들을 실천할 때, 당신은 새로운 신경의 연결들을 만들어낼 것이다. 그 결과 어쩌다 한 번이 아니라 필요할 때마다 주의를 기민하게 집중할 수 있다. 그렇게 집중된 마음이 있어야 마음의 명료성도 길러진다.

명료성으로 졸음 극복하기

졸린 마음은 과활성된 마음과 같이 어려운 과제다. 졸린 마음이 마음챙김 훈련의 목적들 중 하나인 이완을 성취한 상태인 것 같지만, 졸음은 마음챙김의 상태가 아니다. 졸음은 어둡고, 흐릿하고, 멍한 마음이다. 하지만 명료성을 가진 마음은 완전히 깨어있다. 고화질의 모니터처럼, 극도로 미세한 것들을 명료하게 보고 인지한다. 다음의 제안들은 선명한 집중을 훈련할 때 명료성을 유지하도록 도와준다.

명료성 기르기

- 졸리면, 주의력를 환기시켜 각성도를 높여야 한다. 등을 더 곧추세워 앉거나 의도적으로 호흡을 깊게 해본다. 또 눈을 뜰 수도 있다. 산만함을 최소로 줄이기 위해 눈을 가늘게 뜬 상태에서 바닥을 응시한다.
- 명료성을 높이는 또 다른 방법은 호흡의 자연스러운 과정에 호기심을 더 갖는 것이다. 호흡을 할 때마다 처음 호흡하는 것처럼 해보라. 호흡의 세세한 과정을 호기심 어린 시선으로 본다. 몸의 어느 부분에서 호흡을 확인할 수 있는가? 호흡이 어떻게 느껴지는가? 호흡이 무엇을 하고 있는가?
- 처음으로 졸음이 올 때, 각성도를 높여야 한다. 흐리멍덩함이 주도권을 잡게 두지 말라. 목적과 의도를 가지고 훈련해야 한다. 시간이 흐르면 그것은 더 쉬워질 것이다. 졸음의 신호를 알아차리고 주도권을 계속 가질 때, 당신은 더 명료하게 머물 수 있을 것이다.

훈련하는 동안 마음이 명료하면, 당신은 호흡의 모든 것을 생생하게 볼 것이다. 또한 마음이 산만해질 때 그것을 즉시 알아차릴 것이다. 마찬가지로 일상생활을 하는 동안에 마음을 명료하게 유지하면, 당

신은 타인의 표현들을 세밀하게 이해할 것이고 그들의 마음 상태를 더 잘 읽을 것이다. 또한 어려움이 닥칠 때마다 그 어려움 속의 많은 기회들을 보기 시작할 것이다. 자동적으로 반작용하기보다 1초 앞선 위치에서 어려움 속에 숨어있는 가능성을 볼 것이다. 일상적으로 ABCD 훈련을 할 때, 앞서 설명했던 세 도전들과 세 특성들을 아는 것이 그렇게 중요한 이유는 바로 그것 때문이다.

당신이 긴급하고 힘든 상황들을 매번 이완되고 집중되고 명료한 마음으로 다룰 수 있다면, 당신의 일상은 어떻게 변할까? 이완·집중·명료성에 관한 훈련을 함으로써, 당신은 극도로 어려운 상황에서도 몇 번의 호흡만으로 이완되고 집중되고 명료한 마음을 유지할 수 있는 능력을 갖게 될 것이다.

미국에 본사를 둔 글로벌 금융회사에서 근무하는 데이비드는 "집중력 훈련은 삶의 혼란 속에서 고요하고 명료한 마음을 유지하는 능력을 내게 주었습니다"라고 말했다.

물론 마음챙김 훈련은 매우 개인적인 작업이다. 훈련을 하는 사람마다 그 경험이 다르기 때문이다. 그렇다 하더라도 훈련하는 사람들이 공통으로 기대하는 성과들이 몇 가지 있다.

집중력 훈련의 이점들

집중력 훈련을 이미 시작했다면, 당신은 다른 사람들과 비슷한 경험을 했는지 궁금할 것이다. 이제부터 사람들이 집중력 훈련을 통해 공통으로 얻는 성과들, 즉 집중력 향상·반응력 향상·창의성 증가·행복감 향상에 대해 알아보자.

집중력 향상

당연히, 집중과 관련된 훈련을 하는 목적들 중 하나는 집중력 향상이다. 많은 사람들이 훈련을 통해, 집중력과 수면의 질에서 대단한 개선의 효과를 경험한다. 하지만 일부 사람들은 일상적인 훈련에서 얼마나 호흡에 집중하는지를 가지고 집중력 향상을 판단해, 자신의 훈련에 진전이 없다고 생각한다.

그렇지 않다. 그것은 잘못된 생각이다.

사람들은 가끔씩 훈련에 진전이 없다고 느끼는데, 사실은 그렇지 않다. 훈련에 진전이 없다고 느끼는 사람들을 보면, 비현실적인 기대를 갖고 있거나 전혀 산만하지 않는 상태를 훈련의 목적으로 기대하고 있을 때가 많다. 그러나 마음챙김을 훈련하는 중에 당신의 마음이 여전히 방황하고 있다는 것은, 당신의 훈련에 진전이 없는 것을 의미하지 않는다.

실제 당신은 훈련하면서 더 나아지고 있다.

집중력을 단련하기 시작하면, 당신의 주의력 대역폭이 넓어지는 것처럼 집중력도 자연스럽게 높아진다. 그 결과로 당신은 이전에 알지 못했던 것들을 발견해내기 시작한다. 늘 존재했던 것이지만, 당신의 인식의 영역 내에는 존재하지 않았던 방해물들을 완전히 새롭게 인식하게 될 것이다.

결국 마음챙김 훈련은 조용히 앉아서 호흡에 집중을 유지할 수 있는 것에 관한 것이 아니다. 그것은 당신의 삶을 구성하는 다양한 것들, 즉 당신의 일이나 동료나 가족에게 집중할 수 있는 힘을 기르는 것에 관한 것이다. 단지 몇 주만의 훈련으로, 사람들은 대부분 그것이 자신의 삶의 구성요소들에 미치는 큰 영향을 본다. 지금 경험하고 있는 훈련의 다양한 혜택들을 그냥 이완하고 즐겨보라. 처음 훈련을 시작할 때는 단지 10분 동안의 여유, 침묵, 평화이더라도 말이다.

증가된 반응 대 반작용

삶 속에는 우리 힘으로 어찌할 수 없는 것들이 많다. 날씨나 교통상황이나 상사의 부정적인 피드백은 우리가 어찌할 수 없는 것들이다. 그렇지만 우리가 어떻게 반응할 것인지는 선택할 수 있다. 그렇다면, 다음의 두 가지를 생각해볼 수 있다. 외부의 환경과 타인의 행동이 우리에게 부정적인 영향을 미치도록 그대로 둘 것인가? 아니면 180도 태도를 바꿔 과거와는 다르게 그것들에 대해 반작용하지 않으면서 그냥 지켜볼 것인가?

자극과 반응의 사이에 간격을 만들어냄으로써, 자신이 언제 어떻게 반응하고 싶은지 선택할 여유를 갖게 된다. 그 여유는 의도적으로 반응할 것인가, 아니면 반사적으로 반작용할 것인가를 가른다. 그것은 1초 앞서가는 것으로, 중요한 의사결정을 할 때 필요한 주요 요건이다. 또한 정신적인 평온함, 행복, 웰빙을 도모할 때 필요한 토대다.

집중력을 훈련하면 할수록, 자극의 입력과 충동적인 반작용 사이에는 간격이 더 생긴다. 훈련이 더 깊어지면서 당신은 생각들을 알아차리게 되고, 그 생각들은 완전한 의식적 알아차림이 될 것이다. 그때 당신은 그것들을 물질화하지 않고 그냥 지나가도록 둘 수 있다. 그 힘을 바탕으로, 자극과 반응 사이에 간격을 둘 수 있는 것이다. 그런 식으로 우리는 삶에 대한 통제력을 더 많이 갖게 되어, 환경의 희생자 자리에서 더 자주 벗어나게 된다.

창의성의 증가

날마다 10분씩 하는 마음챙김 훈련을 오늘도 하고 있는데, 몇 주 동안 마음을 무겁게 했던 문제에 대한 해결책이 갑자기 떠올랐다고 가정해보자.

당신은 무엇을 하겠는가?

곧바로 눈을 뜨고 그 창의적인 해결책을 종이에 급하게 써내려갈 것인가? 아니면 훈련이 끝날 때까지 그 해결책이 사라지지 않을 것을 신뢰하면서 거리를 두고 지켜볼 것인가?

어려운 선택이다.

집중력 훈련의 놀라운 이점들 중 하나는 마음의 잡동사니가 줄어들면서 창의적인 아이디어가 의식의 표층으로 떠오르곤 한다는 점이다. 이전에 창의성을 신장시키기 위해 마음챙김을 적용하는 기법에서 이야기했던 것처럼, 이완되고 집중되고 명료한 마음이 더 창의적인 생각들을 만들어내는 많은 이유들이 있다. 그러나 지금은 집중력 훈련을 효과적으로 하기 위한 방법을 모색하는 자리이므로, 방해물들이 아무리 창의적인 생각들로 보여도 그것들을 모두 내려놓는 것이 중요하다.

왜 그럴까?

거기에는 두 가지 이유가 있다. 먼저, 훈련 초기에 당신은 창의적인 아이디어가 자주 떠오르는 것을 발견할 것이다. 고요한 훈련시간에 여과된 기발한 생각들을 일일이 간섭하는 것은 훌륭해 보일지 모르지만, 마음챙김 훈련을 하고 있는 것은 아니다. 10분 동안 자리에 앉아서 어리석은 아이디어들에 대해 생각하는 것은 집중력을 훈련하는 것과 다르다. 그 순간에 하는 생각이 얼마나 근사한지와 상관없이, 다시 호흡에 집중함으로써 방해물들을 직면하도록 자신을 훈련시켜야 한다.

두 번째 이유는 훈련과정에 대한 신뢰를 키우는 것이 중요하기 때문이다. 집중력 훈련의 이점들 중 하나는 기억력 향상이다. 정말로 중요한 것이라면 그 아이디어는 훈련이 종료되기 전에 다시 떠오를 것이다. 그것을 신뢰하라. 그러면 집중력이 더 날카로워진 상태로 돌아올지도 모른다. 호주의 코미디언 캐더린은 자기 경험담을 이렇게 나누었다.

“훈련 중에 저는 아이디어들을 쫓아가지 않아요. 그냥 가게 내버려둬요. 그러면서 계속 호흡에 집중하죠. 그러면 훈련이 끝난 후 그 생각들이 더 명료하게 다시 찾아온답니다. 아주 근사한 훈련을 통해 저는 한층 더 고요해졌을 뿐만 아니라 훌륭한 아이디어들을 위한 정신적인 공간까지 갖게 됐습니다.”

더 큰 평화와 행복

지금 당신에게 이완되고 명료하고 신중한 마음으로 집중할 수 있는 능력이 있다고 가정해보자. 그 능력이 당신의 행복과 웰빙에 어떤 영향을 미칠까?

스트레스가 줄어들고, 내면이 고요해지고, 삶이 즐거워지는 것은 집중력 훈련의 흔한 성과물들 중 일부다. 거기에 덧붙여, 집중력 훈련은 행복과 웰빙을 도모할 수 있는 매우 훌륭한 방법이기도 하다.

행복지수를 매길 때, 자신의 경험이 가장 중요한 기준이 될 것이다. 훈련을 할 때, 자신의 행복지수에 주의를 기울여보라. 그리고 당신에게서 일어난 변화를 알아챘는지 주변의 가까운 이들에게 물어보라. 때때로 당신보다 주변 사람들이 당신의 변화를 더 잘 알아채기도 한다.

연구결과들은 집중력의 증가와 행복의 상관성을 더 잘 증명해준다. 하버드 대학의 매튜 킬링스워드와 다니엘 길버트는 방황하는 마음이, 설사 즐거운 생각을 하느라 방황하고 있더라도, 우리의 행복 지수를 높여주지 못한다는 것을 발견했다. 그것을 다시 요약하면 다음과 같다.

"인간의 마음은 방황하는 경향이 있고, 마음이 방황할 때 우리는 전혀 행복하지 않다. 지금 여기에서 일어나지 않은 일을 생각할 수 있는 것은 인지 능력의 하나인데, 그것 때문에 우리는 정서적 대가를 치러야 한다."

우리가 지금 여기에서 일어나고 있는 일에 집중과 현존을 못하고 마음이 떠돌도록 허용한다면, 우리는 행복과 멀어지게 될 것이다. 반대로 이 순간에 일어나는 일에 집중하고 현존하는 마음은 과거나 미래를 생각하느라 방황하는 마음보다 더 행복하다.

과학은 마음챙김 대가들이 수천 년 동안 설명했던 것과 비슷한 결론에 다다르고 있다. 마음챙김의 전통에서 집중된 마음은 더 큰 정신적 만족으로 직결된다고 알려져 있다. 완전히 집중됐을 때, 마음은 즐거움과 내적인 평화의 무궁무진한 원천이 된다.

선명한 집중으로부터 열린 자각으로

집중력 훈련에 대한 기대를 내려놓을 수 있으면, 그 훈련은 매우 평화로울 것이며 보상을 해줄 수도 있다. 집중력을 훈련하는 것은 고기능의 마음, 즉 훈련 시간과 일상에서 모두 이완되고 집중되고 명료한 마음을 키우는 길의 시작점이다.

그러나 마음챙김은 여기서 끝나지 않는다.

다음 장에서는 열린 자각을 훈련함으로써 앞으로 더 나가는 것에 대해 이야기할 것이다. 알아차림을 훈련하는 동안 선명한 집중을 유지하면, 당신은 마음의 본성을 통찰할 뿐만 아니라 최적화된 마음의 실행력까지 꿰뚫을 것이다. 열린 자각 훈련은 자신을 비롯해 다른 사람들과 상황들을 더 객관적으로 볼 수 있는 시각을 제공해준다. 그 시각을 통해 자신의 주의를 어디에 두어야 하는지 결정할 수 있을 것이다.

3장

열린 자각 훈련하기

리부르 린포체는 매우 존경받는 티베트의 마음챙김 대가다. 그는 서른여섯 살에 자신의 불교도 협회 때문에 중국의 감옥에 수감됐다.

그 후 17년간 그는 매일 고문을 당했다.

대부분의 사람들은 그렇게 잔인한 행동 앞에서 무너졌을 것이다. 또 그것을 행한 사람들에게 가슴을 닫았을 것이다. 석방될 수 있을지, 될 수 있다면 언제 되는지, 언제 다시 고문을 받을지, 내일은 맞이할 수 있을지, 이 모든 의문에 답을 찾을 길이 없는 사람들은 절망의 구렁텅이로 빠져들었을 것이다.

그러나 리부르 린포체는 달랐다.

리부르 린포체는 수년 간 배웠던 마음챙김 훈련을 감옥에서도 계속 했다. 그의 몸은 감옥에 갇힌 상태였지만 마음은 편했다.

놀랍게도, 석방이 되고 난 후에도 린포체는 감옥에 있을 때처럼 삶에 대한 강한 의지와 기쁨을 유지했다. 더 놀라운 사실은 그가 감옥을 나오면서 자신을 고문해야 했던 교도관들에게 강한 연민을 느꼈다는 것이다. 고문의 희생자였던 린포체는 고문관들이 그 일을 하면서 감내해야 했던 고통에 대해 큰 연민을 느꼈다.

어떻게 그는 그 모진 고통을 감내하고서도 삶에 대한 기쁨과 고문관들에 대한 연민으로 가득 찬 채 감옥에서 나올 수 있었을까?

그것은 열린 자각이 있었기에 가능했다.

열린 자각은 마음을 관찰하는 힘이다. 마음의 작용에 정통해지는 훈련이다. 마음이 어떻게 우리의 삶을 괴롭게 하는지, 그 원인을 훤히 알게 되는 훈련이다. 열린 자각의 도움으로 당신은 외부 환경의 희생자가 되지 않을 수 있다. 다시 말해 어떤 상황이 벌어질 때마다 그것에 반사적으로 반응하지 않게 될 것이다. 열린 자각은 당신의 생각 및 주변 환경과 새로운 관계를 맺기 위한 훈련을 수반한다. 열린 자각을 함으로써 당신은 명료한 마음을 갖게 되어, 모든 상황에 반사적으로 반응하지 않고 1초간 머물 수 있게 된다. 열린 자각과 결합된 자동조종모드는 더 이상 초기화 반응 기제가 아니다. 그것은 당신의 삶과 일에 대한 명료함과 방향감각을 완전히 새롭게 제공하면서, 마음에서 일어나는 모든 사건들과 관계를 맺는 능력을 촉발한다.

리부르 린포체는 극한의 어려움에 직면해 그것을 적극적으로 겪어냈던 많은 사람들 중 한 사람에 불과하다.

그 사람들은 문제를 만들어내는 것은 외부환경이 아니라, 우리가 외부환경과 관계를 맺은 방식임을 증명하는 살아있는 증거들이다.

그러나 그것은 쉬운 깨달음이 아니다. 그리고 하룻밤 사이에 일어나는 일도 아니다. 우리가 삶에서 직면하는 모든 어려움들에 반사적으로 반응하지 않고 그 이상으로 반응할 수 있다면, 그것은 매우 근사한 일일 것이다. 불행히도 그것은 쉬운 일이 아니다. 우리는 다르게 생각하라는 말 한마디로 자신의 모든 사고 과정을 다시 프로그램화할 수 없다. 우리의 선입견을 제치고 좌절 그 너머를 보게 해주거나 고통을 내려놓게 해줄 마법의 버튼은 없다.

그것이 바로 열린 자각을 훈련하는 소중한 이유다.

열린 자각을 훈련함으로써 자신의 생각이 문제의 근원임을 깊이 이해할 수 있는 기회를 가진다.

앞 장에서 선명한 집중력을 기르는 것의 중요성에 대해 이야기 했지만, 집중력 하나만으로는 맹목적인 상태가 될 수 있다. 예를 들어 쇼핑 리스트나 이메일, 다가오는 휴가 등 호흡보다 더 흥미로운 방해물들에 맹목적으로 주의를 집중할 수도 있다는 것이다. 열린 자각은 선명한 집중력을 가진 당신에게 방향성과 의도성을 제공한다. 결국 당신은 선명한 집중과 열린 자각을 통해 시간과 에너지와 주의를 충실히 쓰게 되고, 직장과 가정에서 능력 있는 사람이 될 것이다. 뿐만 아니라 선명한 집중과 열린 자각은 당신에게 그럭저럭 살아가느냐 아니면 성공하는 삶을 사느냐를 선택할 수 있는 1초를 선물한다.

3장은 반사적으로 생각할 것이냐 아니면 의도적으로 반응할 것이냐를 가르는 1초의 여유를 얻기 위한 길로 당신을 안내할 것이다. 그것을 위해 나는 열린 자각 훈련의 기본적인 이론을 비롯해, 특별한 세 가지 통찰들과 성과들을 살펴보고자 한다.

선택은 당신의 몫이다

당신이 사무실 컴퓨터 앞에 앉아 하루를 바쁘게 보내고 있는 모습을 상상해보라. 계속 연달아 있는 회의에 참석하느라 점심은 고사하고 숨 돌릴 틈도 없었다. 그러다 겨우 일할 시간이 나서 컴퓨터 앞에 앉아있는 것이다.

그런데 그때 갑자기 이메일이 계속해서 들어온다. 다섯 통, 여덟 통, 열다섯 통. 답해줘야 할 질문들과 요구들이 산더미처럼 쌓여간다. 이미 처리했어야 할 일들이 모조리 생각나면서 압박감이 당신을 죄여오기 시작한다. 그리고 새로운 무리의 방해물들이 경고도 없이 치고 들어온다.

당신은 이미 했어야 할 일들과 계속 쌓이는 이메일들 사이를 왔다갔다하면서 일들을 처리한다. 최선을 다해 멀티태스킹을 하지만 일에는 거의 진전이 없는 것 같다.

어쩌면 이 모습은 우리 대부분에게 익숙한 것일 것이다. 그렇지 않은가?

이제, 당신의 마음을 산란하게 해 에너지를 고갈시키는 일련의 방해물들을 상상하는 대신, 그 방해물들을 알아차리면서 전혀 산만해지지 않는 당신의 모습을 상상해보라. 이메일이 왔다는 알림음에 즉각적으로 반응하는 대신, 거기에 어떻게 반응할지에 대한 선택권이 당신에게 있다고 생각해보라. 이메일들을 당장 처리하지 않아도 된다는 것을 아는 당신은 그것들을 중립적으로 지켜보면서 그것들의 존재를 알아차린다. 그러면서 하고 있던 일에 계속 집중한다.

열린 자각은 생활하면서 당신의 주의를 산만하게 하는 것들의 숫자를 최소화하는 것에 관한 것이 아니다. 그 반대로 그것은 주의를 흐트러뜨리는 것들을 정확하게 알아보고, 그 중 어떤 것이 주의를 기울일 만한 가치가 있는지 선택하는 것에 관한 것이다. 열린 자각 훈련의 본질은 당신의 생각, 감각, 감정, 임무 등을 중립적으로 관찰하는 것이다. 마치 마음의 관찰자처럼 말이다. 이런 식으로 집중과 알아차림은 밀접히 연결되어있다. 앞장에서 설명했듯이, 집중력을 훈련할 때, 당신은 자신의 정신적 망원경을 날카롭게 만든다. 당신은 상황을 더 면밀히 보는 법을 배우거나 호흡과 같은 것을 선택해서 그것을 더 세밀히 경험하는 법을 배운다. 그런데 열린 자각 훈련은 당신으로 하여금 망원경을 마음의 작용에 조준시켜 내면에서 무슨 일이 벌어지는지 관찰하게 한다. 당신이 경험하는 것에 대한 통찰을 얻게 한다. 열린 자각을 훈련함으로써, 당신은 더 큰 정신적 자유를 얻게 되고 자기에 대한 이해도 더 깊어진다.

열린 자각 훈련하기

하루에 몇 초 동안이나 걱정과 스트레스 없이 지내는가? 몇 초 동안이나 멀티태스킹에 대한 환상에서 벗어나는가? 변화시킬 수 없는 것에 대해 생각하면서 얼마나 많은 시간을 낭비하고 있는가? 이 마지막 질문에 우리는 대부분 "너무도 많은 시간을 낭비하고 있죠"라고 대답할 것이다.

미국 대규모 제조회사의 팀장으로 일하는 조지는 한때 너무 많은 생각들에 얽매어 길을 헤매며 산 적이 있다. 조지는 한때 자신의 생각에 휘둘리면서 살았고, 마음속에서 일어나는 모든 생각 하나하나에 사로잡혀 있었다.

만약 마음챙김 훈련을 시작했다면, 당신은 단지 10분간 호흡에 집중했는데도 어마어마한 양의 생각들이 스쳐지나가는 것을 볼 것이다. 자, 머릿속의 모든 생각들을 그냥 흘려보내지 말고 일일이 간섭해보자. 그렇게 했던 사람이 바로 조지다.

열린 자각을 훈련하면서 조지는 자신의 사고패턴과 마음의 작용에 대한 통찰을 몇 가지 할 수 있었다. 그는 "머릿속에서 떠오르는 것들을 하나씩 붙잡고 생각할 필요가 없더군요. 이상하게 들리겠지만 제가 생각하고 있는 것들은 사실 생각할 필요가 없는 것들이에요. 그냥 흘러가도록 두는 게 더 나은 것들이라는 것을 이제는 명확히 알게 됐습니다."라고 말했다.

그러나 열린 자각은 생각할 가치가 없는 생각들을 '무시'라는 상자에 넣어버리는 것에 관한 것이 아니다. 조지는 열린 자각 훈련을 통해 생각과 관련해 많은 변화를 경험했다. 그는 "제 생각으로부터 한 걸음 뒤로 물러날 수 있는 능력을 비롯해, 그렇게 물러나 반응을 할지 말지 그리고 어떻게 반응할지를 선택할 시간과 공간을 갖는 것은 놀랍도록 많은 이익을 가져다줬어요."라고 말했다. 반사적으로 반응하지 않고 단 1초만이라도 뒤로 물러나 있을 수 있으면, 당신은 불필요한 걱정과 비생산적인 습관 때문에 낭비하는 시간을 많이 절약하게 될 것이다.

물론 사고방식과 세계관은 바꾸기 쉽지 않다. 그런데 감사하게도 우리에게는 마음의 회로를 다시 재구성할 수 있는 간단한 방법이 있다. 선명한 집중력을 기를 때는 주의를 묶어둘 닻으로 호흡을 이용했는데, 열린 자각 훈련에서는 당신을 산만하게 만드는 방해물들을 닻으로 삼는다(〈표 41〉 참조).

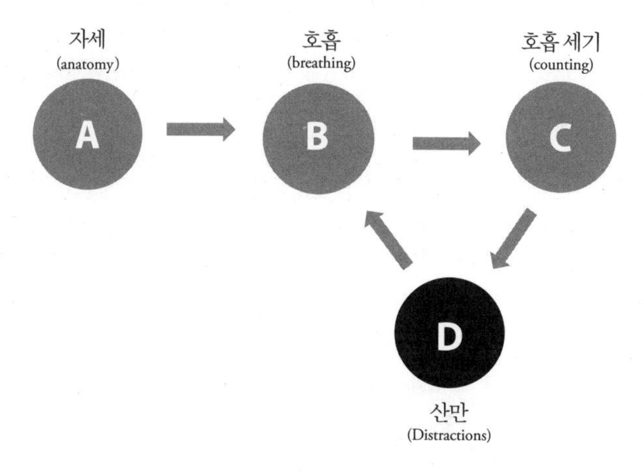

표 41. 열린 자각 훈련하기

기초적인 훈련법인 ABCD 기법으로 시작하자. ABCD 기법은 마음을 고요하고 맑고 집중된 상태로 만들어준다. 충분히 집중할 수 있을 때, 당신은 열린 자각으로 자신이 경험하는 것들을 관찰할 수 있다. 다음은 열림 알아차림에 대한 구체적인 가이드라인이다.

열린 자각 훈련법의 단계들

집중력 훈련을 할 때처럼, 편하게 자리에 앉아서 올바른 자세 찾기를 한다.

- 1~2분 동안 모든 주의를 호흡에 집중한다. 마음이 진정되어 차분해지도록 유도한다. 방해물을 내려놓는 일에 도움이 된다면, 호흡의 수를 센다. 마음이 이완 · 집중 · 명료성이라는 핵심 특징들을 가지고 있는지 세심하게 확인한다.

- 마음이 그런 특징들을 가지고 있다고 판단되면, 알아차림을 주변으로 확장한다.

- 호흡에 주의를 집중했던 것을 내려놓는다. 그런 뒤 일어나는 모든 것을 향해 주의를 넓힌다. 첫 번째 방해물이 소리일 수도 있고 생각이나 신체적 감각일 수도 있는데, 그 방해물이 당신의 주의를 잡아끌면 그것에 모든 주의를 집중해 알아차림의 닻으로 활용한다.

- 집중력 훈련에서 호흡을 지켜봤던 것처럼, 방해물을 중립적으로 지켜본다. 방해물에 대해 생각하지 마라. 그것에 휘말리지 마라. 그것을 붙잡거나 쫓아버리려 하지 마라. 그냥 관찰하라. 밀려왔다 밀려나가는 해변의 파도를 보듯이 그 방해물을 지켜보라.

- 산만함이 집중으로 바뀌는 것을 알아차리라. 그것의 존재를 알아차리라. 어느 지점에서 산만함은 사라지거나 다른 것으로 변한다. 변화하는 그때를 알아차리라.

- 주의를 산만하게 하는 방해가 하나 사라지면, 이전과 똑같이 주의를 넓혀 다른 방해를 겪을 준비를 한다. 만약 하나의 방해가 사라지고 다른 것이 나타나면, 그 전환을 중립적으로 따라가야 한다.

- 어떤 지점에서 방해물 때문에 혼란스럽거나 압도된 자신을 발견하면, 잠깐 멈추고 이완한 뒤 그 방해물을 놓아버린다. 그리고 다시 호흡으로 주의를 집중한다. 잠시 후 안정적으로 집중할 힘이 생기면, 호흡을 내려놓은 다음 알아차림을 다른 곳으로 확장한다.

- 당신은 언제라도 호흡으로 돌아올 수 있다. 생각이나 다른 방해 때문에 이리저리 끌려 다니지 않기 위한 훈련을 하는 동안, 당신은 언제든지 호흡으로 다시 돌아올 각오가 되어있어야 한다.

- 방해물에 중립적으로 접근하기 어렵다면, 다시 말해 그것에 휘말린 자신을 발견하면, 방해물에 간단한 이름을 붙이는 것도 도움이 된다. 예를 들어 무언가 사야 한다는 생각이 들면, 그 생각에 '쇼핑'이라는 이름을 붙인다. 그러면 사야 할 것이 무엇이고 어디서 그것을 사야할지를 생각하지 않은 채, 애초의 생각을 관찰할 수 있다. 또한 '생각', '감각', '느낌' 등 수식어가 없는 더 단순한 이름표를 이용할 수도 있다.

열린 자각을 훈련하는 방법에 대한 설명은 간단하지만, 생각·느낌·감각·감정에 휘말리지 않은 채 중립적으로 관찰하기는 무척 어려운 일이다. 실제로 많은 사람들이 열린 자각 훈련을 어려워한다. 특히 처음에는 더욱 어려워한다.

그러나 열린 자각 훈련을 통해 얻을 수 있는 마음의 힘과 자유는 아무리 강조해도 지나치지 않다. 한 생각이 일어나는 것과 그 생각에 대한 생각들이 일어나는 것 사이에서 확보한 1초는 고통을 느끼느냐 아니면 고통이 되느냐의 차이를 만들 수 있다. 그것은 분노를 느끼느냐 아니면 분노가 되느냐를 가를 수 있고, 걱정을 느끼느냐 아니면 걱정이 되느냐를 가를 수 있다. 다시 말해 열린 자각 훈련을 통해 얻는 1초는 당신이 세상을 경험하는 방식과 삶 속에서 일어나는 일들에 반응하는 방식을 바꿀 수 있다.

생각하는 것과 경험하는 것 자체가 되지 않고 간격을 둔 채 그것들을 관찰할 수 있는 능력이 있다면, 당신은 더 유능하고 평화로운 사람이 될 뿐만 아니라 에너지까지 절약하게 된다. 너무 많은 생각들이 정신적 에너지를 소진하는 주요 원인이기 때문이다.

생각과 경험을 중립적으로 관찰하는 능력을 개발하기 위한 기초 훈련으로, 몇 주 동안 열린 자각을 시도해보자. 어떤 방해가 들어왔을 때 거기에 기계적이 아닌 의도적으로 반응할 수 있다면, 당신은 열린 자각의 다음 단계로 나갈 수 있다. 거기에는 아래의 세 가지 통찰도 포함된다.

열린 자각의 세 가지 통찰

열린 자각의 세 가지 통찰들은 다음과 같다. 모든 것은 변한다, 행복은 선택이다, 모든 것은 가능성이 열려있다. 그것들은 삶의 기본 진리다. 변화의 특성, 불행의 원천, 인간의 본성과 관련되어 있다. 그 세 통찰들을 얻을 때, 우리는 삶의 방식과 삶의 도전에 대처하는 방식을 변화시킬 수 있다.

통찰 1: 모든 것은 변한다

살아가는 동안 우리는 도전적인 상황들을 만난다. 직장을 잃기도 하고 질병을 앓기도 하고 자녀가 아프기도 한다. 화나고 속상하고 좌절케 하는 힘든 상황들 때문에 우리는 괴로워하거나 쓸모없는 생각들을 하게 된다.

다행히도, 그 모든 상황들은 결코 영원하지 않다. 반드시 변한다. 우리는 가장 큰 좌절감을 주는 상황조차 결국 변한다는 사실을 이성적으로 알고 있다. 그런데도 마치 어려운 상황들이 영원히 갈 것처럼, 마음은 그것들을 붙잡고 있곤 한다.

열린 자각의 첫 번째 통찰은 모든 것이 변하고 덧없다는 것을 본능적으로 이해하는 것이다. 모든 것이 변한다는 사실을 깊이 이해하면 할수록, 당신은 부정적인 것들을 더 수월하게 다루게 될 것이다. 왜냐하면 그것들이 곧 변할 것임을 알고 있기 때문이다. 또한 당신은 자신의 긍정적인 경험들을 더 소중히 여기게 될 것이다. 그 경험들이 지속되는 동안 그것들에 대해 고마워하게 될 것이다. 훈련하고 생활하면서 주의를 산만하게 하는 것들을 관찰할 때, 다음과 같은 질문을 자신에게 해보라.

- 내가 경험하는 것들 중 변하지 않는 것이 있는가?
- 결코 사라지지 않는 생각이 있는가?
- 견고하고 고정불변의 것이 있는가? 아니면 모든 것이 하나의 과정인가?

이 질문들을 반복해서 해보라. 무엇을 발견했는가? 대부분은 모든 것이 변한다는 사실에 대한 본능적이고 깊은 이해일 것이다. 모든 방해들은 시간이 지나면 사라진다. 불쾌함도 사라지므로 그것에 저항하는 것은 에너지 낭비다. 반대로 유쾌한 것들도 사라진다. 그러니 그것에 애착을 갖는 것도 에너지 낭비가 될 것이다.

하루에 몇 번이나 불쾌한 생각을 곱씹는 자신의 모습을 발견하는가? 이제, 1초 뒤로 물러서서 모든 것이 변한다는 진리를 아는 것만으로도 얼마나 많은 시간과 에너지를 유능한 리더나 파트너, 부모, 친구가 되는 일에 쏟을 수 있는지 상상해보자.

모든 것은 변한다는 진리를 깨닫기 위한 훈련을 하면 할수록, 당신은 삶의 도전적인 상황들을 더 잘 다룰 것이고 삶의 아름다움에 감사하게 될 것이다. 더 이상 좋아하는 것에 애착하지 않고 싫어하는 것에 저항하지 않을 때, 당신은 더 큰 자유로움을 느낄 것이다.

통찰 2: 행복은 선택이다

자동차 두 대가 고속도로의 교통 체증 때문에 나란히 서 있다고 상상해보라. 운전자들은 같은 회의에 참석하러 가는 길이다. 한 운전자는 편하게 앉아서 아침 햇살과 고요함을 즐기고 있지만, 다른 운전자는 분노와 좌절감으로 에너지를 소모하며 모든 사람과 모든 것이 자신을 방해하고 있는 것처럼 느껴진다.

그 두 운전자의 차이는 무엇일까? 객관적으로 교통체증이 좌절감의 진짜 원인이라면, 그 둘은 앞에서 일렬로 기어가고 있는 차들을 향해 요란스럽게 경적을 울리고 있어야 하지 않을까?

그들 사이의 차이를 만들어내는 것은 상황 그 자체가 아니다. 그 요인은 오히려 운전자들에게 있다.

두 명의 운전자가 똑같은 상황에 서로 다른 방식으로 대응하고 있는 것이다. 한 명의 운전자는 자신이 교통의 흐름보다 더 빨리 움직일 수 없다는 사실을 받아들였다. 그는 화를 내면서 에너지를 낭비하는 대신에 그 시간을 충만한 휴식 시간으로 활용했다. 그러나 다른 운전자는 자기 스스로 큰 장애물이 되어버렸다. 에너지를 낭비하고 건강과 웰빙에 해를 끼치면서, 목적지에 조금도 가까이 데려다주지 못하는 드라마를 머리로 쓰고 있었다.

마찬가지로 우리가 경험하는 상황들도 그 자체로 우리에게 좌절감이나 분노를 야기하지 못한다. 삶에서 우리가 문제로 인식하는 것들을 만들어내는 것은 주변 상황과 관계를 맺는 우리의 방식이다. 외부 환경과 상관없이, 우리는 자신의 행복이나 불행의 원천인 것이다. 그러므로 우리에게는 세계관을 바꿈으로써, 자신이 만들어낸 문제들로부터 자유로워질 수 있는 가능성이 있다. 마음을 산만하게 하는 것들을 관찰할 때, 다음의 질문을 스스로에게 해보라.

- 이 생각은 나의 행복의 원인인가, 고통의 원인인가?
- 이 생각은 내가 되고 싶은 사람이 되고
  하고 싶은 일을 하는 데 자양분이 되는가?
- 이것은 내가 다른 사람들보다 더 긍정적으로 달라지게
  도와주는가?

당신이 하는 생각들을 그대로 두면, 그것들은 어떻게든 당신에게 영향을 미칠 것이다. 그러나 경험을 바라보는 관점을 변화시킬 힘이 자신에게 있다는 것을 깨달으면, 당신은 그 영향에서 자유로울 수 있다. 생각을 중립적으로 관찰해보라. 어떤 생각은 스트레스를, 어떤 생각은 분노를, 어떤 생각은 좌절을 만들어낸다는 사실을 알게 될 것이다. 생각이 당신에게 휘두르는 영향력을 깨달음으로써, 시간을 쓸 가치가 있는 것과 그냥 보내야 할 것을 구분하게 될 것이다. 자신의 생각을 바라보는 방식을 바꾸는 훈련을 함으로써, 삶을 다르게 경험할 수 있다. 열린 자각은 그것을 가능하게 해주는 최고의 방법이다.

체로키 인디언의 전설들 중에는, 나무 밑에 앉아있는 한 노인이 손자들에게 삶에 관해 들려주는 전설이 있다. "우리 모두의 내면에는 늑대 두 마리 살고 있단다. 하나는 분노·질투·시기·거짓말·오만함을 느끼는 악한 늑대, 다른 하나는 사랑·공감·정직·관대함·겸손함을 느끼는 선한 늑대란다. 둘은 끊임없이 싸운단다."

손자들 중 한 명이 물었다. "그럼 누가 이겨요?"

"네가 밥을 주는 늑대가 이기지!"라고 노인은 말했다.

열린 자각이 있어야 자신 안에서 싸우고 있는 늑대들을 알아차릴 수 있다. 자신이 더 좋아하는 늑대에게 먹이를 줄 수 있다.

통찰 3: 모든 것은 가능성이 열려있다

지난 30년 동안 심리학자들과 신경학자들은 뇌의 통제센터를 연구해왔다. 명령의 진원지이자 참 '자아'의 센터인 뇌를 탐색해왔다. 수십억 개의 신경세포들이 뇌 속에 있음에도 불구하고, 개체성 혹은 자아의 본질로서의 통제센터는 어디에도 없었다.

과학적인 관점에서 보면, 우리는 복잡한 시스템과 과정이 모인 놀라운 집합체인 것 같다. 통제센터가 없음에도 불구하고, 우리의 내면에 자아가 있다는 착각을 하곤 한다. 특별한 성격과 경향성이 있는, 명확하게 정의할 수 있는 고정된 독립체로서의 자신을 경험하곤 한다. 우리의 자아감이 크면 클수록, 타인이 우리가 싫어하는 것을 말하거나 행할 때 우리가 싫어하는 그것은 더 커진다. 우리가 자신이 생각하는 것으로 명확하게 정의되지 않은 것에 대해 감사하면 할수록, 우리는 덜 유약해진다.

이 생각을 더 탐구하고 싶으면, 지금까지 열린 자각을 훈련하고 있을 때 자신이 경험했던 것들을 숙고해보라. 생각을 관찰하고 있을 때, 관찰하고 있는 그 사람은 누구인가? 당신이 자신의 생각이 아니라면, 당신은 누구인가? 잠시 이 질문을 곰곰이 생각해보고, 그 영향에 대해서도 숙고해본다. 그것은 당신이 존재하지 않는다는 것을 의미하지 않는다. 오히려 그것은 당신이 생각하고 행동하는 방식으로 존재하지 않는다는 것을 의미한다. 이 말이 이상하게 들린다면, 스스로 실험을 해보라. 열린 자각을 훈련하는 동안 몸의 한 부분에서 감각이 느껴진다는 것을 알아차릴 때, 그 감각을 느끼고 있는 사람은 누구인지 꼭 집어서 말할 수 있는지 알아보라. 언젠가 대부분의 다른 사람들과 마찬가지로, 당신은 그 감각을 느끼고 있는 사람을 발견하는 것이 불가능하다는 것을 알게 될 것이다. 생각·감정·인식·소리는 있지만, 그 감각의 주인이 있는 위치를 알아낼 수는 없을 것이다. 논리적으로 결론을 내리자면, 당신은 자신이 생각하는 것만큼 명확히 정의되지 않는다.

이것은 좋은 뉴스다. 모든 경험들마다 확실한 주인이 없다면, 가능성의 세계가 열리기 때문이다. 일상에서 직면하는 무수히 많은 방해물이 골칫거리에서 가능성으로 변하기 때문이다.

모든 것은 가능성이 열려있다.

모든 것은 가능성이 열려있고 불변의 고립된 자아는 존재하지 않는다는 통찰은 우리가 스스로를 다시 정의할 수 있음을 뜻한다. 우리는 자신과 다른 사람들을 제한했던 정의에서 자유로워질 수 있다. 상황을 만날 때마다 새로운 가능성이 열릴 것이다. 고정되어있는 것은 아무것도 없기 때문이다. 우리는 자신의 관점에 근거해, 모든 상황과 사람을 정의할 수 있는 선택권을 가지고 있다. 모든 것에 가능성이 열려있을 때, 우리 개개인은 풍부한 기회와 긍정적인 결과를 갖게 될 것이다.

열린 자각의 성과

열린 자각 훈련은 내가 매일 생활 속에서 중요하게 실천하는 것이다.

삶에서도 중요하지만 직업적인 면에서 특히 중요하다. 열린 자각의 세 가지 통찰을 통해 나는 기업가이자 리더로서 나의 잠재력에 눈떴고 창의적인 사람이 되었다. 그것들의 도움으로 다른 사람들이 보지 못했던 곳에서 잠재성과 기회를 볼 수 있었다. 더 현존할 수 있었던 힘으로 어려운 상황들을 명확히 다룰 수 있었다. 1장의 전반부에서 예로 들었던 제이콥처럼, 나도 방해물이나 부정적인 생각들보다 1초 앞설 수 있었던 것이다.

제이콥과 나의 경험이 완전히 똑같지는 않겠지만, 내가 주최한 프로그램에 참여한 수많은 참가자들이 이구동성으로 이야기하는 열린 자각 훈련의 성과물들이 있다. 그것들은 정신적 능력의 향상, 생각과 관계를 맺는 능력의 향상, 당신 자신 및 타인을 향한 연민의 증가였다.

정신적 능력의 향상

컴퓨터 앞에 앉아 중요한 이메일을 작성하고 있는 당신의 모습을 상상해보라. 이메일을 작성하는 중간에 이번 주말에 칠 골프와 퇴근길에 사가야 할 것들이 떠오른다.

당신의 마음이 그 방해물들에 휘말리게 그대로 둔다면, 당신은 이메일을 쓰는 것이 오래 걸리거나 노력한 것에 비해 형편없이 써질지도 모른다. 마음은 강력한 영향을 미치기도 하지만 가장 큰 장애물이 되기도 한다. 마음은 긍정적인 것이든 부정적인 것이든 방해물에 휘말려 빠져나오지 못하면 산만해질 것이다. 쓸모없는 방해물에 휘말린 채 우리는 시간과 정신적인 에너지를 낭비할 것이다. 그런 상황들에서, 우리의 마음은 자동조종모드가 되고 생각을 통제하지 못한다.

그러나 열린 자각 훈련을 통해, 방해물을 더 잘 알아차리면서 그 방해물에 관심을 주지 않게 된다. 그 결과 해야 할 업무를 처리할 수 있는 능력이 커지면서, 자신과 자신에게 중요한 사람들을 위해 쓸 수 있는 시간이 더 많아진다.

생각과 관계를 맺는 능력의 향상

우리 자신의 생각들을 더 자세히 볼 수 있으면 있을수록, 그 생각들이 무작위적이고 반복적이며 중요하지 않은 기억과 소망과 지나가는 경험들의 조각임을 발견할 것이다. 그것들은 마음을 그냥 지나가는 것들로 중요하지도 않고 진실도 아니기 때문이다. 생각들은 붙잡지도 말고 간섭하지도 않는 것이 가장 좋다.

생각은 당신이 아니다.

당신은 생각이 아니다.

당신의 마음이 맑은 하늘처럼 청명하다고 생각해보라. 마음이 하늘이면, 생각들은 구름이다. 생각들은 지나가는 것들이다. 그것들은 아무도 만들어내지 않았는데 일어나고 아무도 쫓아버리지 않았는데 사라지는, 그냥 지나가는 것들이다. 훈련을 하다보면, 구름 하나 없는 청명한 하늘처럼 마음에 아무 생각도 방해물도 없는 날들이 있을 것이다. 그런데 어떤 날은 험상궂은 먹구름이 잔뜩 낀 하늘처럼 느껴질 때가 있을 것이다. 그런 날에는 당신이 구름보다 위에 있다고 상상해보라. 그곳의 하늘은 맑고 깨끗할 것이다.

열린 자각을 훈련할 때 당신은 삶의 많은 방해물 위로, 먹구름 위로 자신을 올려놓을 수 있는 능력을 발달시키게 된다. 그런 관점의 변화는 당신이 자신의 생각과 관계를 온전히 맺을 수 있도록 자양분을 제공해줄 것이다. 생각들은 지나가는 구름들에 불과하다. 가끔씩 올바른 생각들이 있기도 하겠지만, 그것들은 당신의 관점을 자주 산만하게 해 생산성을 떨어뜨릴 것이다.

자신과 타인에 대한 연민의 증가

사람들은 대부분 타인의 삶 속에서 긍정적인 차이를 만들어내고 싶어 한다. 그런데 자신이 스트레스와 압도감으로 힘들 때, 타인의 요구를 들어주는 것은 쉽지 않은 일이다. 바쁨을 뜻하는 한자어 '망(忙)'을 보면 '마음 심(心)'과 '망할 망(亡)'으로 구성되어있는데, 거기에는 타당한 이유들이 있다(〈표 42〉 참조)

열린 자각을 통해 얻는 마음의 고요와 평화는 우리에게 현재의 상황을 더 명료하게 볼 수 있는 힘뿐만 아니라 중요한 것에 집중할 수 있는 힘을 제공한다. 그 결과, 대부분의 사람들은 자신과 타인에 대한 연민이 증가되는 것을 경험한다.

표 42. 바쁨을 뜻하는 한자

마음챙김과 도덕적인 삶은 불가분의 관계다. 주변 환경과 조화롭지 못한 상태에 있다면, 당신은 마음챙김 훈련을 거의 할 수 없을 것이다. 역으로 마음챙김을 할 수 있으면, 당신은 주변 환경과 적절한 조화를 창조해낼 것이다.

당신이 다른 사람과 말다툼을 하고 나서 바로 마음챙김 훈련을 하고 있다고 상상해보라. 당신의 마음은 좀 전의 상황을 분석하면서 폭발일보 직전일지도 모른다. 집중된 마음으로 열린 자각을 한다는 것은 거의 불가능한 일일 것이다. 부정적인 생각과 감정들에 짓눌려 있을 때, 당신은 마음챙김 훈련을 거의 할 수 없을 것이다.

마음챙김 훈련을 하면 할수록, 당신은 자신을 짓누르고 있던 부정적인 생각과 감정을 조금씩 덜어내게 될 것이다. 그 이유는 단순하다. 당신이 자신의 생각과 말, 행동, 외부 환경 등을 더 잘 알아차리게 되기 때문이다. 그 연장선상에서 자신의 말과 행동이 상대방에게 어떤 영향을 주는지 더 잘 알게 되기 때문이다. 그 결과 타인과의 관계는 더 건강해지고, 그 건강한 관계 덕분에 마음은 더 평화로워질 것이다. 그러면 당신은 점점 더 삶에서 자신과 타인에게 해가 되는 선택이 아니라 이익이 되는 선택들을 하게 된다.

마음챙김은 우리가 다른 사람을 돕도록 도와준다. 그리고 우리가 타인의 행복에 더 기여하면 할수록, 우리는 마음챙김을 더 잘하게 된다.

생활 속의 마음챙김

마음챙김 훈련은 나의 하루를 구성하는 핵심 요소들 중 하나다. 마음챙김 훈련 시간에 나는 온전히 혼자 지낸다. 그 시간 동안 아버지로서, 파트너로서, 글로벌 회사의 리더로서 바쁜 하루를 잘 보내기 위한 준비를 한다.

2장에서 이야기했던 집중력 훈련을 통해, 나는 일을 하거나 다른 사람과 있을 때 온전히 현존함으로써 획득할 수 있는 이점들을 얻는다. 설사 어렵고 힘든 일이 생기더라도 더 이완되고, 고요하고, 명료한 마음으로 그것들을 처리하게 된다.

열린 자각 훈련을 통해, 나는 자신의 내면은 물론 외부에서 들리는 불필요한 소음들을 줄이는 능력을 발달시킨다. 더 큰 통찰들로, 생각들과 주변 환경들을 본다. 그러면 상황들이 덜 복잡해보이고, 그 결과 최고로 힘든 문제조차 다루기 쉬운 것으로 바뀌게 된다.

훈련하는 시간이 소중한 시간이지만, 나는 단지 그 훈련 시간의 질로 나의 성공을 판단하지 않는다. 마음챙김 훈련의 효능은 그 훈련이 나머지 일상생활에 어떤 영향을 주는지 살펴봄으로써 평가할 수 있다고 생각한다. 어느 정도 집중하는지, 현재에 얼마나 현존할 수 있는지, 자신과 타인에게 얼마나 깊은 연민을 느끼는지를 살펴봄으로써 가능하다. 이 책의 마지막 부분에서는 하루에 10분 훈련을 통해 어떻게 마음챙김 훈련을 가장 잘할 수 있는지 살펴볼 것이다.

4장

다음 단계 : 삶의 주인 되기

축하한다.

당신이 여기까지 왔다는 것은 적어도 마음챙김의 혜택들 중 일부를 이미 경험했다는 뜻일 것이다. 어쩌면 당신은 이메일과 회의에 관한 자신만의 특별한 기법들을 이미 개발했을지도 모른다. 또는 효율성과 생산성 측면에서 많은 것들이 향상됐음을 확인했을지도 모른다. 결국 당신은 방해물들과 선택들 사이의 간격을 넓힘으로써, 1초의 우위를 차지하고 통제감과 실행력의 증가를 느꼈을지도 모른다.

이제, 당신의 소망은 현존감이 높아지면서 생기는 장점들이 삶의 다른 측면, 즉 가족과 친구 혹은 가정과 지역사회로 퍼지는 것일 것이다. 이 책은 마음챙김을 업무에 적용하는 것을 주요 목적으로 삼고 있지만, 사실 직장생활과 가정생활은 서로 밀접히 연결되어있다. 마음을 더 집중시키기 위해 훈련하는 것은, 직장에서 당신의 효율성을 높여줄 뿐만 아니라 가정에서도 더 현존하고 행복하게 해준다.

그러나 마음챙김 훈련을 하는 내내 당신은 인내심을 가져야 한다. 마음챙김 훈련은 시간을 요하는 방법이다. 마음챙김으로 향하는 길은 쉬운 길이 아니다. 그 길을 자세히 안내해주는 안내서나 단계별 매뉴얼도 없다. 당신은 비행기에 관한 책을 읽어서 비행기 조종법을 배울 수 있을 것이라고 기대하지는 않을 것이다. 마음챙김 훈련은 정신과 마음의 조화를 다루는 다른 기법들과 다르지 않다.

우리는 살아가면서 많은 프로젝트들을 한다. 직업적 경력 쌓기,

화목한 가정 꾸리기, 좋은 몸매 가꾸기 등 다양한 프로젝트들을 한다. 그러나 마음챙김 훈련은 그런 프로젝트들과는 완전히 다르다. 고요히 앉아서 집중력과 알아차림을 훈련하는 시간은 어쩌면 당신이 하루 동안 유일하게 홀로 있는 시간일 것이다. 그렇게 편안한 휴식의 소중한 순간들을 스스로에게 허락해보라. 그것은 당신의 시간이고, 당신의 마음이다. 그리고 당신의 삶이다.

그러므로 이 4장은 당신에 관한 장이다. 이 장은 일일 마음챙김 훈련을 위해 시간을 따로 떼어놓는 것과 당신의 삶의 일면을 조화롭고 일관되게 만드는 것에 관한 장이다. 초반에는 1장에서 설명했던 정신적 효과성의 매트릭스에 관해 잠시 살펴볼 것이다. 그런 다음 일일 훈련을 구조화하는 것을 기초적인 수준에서 안내하고, 자기주도형 훈련 프로그램에 대해 자세히 설명할 것이다. 마지막 부분에서는 마음챙김을 조직으로 가져오는 방법에 대해 간략히 다룰 예정이다.

시작하기에 앞서, 생활하면서 어떤 일을 하든 당신에게는 항상 마음챙김으로 그 일을 할 수 있는 잠재력이 있다는 사실을 늘 기억했으면 좋겠다. 다음의 가르침들은 명료하고 단순하다. 그러나 그것들에서 무언가를 창조할지는 당신의 선택에 달려있다.

집중된 알아차림과 매트릭스

1장부터 3장까지에서 배웠던 것처럼, 마음챙김 훈련에는 두 가지 기본 원리가 있다. 하나는 선명한 집중으로, 선택된 대상에 주의를 집중할 수 있는 능력이다. 다른 하나는 열린 자각으로, 집중력이 흐트러지고 방해물이 등장하는 때를 알려주는 자기 성찰적인 활동이다.

당신이 마음과 삶의 주인이 되려면, 집중과 알아차림을 함께 할 수 있어야 한다. 집중과 알아차림이 하나가 됐을 때, 그것들은 정신적 효과성의 토대가 되고, 마음은 고효율의 도구가 된다. 집중과 알아차림의 관계는 정신적 효과성 매트릭스(〈표 43〉 참조)를 이용해 시각적으로 볼 수 있을 때 더 잘 이해할 수 있다.

첫 번째 원리: 선택한 것에 집중

집중됨

	자동조종모드	열린 자각
집중됨	1 몰입	2 마음챙김
산만함	3 마음 놓침	4 창의적

산만함

두 번째 원리: 마음챙김으로 방해물 선택

표 43. 정신적 효과성 매트릭스

매트릭스 안쪽의 수직축은 선명한 집중 상태와 산만한 상태 사이의 연속선을 나타내고 있다. 수직축 위쪽 가까이에 위치할수록, 당신의 마음은 현재의 일에만 집중되어있고 당신은 아무리 심한 방해물들도 한쪽으로 치워놓을 수 있다는 것을 알고 있다. 마음이 훈련되기만 하면, 집중은 별 어려움 없이 장시간 유지될 수 있다. 선명한 집중력 훈련에 대해 더 알고 싶은 것이 있다면, 2장을 참조하면 된다.

왼쪽에서 오른쪽으로 이동하는 수평축은 자동조종모드 상태와 열린 자각 상태의 연속선이다. 어디에 집중해야 가장 좋은지를 선택할 때, 열린 자각은 그 지혜를 얻을 수 있는 힘을 당신에게 제공한다. 열린 자각을 하면, 당신은 자연스럽게 더 침착하고 적절한 시각으로 상황을 보게 된다. 당신에게 괴로움을 주는 상황들은 다루기 더 쉬워지는데, 그것은 당신이 불필요하고 힘든 생각들에 쉽게 휘말리지 않기 때문이다. 열린 자각 훈련에 대해 더 알고 싶으면, 3장을 참조하라. 자신의 생각과 느낌을 관찰하는 힘을 키울 수 있는 방법에 대해 자세히 알 수 있을 것이다.

당신도 알 수 있듯이, 마음챙김의 두 가지 원리가 교차하는 지점은 오른쪽 위쪽에 위치한 2사분면이다. 당신이 매트릭스의 2사분면에 있으면, 자신의 생각들을 더 잘 다루고 습관적인 패턴들을 더 잘 극복할 수 있다. 이것은 무엇을 경험하든 그것에 대응하는 방법을 선택할 수 있는 힘이 당신에게 있다는 것을 의미한다. 또한 소중한 주의를 어디에 둘 것인가를 선택할 수 있는 힘도 얻게 된다. 그 결과 당신은 주변의 사람들과 함께 충실히 있게 되고 자신이 하고 있는 일에도 매순간 현존하게 된다. 체계적인 마음챙김 훈련을 통해서 우리는 매순간 그 가능성을 갖게 된다.

본질적으로, 마음챙김은 직장생활뿐만 아니라 다른 일상생활에서도 1초 앞서게 해주는 방법이다. 그것을 충실히 훈련하면, 2사분면에 있는 자신을 더 자주 발견하게 될 것이다. 다행히도, 2사분면에 있을 때마다 당신은 집중과 알아차림을 도와주는 뇌신경의 연결들을 창조한다. 마음챙김은 뇌신경 회로를 적극적으로 변경하면서 사고패턴들과 반응패턴들을 단순화시킨다. 그래서 당신은 일상의 사건들에 무의식적으로 반작용하는 것이 아니라 의식적으로 반응하게 되고, 도전적인 환경들에 더 잘 대면할 수 있게 된다. 그렇게 새로운 신경 연결망을 만드는 작업을 하면서, 당신은 어떻게 하면 마음챙김 훈련을 매일의 습관으로 만들 수 있을지 고민하게 될 것이다.

방법, 시간, 장소

사람들은 체계적이고 공식적인 마음챙김 훈련을 시작할 때 몇 가지 실용적인 질문을 하게 된다. 얼마나 오래, 얼마나 자주 훈련을 해야 하나? 언제 해야 하나? 어디서 해야 하나?

사실, 질문을 하는 사람과 그 사람의 환경에 따라, 그리고 훈련을 하는 목적에 따라 그 질문에 대한 답은 각양각색으로 나올 것이다. 다음은 당신이 일일 마음챙김 훈련 세션들을 계획하고 조직하는 것을 도울 목적으로 마련된 기본 안내문이다.

얼마나 길게, 얼마나 자주 훈련하는가

다양한 문화적 배경을 가진 많은 사람들을 안내해본 내 경험에서 보면, 마음챙김 훈련을 하루에 최소 10분은 해야 좋은 결과를 낸다. 서서히 발전시키면서 시간을 원하는 만큼 늘릴 수 있다. 훈련을 많이 하면 할수록, 훈련에서 더 많은 것을 얻을 것이다. 신체적으로 훈련하는 것과 똑같이, 훈련에 더 많은 시간을 들이는 것은 더 큰 성과물을 얻게 된다.

그러나 더 명확하게 말하자면, 훈련 시간보다 훈련의 질이 더 중요하다. 성공을 위한 중요한 요소는 훈련을 하는 동안 당신이 얼마나 집중하고 헌신하는가이다. 10분 동안 좋은 훈련을 하는 것은 20분 동안 성의 없이 보내는 세션보다 훨씬 더 좋다.

횟수와 관련해서는 훈련을 위한 시간을 날마다 따로 설정해놓는 것을 추천한다. 매일의 훈련은 성과를 얻기에 가장 좋은 방법이다. 매일 훈련하면, 그것이 습관이 된다. 훈련의 수준은 향상될 것이고, 더 진전되는 것을 감지할 수 있을 것이다. 일주일에 한 번 하는 긴 세션보다 일곱 번의 짧은 매일의 세션들이 더 의미 있다. 그러므로 당신의 훈련이 주말에만 하는 프로젝트성 행사가 되는 것을 피해야 한다.

그런 의미에서, 원칙은 큰 도움이 된다. 일정치 않게 간헐적으로 열을 가하면 주전자의 물이 끓지 않듯, 가끔 한 번씩 무작위적으로 하는 마음챙김 훈련은 원하는 결과를 만들어내지 못할 것이다. 신경연결을 강화해 새로운 신경망을 만들어내려면, 마음을 지속적으로 훈련시켜야 한다.

이것은 훈련 초기에 가장 극복하기 어려운 장애물일지도 모른다. 아마도, 당신이 만나는 가장 긴급한 문제는 그렇지 않아도 바쁜 하루 중에 충분한 시간을 갖는 것일지도 모른다. 그러나 정신적인 힘을 향상시키기 위한 당신의 동기를 고려하라. 하루에 10분을 투자하는 것이 당신에게 어떤 이익을 주는가? 더 좋은 수면? 더 좋은 건강? 가족과 친구들을 위한 더 큰 공감?

마음챙김 훈련을 어떤 조건도 없이 자신에게 주는 시간으로 삼으라. 더 행복한 삶을 개발하기 위해 당신에게 주는 시간으로 삼으라. 사랑하는 사람들을 더 잘 돌볼 수 있도록 자신에게 주는 시간으로 삼으라. 그런 후, 당신이 사건들에 얼마나 많이 자동적으로 반작용하는지 주의를 기울여보라. 얼마나 자주 멈춰서 자신의 반응을 선택할 수 있는지 확인해보라. 내 경험으로, 매일 훈련에 10분을 투자하는 사람들은 몇 주 안에 반응하는 능력의 변화를 알아차리게 된다.

매일 훈련을 시작하기 전에, 당신의 동기를 기억하고 훈련을 위해 의도를 세워보라. 그런 후 이전의 참여자들이 했던 다음의 말을 마음속에 담아보라. "몇 주의 훈련 후 일상의 과제를 해결하기 위한 시간이 사실상 줄어들었음에도 불구하고, 정기적인 훈련은 바쁜 하루를 보내는 중에도 더 많은 공간과 시간을 가지는 느낌을 창조한다."

언제 훈련하는가

우리는 모두 다르다. 우리 중 누구는 아침형 인간이고, 누구는 저녁형 인간이다. 누구는 저녁을 일찍 먹는 것을 좋아하고, 누구는 늦게 먹는 것을 좋아한다. 누구는 낮잠 자는 것을 좋아하고, 누구는 밤 시간에 더 오래 자는 것을 좋아한다. 그와 마찬가지로 우리는 마음챙김 훈련을 언제 하면 가장 좋은지에 관해 각자가 다른 생각을 가지고 있을 것이다.

그러나 내 경험으로, 아침이 대부분의 사람들에게 좋은 때인 것 같다. 아침에는 마음이 신선하기 때문에 더 많은 것을 얻을 것이다. 게다가 하루의 시작을 의식적인 집중과 알아차림으로 하면서 10분을 보낸다면, 그것은 나머지 시간에 좋은 영향을 줄 것이다. 많은 사람들은 아침에 10분을 내기가 어렵다고 말할 것이다. 그러면 평소보다 15분 일찍 일어날 수 있게 당신의 알람을 맞춰놓으면 된다. 알람 시간을 조정함으로써, 일어나서 정신을 차린 후 안정적으로 10분간 호흡하기나 호흡 수 세기나 감각하기를 할 수 있을 것이다. 뿐만 아니라 아침에 해야 할 다른 일들 때문에 우왕좌왕하지 않아도 될 것이다.

나는 다른 가족들보다 먼저 일어난다. 그 시간은 놀랍도록 고요한 시간이다. 그 시간에 훈련을 하고, 나머지 하루를 힘차게 보낼 수 있다.

아침에 훈련하는 것이 당신에게 그리 좋지 않은 생각이라면, 오후나 저녁에 하는 것도 좋을 것이다. 중요한 것은 훈련 시간을 고정시켜 훈련이 습관으로 자리잡는 것이다.

어디서 훈련하는가

마음챙김 훈련을 할 수 있는 적당한 장소는 자신의 머릿속이다. 완벽하게 정리된 조용한 공간이 반드시 필요한 것은 아니다. 마음챙김 훈련은 종교적이거나 영적인 훈련이 아니다. 그래서 깔끔하고 조용한 공간에서 훈련해야 할 필요는 없다. 오히려 마음챙김은 우리가 단련해서 모든 상황에 적용해볼 수 있는 마음 상태다. 슈퍼마켓에서 줄을 서 있을 때나 교통체증으로 차 안에 있을 때, 설거지를 하고 있을 때, 잔디를 깎고 있을 때 적용해볼 수 있는 마음 상태다. 중요한 것은 당신이 내면의 고요함과 조화로움을 창조해내는 것이다.

그런 의미에서, 집에 정기적으로 훈련할 수 있는 공간을 마련하는 것이 좋다. 거실이나 침실의 한 구석이어도 좋다. 햇볕이 잘 드는 곳이어도 좋고 지하실의 그늘진 공간이어도 상관없다. 훈련을 하기에 좋은 곳이라고 생각되는 곳이면 어디든 상관없다. 완벽하게 고립된 장소는 좀처럼 찾기 어려울 것이다. 그러니 합리적으로 생각해보

라. 어느 곳에 앉아있든, 소음을 들릴 것이다. 그것도 괜찮다. 그럼에도 당신을 방해할 만한 것이 가장 적은 곳, 올바른 자세를 취하고 유지하기에 가장 편한 곳을 찾아보라. 올바른 자세는 성공적으로 훈련하기 위한 기본적인 요소다.

마음챙김 훈련의 올바른 자세에 관해 다시 짧게 살펴보자. 마음챙김 훈련을 할 때 몸은 대지와 연결된 균형감이 있어야 하고, 등은 바로 서야 하고, 어깨·목·팔은 이완되어 있어야 한다. 두 손은 편하게 둬야 하고, 눈은 감아야 한다. 마음챙김 훈련을 하기에 가장 적당한 공간을 마련하는 데 도움을 주기 위해, 몸의 이 지점들을 더 자세히 살펴보자.

- **대지와 연결된 균형 잡기**: 특정한 훈련 공간을 마련함으로써 당신은 발 아래 있는 대지와 연결감을 갖게 된다. 의자에 앉아서 훈련할 경우, 두 발이 바닥에 편하게 닿는지 확인한다. 바닥에 앉을 경우, 가부좌를 하거나 다른 편한 자세로 앉을 공간이 있는지 확인한다. 이완하느라 중력과 싸울 필요가 없을 때 이완은 더 잘 된다.
- **등 바로 세우기**: 의자나 소파에 앉아서 훈련할 경우, 등을 바로 세우고 앉을 수 있는지 확인한다. 안락의자나 등을 기대고 앉는 의자일 경우, 훈련하면서 졸릴 가능성이 높기 때문이다.

- **어깨·팔·목 이완하기:** 당신이 선택한 공간에서 어깨와 팔을 편하게 이완할 수 있는지 확인한다. 어깨를 들썩이고 양팔을 펼 수 있는지 확인한다. 훈련을 시작할 때 몸을 간단하게 스트레칭하면, 이완하고 자연스러운 자세를 잡는 데 도움이 된다.
- **손 편하게 두기:** 손을 편하게 둘 수 있는지 확인한다. 보통 무릎이나 허벅지 위에 올려놓는데, 그렇게 하려면 탁사나 책상 등 가구에 너무 붙어있지 않아야 한다.
- **눈 감기:** 어떤 사람들은 장시간 눈을 감고 있으면 취약한 상태에 있는 것 같다고 느낀다. 당신이 선택한 장소가 눈을 감고 있거나 실눈을 뜨고 있어도 될 정도로 안전하고 편안한 느낌을 주는지 확인한다.

당신이 일일 마음챙김 훈련을 위해 선택한 곳이 어디든, 그 공간은 위의 다섯 가지 조건들을 모두 충족시켜야 할 것이다. 이제 기본적인 사항들, 즉 언제, 어디서, 어떻게 훈련할지에 대한 이해가 완성된 것 같으니, 개인적인 마음챙김 훈련의 세부적인 구조에 대한 이야기로 넘어가보자. 그 구조의 도움을 받아 당신의 삶은 새로운 길로 들어설 것이다. 다시 말해 하루에 10분이라는 시간을 투자해 당신은 1초 앞서는 삶을 살게 될 것이다.

자기주도형 마음챙김 프로그램

마음챙김은 이론이 아니다. 그것은 훈련이다. 다른 훈련들과 마찬가지로, 마음챙김을 훈련하면서 노력을 기울이지 않으면 당신은 아무것도 얻지 못할 것이다. 마음챙김 훈련법은 수천년 전에 만들어졌고 그 기간만큼 사람들은 마음챙김을 훈련해왔다. 그래서 마음챙김 훈련법에는 논리적인 전개과정이 있다. 그 안내를 순서대로 잘 따라하면, 당신은 짧은 시간 안에 많은 것을 얻게 될 것이다. 다음은 매일 10분씩 하는 자기주도형 마음챙김 프로그램의 가장 기초적인 안내다.

- 선명한 집중력 훈련이나 열린 자각 훈련을 날마다 10분씩 한다.
- 2부의 정신적 전략들 중 한 가지 전략을 선택해서 실시한다.
- 1부의 직장에서 활용할 수 있는 기법들 중 한두 개를 실시한다.

이 훈련 계획은 별로 어려워 보이지 않을 것이다. 마음챙김 프로그램의 요소들을 한 번에 하나씩 결합시키는 것은 좋은 결과물을 얻기 위한 가장 좋은 방법이다. 당신이 해야 할 것은 하루에 10분씩 날마다 훈련하는 것이다. 각 주마다 당신은 1부의 '직장에서의 마음챙김 기법들', 2부의 '정신적 전략들', 3부의 '마음챙김 훈련의 기본 원리들' 중 하나에 초점을 맞춘다. 〈표 44〉을 참조하면, 선명한 집중력 훈련과 열린 자각 훈련을 활용한 전통적이고 논리적인 10주간의 마음챙김 프로그램을 쉽게 이해할 수 있을 것이다.

자기 주도형 훈련(하루에 10분씩)				4주 이상 실시할 기법 선택하기	
주	기본 훈련	특성/통찰	정신 전략	직장에서 활용할 수 있는 기법들	
1	집중력 훈련	없음	없음		
2	집중력 훈련	이완	없음	이메일	정신적 에너지
3	집중력 훈련	이완, 집중	현존	회의	수면
4	집중력 훈련	이완, 집중, 명료함	인내심	목표	먹기와 에너지
5	집중력 훈련	이완, 집중, 명료함	친절	우선순위	활동과 에너지
6	열린 자각	이완, 집중, 명료함	초심	계획하기	45초 휴식
7	열린 자각	이완, 집중, 명료함	수용	의사소통	출퇴근
8	열린 자각	변화	균형	창의성	정서 균형
9	열린 자각	행복	기쁨	변화	일과 삶의 균형
10	열린 자각	가능성	내려놓기		
∞	선택적	모든 특성과 통찰	선택	선택	

표 44. 자기 주도형 훈련 매트릭스

이 프로그램은 집중력 훈련부터 시작하는데, 집중력 훈련이 다른 모든 요소들의 토대가 되기 때문이다. 집중력이 어느 정도 개발되어 있어야만 당신은 자각 훈련으로 넘어갈 수 있다. 그 정도로 집중력을 훈련하려면 대개 4주 내지 5주 정도 걸린다. 집중력 훈련과 자각 훈련을 모두 경험한 10주 후부터는 둘 중 하나를 선택해서 훈련할 수 있다.

하지만 집중력 훈련과 자각 훈련은 모두 가치가 있는 소중한 훈련법이다. 마음의 집중을 단련하고 그 상태를 유지하기 위해서는 반드시 그 둘 모두 필요하다.

10주간의 프로그램은 정신적 전략들을 매주 하나씩 소개하고 있다. 나는 매주 새로운 전략들을 시도해보기를 권하지만, 특별한 전략을 더 오래 훈련해보고 싶다면 자신의 속도에 맞춰 전략들을 하나씩 실천해보도록 하라. 10주가 끝나갈 무렵에는 새로운 전략들을 날마다 시도해봐도 좋다.

그때쯤이면 당신은 1부의 직장에서의 기법들을 거의 모두 실천해보았을 것이다. 10주간 프로그램의 마지막 요소는 직장에서의 기법들 중 한두 개를 선택해 직장이나 가정에서 집중적으로 실천해보는 것이다. 예를 들어, 이메일 기법에서 설명한 대로 이메일을 관리하는 시간을 두세 차례 따로 마련해 그것들을 처리해보라. 그리고 수면의 질을 높이기 위한 기법에서 추천했듯이 잠자기 한 시간 전에 스마트폰과 텔레비전 등 전자기기들을 모두 끄는 것을 시도해보라. 당신이 마음챙김 훈련의 장점들을 눈으로 확인할 수 있는 기회는 바로 이런 종류의 약식 훈련을 통해서일 것이다. 매일 10분씩 하는 공식적인 훈련과 달리, 약식 훈련들은 당신이 매일 하던 활동들을 특별히 더 알아차리겠다는 의지를 가지기만 하면 되는 것들이다.

훈련의 진전 확인하기

훈련의 진전이 얼마나 있는지 확인하는 것은 훈련을 지속하는 데 도움이 된다. 진전의 속도는 사람마다 다르고 비율로 나타내기 어렵지만, 그럼에도 불구하고 훈련의 진전 정도를 나누자면 일반적으로 다섯 단계로 나눌 수 있다.

1. 집중과 알아차림이 형편없음. 거의 삼시도 호흡에 집중하지 못함.
2. 전반적으로 마음이 분산된 상태. 명료한 집중 상태가 가끔씩 됨.
3. 명료한 집중 상태와 분산된 상태가 같은 비율임.
4. 집중과 알아차림을 안정적으로 할 수 있음.
5. 강한 집중과 명료한 알아차림의 상태.

이 단계를 따라 집중과 알아차림이 점점 높아지면, 당신은 마음챙김을 정식으로 훈련할 때뿐만 아니라 일상에서 실천할 때도 그 혜택을 본다. 당신의 뇌신경망이 계속 강화되기 때문에, 당신은 사랑하는 사람과 함께 있을 때 더 현존하게 되고 활동도 더 효율적으로 하게 된다. 그러므로 마음챙김이 뇌신경망의 변화에 적극적으로 개입한다는 사실을 기억하는 것은 매우 중요하다. 훈련을 하면 할수록 마음챙김은 더 쉬워진다. 훈련을 할수록 주변 환경을 열린 마음 상태에서 더 직접적으로 경험할 수 있다. 다시 말해, 당신은 반사적으로가 아니라 의식적으로 반응하는 것에 더 능숙해질 수 있다. 열정적이고 충실히 훈련하면, 당신은 6개월 안에 네 번째 혹은 다섯 번째 단계에 다다를 수 있다.

이제, 나는 마음챙김을 조직에 적용해 실천할 때 그것을 성공으로 이끄는 중요한 요인들을 다룰 예정이다. 이렇게 이 책의 마지막 장까지 성공적으로 온 당신이라면, 어쩌면 자신을 위한 마음챙김 훈련에 고취되어 있을 뿐만 아니라 그것을 동료들·조직과 나누는 것에도 흥미를 느끼고 있을지 모른다.

기업 조직에 도입하기

지금까지 이 책에서 탐구했던 주제들은 당신에게 초점이 맞춰져 있었다. 우리는 당신의 성공과 웰빙을 위해 마음챙김을 실천했을 때 얻을 수 있는 잠재적인 이익들을 자세히 살펴봤다. 조직이란 당신과 같은 바쁜 개인들이 모인 집합체이므로, 앞에서 자신을 위해서 활용했던 전략들과 지침들을 당신이 속한 집단의 마음챙김을 높이는 방향으로 다시 활용해보기를 권한다. 사실, 조직에서 혼자 마음챙김을 하는 사람은 가끔 외롭고 좌절감이 들 때도 있다. 자신이 즐기고 있는 것을 다른 사람들이 놓치고 있다고 느낄 때 그런 기분이 든다. 그래서 많은 사람들이 마음챙김을 전달하는 전도사가 되거나 다른 사람들과 그것을 나누려고 나서는 것이다. 이 방법들과 도구들을 통해 더 유능하고 생산적인 사람이 됐다면, 이제 부서나 조직이 마음챙김을 받아들였을 경우 어떤 일이 생길지 상상해보라.

마음챙김을 실천해서 얻을 수 있는 기업의 이익을 계산해본 결과에 따르면, 그 이익들은 어마어마하게 많다. 집중력과 알아차림의 증가와 생산성 향상, 직업만족도의 상승, 창의성 증가, 결근 감소, 스트레스 감소 등 셀 수 없이 많다. 거기다 많은 연구 결과들에 따르면, 마음챙김이 임직원의 건강과 행복지수를 높인다고 한다. 그렇게 많은 이익들을 얻을 수 있는데, 주변 사람들 혹은 조직 내의 사람들과 마음챙김 훈련을 같이 하지 않을 이유가 있을까. 이제부터 나는 기업을 대상으로 한 마음챙김 프로그램을 수년간 실시해본 경험을 토대로, 마음챙김을 조직에 성공적으로 들여오기 위해 반드시 있어야 할 다섯 가지 요소를 설명할 것이다. 첫 번째 요소는 조직의 리더십 지원이다.

리더십 지원

조직의 중요한 변화 계획은 모두 리더십의 지원을 필요로 한다. 만약 리더들이 같이 하지 않을 경우, 각각의 직원들은 개인적으로 마음챙김의 이익을 취하겠지만 조직은 그 혜택을 입을 가능성이 점점 희미해질 것이다. 변화를 도모해 성공했던 모든 계획에서처럼, 리더들은 솔선수범하는 모습을 보여야 한다. 리더가 마음챙김 프로그램을 지원하겠다고 말해놓고, 실제 훈련 장소에 모습을 보이지 않거나 집단 훈련을 지원하지 않거나 직원들의 주의집중을 방해하는 원천이 된다면, 그는 변화 계획을 약화시키고 전체 직원들을 혼란스럽게 하는 복합적인 메시지를 보내고 있는 것이다.

이러한 점에서 다음 사항도 매우 중요하게 고려되어야 할 사안이다. 즉, 지원을 받고자 할 때 당신은 이렇게 말하고 싶을지도 모른다. "나는 단지 내 상사의 지원이 필요할 뿐이다." 그러나 때때로 상황은 그것보다 더 심각할 수 있다. 하지만 조직에는 공식적인 리더들과 비공식적인 리더들이 있다. 비공식적인 리더들은 직함이나 월급으로 쉽게 드러나지 않는 영향력을 종종 행사한다. 즉, 조직도에서의 지위와 어울리지 않은 힘을 가진 사람들이 있다. 당신은 그런 사람들이 누구인지 확실히 알아야 하고, 그들과의 관계를 돈독히 해두어야 한다. 누가 당신에게 영향을 미치는 결정을 하는가? 누가 서열이 더 높은가? 부서 내에서 누가 정치적으로 연결되어 있는가? 사람들은 점심식사 자리나 소문의 발생지에서 누구의 말에 귀를 기울이는가?

사람들이 거부할지도 모르는 프로그램을 성공적으로 실행하려면, 당신은 가능한 많은 지원과 방향성, 연대가 필요하다. 누가 영향력이 있는지 알아내는 것은 성공의 중요한 요소다. 이것은 리더나 영향력이 있는 사람이 마음챙김 세션에 매번 참가해야 한다는 뜻이 아니다. 매순간 100퍼센트로 마음챙김을 해야 한다는 뜻도 아니다. 그러나 그들의 행동이 타인에게 미치는 영향을 집중해서 알아차릴 필요가 있다. 지도부의 동의와 지원이 그렇게 중요한 이유가 몇 가지 있다. 먼저, 리더들이 울타리 역할을 해주기 때문이다. 쉽게 말해, 그들이 위에서 보호해준다는 의미다. 리더들과 대화를 통해 당신은 신뢰를 쌓아야 한다. 그러면 리더들은 당신이 제안한 기획의 성공에 투자를 하게 된다. 그 덕분에, 당신은 사람들에게 생소한 것이어서 오해를 불러일으킬 소지가 있는 프로그램을 실행하면서, 여기저기서 터지는 논란을 버텨낼 수 있다.

경영진의 적극적인 참여가 필요한 또 다른 이유는 집단적인 마음챙김이 조직의 문화에 관한 많은 질문과 토론을 불러일으키기 때문이다. 우리는 어떻게 장애물들을 다룰 것인가? 회의시간에 주의를 산만하게 하는 것들을 어떻게 최소화할 것인가? 직장생활과 가정생활을 어떻게 더 조화롭게 유지할 것인가? 리더들이 적극적으로 개입하지 않는다면, 이런 토론을 통해 생기는 긍정적인 변화들은 한계가 있을 것이다.

리더들의 지원을 얻으려면, 그 누구의 권위도 훼손시키려 하지 않는다는 이해를 바탕으로 한 신뢰 관계가 형성되어야 한다. 그리고 조직 전체의 이익이 되는 통찰과 실행력을 향상시키기 위해 소통의 길을 열고자 노력한다는 신뢰를 주어야 한다. 또한 리더들에게, 이 제안을 받아들이면 더 나은 리더가 될 수 있다는 신뢰를 주어야 한다. 사실, 훌륭한 리더들은 업무의 자산들이 어떻게 개발되고 유지되는지 알고 싶어 한다. 그들은 자원을 최적화하고 부하직원들의 재능을 계발해주고 싶어 한다. 그렇게 신뢰를 쌓은 상태에서, 기업을 대상으로 하는 마음챙김 프로그램의 이익들을 설명하는 가장 좋은 방법은 마음챙김을 조직의 더 큰 목표와 연결하는 것이다.

마음챙김을 조직의 목표와 연결하기

개인적인 관점에서 마음챙김 훈련이 가져오는 이익들은 수없이 많지만, 어떤 계획의 목적이 현재에 더 충실한 조직을 만들고 싶은 것이라면, 그 계획은 조직적인 목적 및 목표와 관련되어 있어야 한다. 마음챙김은 기업의 성공을 보장하는 마법의 약이 아니다. 그러나 그것은 모든 조직의 중심까지 직접적으로 영향을 미치는, 마음챙김의 특성들인 집중력·주의력·생산성을 향상시킨다.

그러므로 계획의 성공 여부는 마음챙김의 개인적인 이익들을 조직의 실질적인 성과물들로 직결시킬 수 있는지에 달려있다. 이것은 마음챙김과 그것의 많은 이익들을 조직의 미션은 물론 장기적인 전략들과 단기적인 전술들에 연결 짓는 것을 의미한다. 예를 들어, 당신은 마음챙김을 함으로써 얻을 수 있는 비즈니스적인 효과에 대해 상세히 설명할 수 있을 것이다. 직원들의 기분이 좋아지고 잠을 더 잘 자는 효과들이 아니라, 병가를 내는 직원들이 줄어들고 생산성이 증가되며 수입이 늘어난다는 효과들에 대해 말할 수 있을 것이다.

그렇게 하는 것은 마음챙김 프로그램 기획에 관한 우선순위 잡는 것에 도움을 줄 뿐만 아니라, 기업 주주들과의 회의를 준비할 때 질문 구상에도 도움을 준다. 역으로, 이러한 효과는 당신이 성실한 사람이고 조직의 목표 달성에 관심을 가지고 있다는 사실을 전달해

줄 것이다. 결국 프로그램을 편안하게 도입할 수 있는 기반을 잘 조성할 수 있게 된다.

예를 들어, 우리가 같이 일했던 미국의 건설회사는 소중한 가치 네 가지를 가지고 있었는데, 그것들은 생산성·안정성·고객·직원이었다. 마음챙김을 조직 내로 들여오는 것과 관련해 회사 CEO의 주된 관심은 직원들의 건강과 웰빙의 증진이었다. 다른 리더들의 관심은 마음을 훈련하는 것이 어떻게 생산성과 안전성을 더 향상시킬 수 있는지와 사람들이 고객들에게 어떻게 대응하고 있는지에 있었다. 결과적으로 우리는 프로그램의 목적을 정할 때 조직의 그 핵심 목적들을 모두 포함시켰다. 즉 마음챙김 프로그램을 조직의 핵심 전략들과 연결시켰던 것이다.

효과적인 소통

마음챙김은 요즘 널리 퍼지고 있는 것처럼 보이지만 조직적인 환경에서는 여전히 새로운 개념이다. 하루가 몹시 바쁘게 지나가고 있는데 잠시 동안 침묵 속에서 앉아있기 위해 일을 중단한다는 생각은 잘해야 약간 특이한 것으로 받아들여진다. 최악의 경우에는 완전히 비이성적인 것으로 받아들여진다. 그러므로 마음챙김 프로그램에 대해 말할 때는 명료하게 잘 설명하는 것이 중요하다. 그 프로그램이 누구를 위한 것인지, 그것이 왜 가치 있고 소중한 것인지, 사람들이 왜 한 번 해볼 만한 것으로 생각해야 하는지 잘 설명해야 한다.

마음챙김이라는 말을 들으면, 사람들은 영적이거나 이상한 것을 떠올리면서 즉각적으로 저항감을 느끼거나 회의적인 생각을 할 수 있다. 프로그램을 홍보할 때 그런 일이 생기면 되도록 마음챙김이라는 말을 사용하지 않는 것이 좋다. 예를 들어, 아시아에 본사를 두고 있는 미국의 기술회사에서는 그 프로그램을 '직장에서 마음의 가능성 활용하기'라고 불렀고, 팀 효과성과 협력 증진을 프로그램 목적으로 설정하였다. 또 다른 사례로 캐나다의 한 에너지 기업에서는 프로그램 명칭을 '상황적 알아차림'이라고 불렀다. 그리고 북부 앨버타 작업 현장의 환경보건과 안전성 강화를 프로그램 목표로 설정하였다. 우리의 수많은 리더십 프로그램은 '지속가능한 리더십 성과 향상'이라는 명칭을 가지고 실행하였다.

중요한 것은 프로그램의 이름이나 핵심에 갇혀서는 안 된다는 것이다. 조직의 목적과 문화에 가장 잘 어울리는 말이 무엇인지 찾아내야 한다. 그것은 마음챙김 프로그램에 대한 섣부른 오해와 저항을 줄여줄 뿐만 아니라 다음 요소로 안전하게 넘어갈 수 있도록 도와준다.

시간과 헌신

마음챙김은 빠른 해결책이 아니다. 마음챙김이 낳는 많은 긍정적인 결과물들은 느닷없이 생기는 것이 아니다. 그 결과들을 얻으려면 개인적으로는 물론 조직적으로도 투자를 해야 한다. 특히 그것은 시간과 헌신을 필요로 한다. 개인적인 습관을 바꾸려면 시간을 내야 한다. 더군다나 집단적인 습관을 바꾸는 데는 더 많은 시간이 들어간다. 만약 한 조직이 마음챙김의 혜택을 보기 원한다면, 하루나 일주일이 아니라 더 오랜 기간 애쓰고 노력해야 할 것이다. 그래서 기업을 대상으로 하는 성공적인 마음챙김 프로그램은 회사 내부에서 하는 짧은 워크숍들과 일일 훈련을 함께 하면서 4개월 동안이나 진행된다.

리더십의 지원을 바탕으로, 변화 계획을 회사의 목적과 연결시키고 그것을 효과적으로 설명해내면, 프로그램에 대한 신뢰와 헌신을 얻기 위한 토대가 확립될 것이다. 마음챙김 프로그램을 성공적으로 운영했던 조직과 함께 일했던 내 경험을 보면, 그와 같은 많은 세부적인 것들을 안정화시킨 이사진은 결국 조직의 마음챙김이 낳는 많은 이익들을 얻게 된다. 그러나 마음챙김을 큰 조직에 들여올 때 생각해야 하는 중요한 요소가 하나 더 있다.

당신이 변해야 한다

마음챙김은 존재의 길이다. 친절함·개방성·현존을 삶에서 구현하는 길이다. 이런 특성들의 혜택을 다른 사람들이 알 수 있게 하는 가장 좋은 방법은 자신이 그렇게 되는 것이다. 당신이 더 친절해지고, 더 개방적이 되고, 더 현존할수록 사람들은 그 특성들을 더 잘 알아볼 것이다. 그리고 일단 그것들을 알아보기만 하면, 사람들은 당신이 가진 품성을 갖고 싶어 할 것이다. 그들은 당신이 즐기고 있는 평화로움과 행복을 똑같이 느끼고 싶어 할 것이다. 내가 훈련하고 가르치는 모든 곳에서 나는 그것을 경험해왔다. 마음챙김은 전염성이 있다.

만약 회사 차원에서 마음챙김 훈련을 공동으로 하자고 사람들을 설득하고 싶다면, 마음챙김에 관해 강의를 하기보다 당신이 마음챙김으로 사는 것이 더 효과적일 것이라고 나는 말하고 싶다. 이것이 내가 당신에게 해줄 수 있는 최고의 조언이다.

글을 마치며

세상은 변한다. 우리에게는 더 좋은 차, 더 좋은 집, 스마트폰이 생겼다. 그러나 그것들이 생겼다고 해서 우리는 더 행복해졌을까? 그렇지 않은 것 같다. 행복은 내면의 여행이다. 그 여행의 장소가 마음이기에, 우리는 여행의 첫걸음을 마음챙김에서 시작했다.

이 책을 읽기 위한 시간을 냈다는 것은 당신의 내면이 변화하기 시작했다는 것을 의미한다. 내면이 변화하려면 시간을 투자해야 하기 때문이다. 그 변화를 지속하고 싶다면 당신에게 영감을 준 이 책의 세 부분에 주목할 것을 권장한다. 첫째는 자동조종모드를 멈춤으로써 사랑하는 사람들이나 동료들, 친구들과 함께 현존하는 것이다. 둘째는 자신을 최고 상태로 만들기 위한 공간을 마련하는 것이다. 셋째는 가장 중요한 것으로, 마음챙김 훈련을 날마다 하는 것이다.

여기서부터 모든 것이 시작된다.

물론, 방해물들이 끊임없이 밀려오고 순간의 만족만을 추구하는 요즘 같은 세상에서 마음챙김을 날마다 훈련하는 것은 말처럼 쉬운 일이 아닐 것이다. 하지만 그 훈련은 노력할 만한 가치가 있다. 마음챙김을 통해 더 행복해지고 친절해질 수 있기 때문이다. 나는 그 사실을 지난 20여 년 동안 경험해왔다. 수많은 조직들과 개인들이 변화를 했고, 나는 그것을 눈으로 봤다. 어쩌면 당신도 똑같은 경험을 할 수 있을 것이다. 말을 타다가 떨어지면, 다시 말해 훈련을 잊거나 너무 바빠서 놓치는 경우에, 벌떡 일어서 다시 말등에 타면 된다.

당신이 초대하기만 한다면 마음챙김은 당신 안에 있다.

마음챙김을 훈련하는 동안 나누고 싶은 이야기가 생기면 내게 알려주면 좋겠다. 이 책에 나오는 많은 사례들처럼, 당신의 사례도 사람들이 마음챙김의 여정에 함께 할 수 있도록 영감을 불러일으키고 동기 부여를 해줄 수 있기 때문이다.

필요한 경우에는 언제든지 'rasmus.hougaard@potentialproject.com'으로 이메일을 보내면 된다. 그리고 운이 좋아 어디선가 우연히 마주치면 반갑게 인사를 나누면 좋겠다. 여러분 모두에게 좋은 일만 생기기를 바란다.

이 책이 세상의 빛을 볼 수 있었던 것은 모두 현인들의 친절함 덕분이었다. 동료 저자들과 나는 마음훈련·과학·비즈니스 영역에 쌓인 위대한 업적들의 도움을 많이 받았다. 달라이 라마, 라마 조파 린포체, 라마 예쉐, 라크하 라마, 양시 린포체, 앨런 웰리스, 마티유 리카르, 안토니오 사타 스님, 스테판 페데, 닝제 치체스터, 찰스 스님, 마이클 예쉐 스님은 사랑과 관대함으로 마음을 다스리고 타인을 먼저 생각하도록 내게 가르침을 주신 분들이다. 이 분들께 마음으로부터 감사함을 바친다. 많은 연구가들이 우리의 포텐셜 프로젝트에 영감을 불어넣어주고 도움을 제공했는데, 그들은 일일이 언급할 수 없을 정도로 너무 많다. 특히 조첸 레브, 다니엘 시겔, 제레미 헌터, 리처드 데이비슨, 폴 에크먼에게 감사함을 전한다.

우리의 조직과 훈련 프로그램의 탄생에 도움을 준 세계 여러 단체들의 깨달은 현인들에게 감사하다. 이번에도 모두 언급하기 어려울 정도로 많은데, 특히 로렌 셔스터와 마니쉬 초프라, 케네스 에겔룬트 슈미트, 크리스티안 스타딜, 애덤 엥글, 제스퍼 애스크재어에게 고마움을 전한다. 포텐셜 프로젝트의 동료들에게 끝없는 감사함을 느낀다. 그들이 있었기에 우리 프로그램이 탄생할 수 있었고 결국 이 책까지 세상에 나오게 됐다. 형제자매들, 특히 재클린, 길리언, 에릭, 마틴, 볼프강, 존, 주드, 제인에게 고맙다는 인사를 전한다.

이 책은 벤슨-콜리스터 출판사 편집자들의 능수능란함 덕분에 좋은 책에서 근사하고 훌륭한 책으로 탈바꿈했다. 제프 리슨과 레이첼 리브시, 닉 앨버트, 줄리 커에게 감사하다. 또한 우리의 진정성을 이해하는 폴그레이브 출판사의 놀라운 편집자 로리 하팅에게도 고맙다는 인사를 전한다.

이 책을 동료 저자들의 가족들인 마크와 벤, 캠, 닉, 스티브, 잭, 제임스, 댄에게 바친다. 또 우리 가족들과 아내 캐롤라인, 딸 플로리엔, 아들 조리스와 에밀, 그리고 부모님과 형제자매들에게 바친다.

_라스무스 호가드

1초의 여유가 멀티태스킹 8시간을 이긴다

2018년 4월 30일 초판 1쇄 발행

지은이 라스무스 호가드·재클린 카터·질리안 쿠츠 • 옮긴이 안희영·김병전
발행인 박상근(至弘) • 편집인 류지호 • 상무 이영철
책임편집 양동민 • 편집 김선경, 이상근, 주성원, 김재호, 김소영 • 디자인 쿠담디자인
제작 김명환 • 마케팅 허성국, 김대현, 최창호, 양민호 • 관리 윤정안
펴낸 곳 불광출판사 (03150) 서울시 종로구 우정국로 45-13, 3층
대표전화 02) 420-3200 편집부 02) 420-3300 팩시밀리 02) 420-3400
출판등록 1979. 10. 10.(제300-2009-130호)

ISBN 978-89-7479-396-8 (03190)

이 도서의 국립중앙도서관 출판예정도서목록(CIP)은
서지정보유통지원시스템 홈페이지(http://seoji.nl.go.kr)와
국가자료공동목록시스템(http://www.nl.go.kr/kolisnet)에서 이용하실 수 있습니다.
(CIP제어번호: CIP2018011519)

잘못된 책은 구입하신 서점에서 바꾸어 드립니다.
독자의 의견을 기다립니다. www.bulkwang.co.kr
불광출판사는 (주)불광미디어의 단행본 브랜드입니다.